CANGURI **FELTRINELLI**

Daniele Luttazzi
La guerra civile fredda

© Giangiacomo Feltrinelli Editore Milano
Prima edizione ne "I Canguri" novembre 2009

Stampa Grafica Sipiel Milano

ISBN 978-88-07-70213-6

Cow Crucis © Krassner entertainment
illustrazioni di Massimo Giacon

Questo libro costa 15 euro. Per 20 euro potete portare a casa l'edizione in brossura. Aggiungendo 50 centesimi vengo personalmente a casa vostra a umettarvi le dita mentre voltate le pagine.

Referenze iconografiche:

p. 26 © Reuters/Stringer/Contrasto; p. 65 © A. Cesareo/Agenzia Fotogramma; p. 76 © AP/Lapresse.

| www.feltrinellieditore.it
| Libri in uscita, interviste, reading,
| commenti e percorsi di lettura.
| Aggiornamenti quotidiani

razzismobruttastoria.net

A El e Juliette Greco

Perché
questo libro non ha una
prefazione

Non molto tempo fa (ieri), dopo aver terminato l'editing di questo libro, sono andato a pranzo col dottor Fucci, responsabile del settore Riduzione royalties alla Feltrinelli.

O almeno, *credevo* che l'editing fosse terminato; ma non appena ci siamo messi in fila e abbiamo preso un vassoio, il dottor Fucci ha detto minaccioso: – C'è una pagina bianca all'inizio del libro. –

Ovviamente, sono rimasto sbalordito.

– Davvero? – dissi.

– Sì. Non c'è niente sopra, – disse lui, spiegandosi meglio.

– Oh, be', – dissi, – magari non se ne accorge nessuno. –

Il dottor Fucci mi ha guardato impassibile.

– Potremmo mettere la scritta "Stampa grafica Sipiel" nel centro della pagina, – temporeggiai. – Oppure... –

– Quello che occorre, – troncò il dottor Fucci, – è una prefazione. –

– Una prefazione? –

– Una prefazione, – disse pazientemente, prendendo una *paillard*. – Che introduca i lettori alla qualità satirica del libro e la esalti rispetto alla infima produzione dell'editoria concorrente. Il tutto in un tono brillante e con paragoni comprensibili. –

– Mmm, brillante e comprensibile. (Stavo pensando in fretta.) Qualcosa tipo: "Sono io o le nuvole hanno una cattiva reputazione? Benché siamo tutti d'accordo sul fatto che le nuvole non siano un granché quando si è in spiaggia (a differenza, che so, del sole), esse sono nondimeno benefattrici sconosciute, poiché contengono la forma più pura di acqua naturale. Nel frattempo, l'acqua di sorgente sgorga dal suolo torbida di robaccia, ad esempio terriccio e tutto ciò che gli animali che ci nuotano dentro svuotano dietro di sé. Ecco perché abbiamo copiato le nostre amiche vaporose creando il loro equivalente satirico. Questo monologo è satira distillata nella sua forma più pura. È una differenza che potete assaporare. A meno che, ovviamente, non siate privi di senso dell'umorismo, nel qual caso siete solo da compatire. Ma non ci siamo fermati qui: abbiamo superato le nuvole aggiungendo parodie e gag, nel caso vogliate andare in spiaggia con argomenti maggiori. Sfortunatamente non possiamo far nulla per gli uomini in tanga. Questo libro satirico è raccomandato a ginnasti, ballerine, equilibristi sulla corda, gente che fa yoga, ninja, pirati con una gamba di legno, clown che vanno sull'uniciclo mentre fanno i giocolieri con motoseghe e/o individui che semplicemente hanno bisogno di equilibrio nella loro vita".

Il dottor Fucci si illuminò. – Sarebbe perfetto! – disse.

– Già. Peccato che questo pomeriggio sono un po' preso. –

È stato come guardare dalla finestra dei Testimoni di Geova mentre aspettano invano che gli apriate la porta.

Così tanto da imparare sull'hip-hop e così poco tempo.

La guerra civile fredda

da *Decameron, il monologo*
(Cagliari, 18 aprile 2009)

Sipario aperto. Un leggio, una sedia.

DL VOCE OFF: Signore e signori, io.

Jingle d'intro. Applauso fragoroso. DL entra in scena, va al leggio. Fa un inchino, attende che l'applauso termini.

DL: Grazie. Era meritato. (*si toglie con cura un pelo dalla lingua*) Mai leccare vagine prima di un monologo.

Come va?

(Uno dal pubblico: – *Bene!* –)

DL: Bene?!? Sai qualcosa che non sappiamo? (*risate*)

Stamattina qua a Cagliari ho visto uno che si masturbava davanti a un bancomat. Si masturbava davanti a un bancomat! Lo capisco. Scopri di avere ancora qualche soldo da parte, hai voglia di festeggiare.

Gli ho detto: – *Coraggio, sindaco!* –

Benvenuti a *Decameron*, politica sesso religione e morte. Comicità dura per tempi insaziabili. Eeh, i tempi stanno cambiando. Sono tempi bui.

Licio Gelli è in tv ed esalta il fascismo.[1] Dell'Utri rivaluta Mussolini. Giampaolo Pansa scrive libri contro i partigiani. Il governo difende i picchiatori fascisti di piazza Navona. Tutti assolti i responsabili del massacro alla Diaz. A Milano permessa una convention di neonazisti. A Roma decine di raid razzisti. I medici devono denunciare i clandestini. Istituite le ronde. Tempi bui. Anzi, a scanso di equivoci: buona sera, signore e signori, e Heil Hitler.

Hitler che fra l'altro è ancora vivo. Non avete letto il "Corriere della Sera"? Hitler è ancora vivo! In Argentina. In effetti, quest'estate ero in vacanza a Buenos Aires. Una sera sono in un bar. A un certo punto entra Hitler. C'era un fotografo, sta per fare una foto. Di Hitler accanto a me! Gli urlo: – *Fermo!* – (*a braccio teso*) E questa è la foto che il "Corriere" ha pubblicato. Bastardi!

Tempi bui. L'altro giorno apro il giornale. *"Il governo cala nei sondaggi* (uh, mi chiedo come mai!) *ma la fiducia dell'Italia in Berlusconi è oltre il 70%."*

Poso il giornale, esco dalla stanza, ritorno dopo cinque minuti, la notizia era ancora lì.

La fiducia dell'Italia in Berlusconi è oltre il 70%!

Non importa che la sua politica reazionaria e classista tagli i salari e gli investimenti; distrugga la scuola, la sanità, la ricerca, l'ambiente; metta la mordacchia alla giustizia, all'informazione libera e alla satira; non importano le leggi *ad personam*, i conflitti di interesse; il disprezzo della Costituzione, del Parlamento e della divisione dei poteri; non importano gli attacchi all'unità sociale e istituzionale del Paese; non importano lo sdoganamento del fascismo, il razzismo di Stato, le guerre criminali, il ritorno al nucleare; non importa che un affarista metta al servizio della sua azienda e dei suoi problemi personali con la giustizia l'intera macchina dello Stato (una cosa che non c'era neanche nel fascismo)[2]; tutto questo non importa: la fiducia dell'Italia in Berlusconi, secondo i sondaggi, è oltre il 70%!

Come si spiega? Io ho una mia teoria.

Quando fai **sesso anale** con la tua ragazza, l'esperto (*indica se stesso*) distingue tre fasi:

nella **prima fase**, la donna è in ginocchio sul letto, gattoni, le braccia tese, che attende di essere inculata dal tuo silos di carne. La penetrazione non è ancora cominciata, ma il tuo dirigibile sta già esercitando una pressione costante sul suo buco del culo, che in questa fase è ancora reticente.

Si sta così per un po'.
– *Come va?* –
– *Mh.* –

(*risate*) Vedo che sapete di cosa sto parlando.

A un certo punto, il suo buco del culo timidamente si apre come un ranuncolo a primavera: è **la seconda fase**. Il tuo martello pneumatico comincia a praticare un varco. Lei allora si gira; e ti guarda sbigottita, incredula, come uno scarafaggio schiacciato da Madre Teresa.

Poi si appoggia sui gomiti e comincia a gemere. – *Ahi! Ahi! Ahi!* –
Sembra non volerlo: ma in realtà lo vuole. – *Ahi! Ahi! Ahi!* –

Questo è molto eccitante. Almeno per te. Per lei un po' meno: in questa fase, infatti, il suo buco del culo brucia come un anello di cipolla. (Mi dicono.)

All'improvviso, la **terza fase**: la donna cede di schianto, si appoggia sul materasso con la guancia, inarca la schiena e ti offre il suo culo Euro 5, completamente aperto e disossato. Non c'è più dolore, c'è solo piacere. E ti urla: – *Sì sì sì sì sì sì sì!* –

L'Italia, con Berlusconi, è in questa terza fase.

– *Sì sì sì sì sì sì sì! Aaaaah, sborrami sulla schiena! Ma attento ai capelli.* –

Questo del consenso oltre il 70% è un paradosso curioso. I motivi che lo spiegano sono tre e corrispondono alle tre fasi dell'inculata.

Primo motivo: il progetto. Berlusconi aveva un progetto e ha impiegato tutti i mezzi, leciti e non, per portarlo avanti. È la prima fase: la pressione costante.
Secondo motivo: la mediocrità dell'opposizione. È la seconda fase: non c'è più resistenza, l'ano si apre.
Terzo motivo: il carattere degli italiani. È la fase 3: l'orgasmo da sottomissione. O, per dirlo con le parole di Saccà: – *Presidente! Lei è amato proprio, nel Paese,*

guardi glielo dico senza nessuna piangeria, c'è un vuoto... (indica il culo) c'è un vuoto che... che lei copre anche emotivamente. –
Silvio: – *È una cosa imbarazzante.* –
Saccà: – *Ma è bellissima, però.* –

– *Sì sì sì sì sì sì sì! Aaaaah! Sì sì sì sì sì sì sì!* –

Pressione costante, ano si apre, orgasmo.

E così, dopo vent'anni, siamo finalmente arrivati all'**egemonia berlusconiana**: Berlusconi in questo momento controlla TUTTO. Come ci è arrivato? Be', prima ha edificato un impero mediatico come ormai sappiamo (fondi neri All Iberian a Craxi, finanziamenti enormi da banche infiltrate dalla P2, Dell'Utri[3] che fa da cerniera fra mafia e gruppo Berlusconi, Previti che gli porta la Mondadori corrompendo un giudice con soldi Fininvest)

(oh, Berlusconi a volte ha dei rimorsi; poi però pensa a quanto è ricco, e tutto passa)

(d'altra parte, cerchiamo di capirlo: Berlusconi ha bisogno di tutti quei soldi. Senza tutti quei soldi, Silvio Berlusconi sarebbe... Paolo Berlusconi!)

e poi, attraverso questo impero mediatico, ha fatto propaganda per se stesso con sofisticate tecniche di marketing politico che vengono dall'America.

In America, gli strateghi politici di destra hanno scoperto che l'elettorato non vota in modo razionale, ma in base a **suggestioni emotive**.[4] Il programma elettorale diventa secondario, se non sai come raccontarlo. Vinci le elezioni (è questo il trucco prodigioso) se lo sai raccontare come **una storia che crei con l'elettore un legame emotivo.**

Legato emotivamente, l'elettore sospende la sua capacità critica. E magari finisce per votare Berlusconi an-

15

che se a conti fatti non gli conviene. È il fenomeno dell'operaio che vota Berlusconi.[5]

Come si racconta una storia in modo efficace dal punto di vista emotivo?
Cinque gli elementi importanti.

Primo elemento: ostacoli da superare. Nella storia c'è emozione se il protagonista vuole disperatamente qualcosa, ma incontra degli ostacoli che glielo impediscono. Riuscirà a superarli? Solo questo tiene vivo l'interesse del pubblico.

Esempio cinematografico. Ne *La finestra sul cortile* di Hitchcock, James Stewart è immobilizzato su una sedia a rotelle da una gamba ingessata. Come farà a indagare? Come farà a mettersi in salvo se l'assassino si accorge di lui? Più formidabili sono gli ostacoli, più grande è l'interesse con cui il pubblico segue la storia, perché più viva e soddisfacente sarà la sua **esperienza emotiva**.

Berlusconi lo sa e infatti inventa di continuo gli ostacoli contro cui lotta: le toghe rosse, la stampa comunista, l'opposizione comunista, la Costituzione comunista. Ostacoli di cui esagera a bella posta la forza (dato che i media in realtà sono in mano sua, la giustizia è messa nelle condizioni di non lavorare, l'opposizione è minima); ma lui ne esagera la portata in modo che l'azione del proprio personaggio ne risulti esaltata. Berlusconi ha un bravo sceneggiatore.[6]

Vediamo altri protagonisti della scena politica.

Qual è l'ostacolo di **Bossi**? Roma ladrona. Sono vent'anni che Bossi ci racconta questa storia. Tutti la conosciamo. Anche Bossi ha un bravo sceneggiatore.

Veltroni? Non fiori, ma opere di bene. Oh, Veltroni aveva a disposizione ostacoli fenomenali per la sua storia: per esempio un imprenditore entrato in politica per fare i propri interessi ai danni dello Stato; oppure l'ideologia neoliberista guerrafondaia che vuole controllare il mondo col precariato di massa, le politiche antisociali e la speculazione finanziaria. E invece qual era lo slogan della sua campagna elettorale? – *Io non sono contro, sono per.* –

(*gesto di spegnere un telecomando*) *Clik.*

Nel suo primo anno di vita, il Pd di Veltroni/Franceschini non ne ha azzeccata una e Veltroni a un certo punto se ne va; ma in maniera paracula. Dice: – *Questo non è il partito che sognavo, me ne vado.* – Eh, no, caro Walter: questo è proprio il partito che hai fatto tu. E questo, come vedremo in dettaglio, è il vero problema del Pd: una linea politica completamente sbagliata; ma Veltroni rincara: – *La linea giusta per il Pd è quella di questi mesi.* – Allora sei de coccio! Parisi giustamente ha chiesto: – *Se la linea è giusta, Veltroni spieghi perché se ne va.* –

Hanno eletto Franceschini. Cosa risolvi? Franceschini è il prepuzio di Veltroni!

Volevano fare le primarie come l'altra volta, cioè fasulle, e poi eleggere un nuovo incapace; ma non c'era tempo per il piano A. – *Vabbe', lasciamo perdere le primarie, mettiamo subito Franceschini.* –

La chicca: Veltroni se n'è andato il giorno stesso in cui l'avvocato Mills viene condannato perché corrotto da Berlusconi. Cioè: il giorno in cui c'è l'ennesima prova che il capo del governo italiano è un fior di mascalzone, Veltroni se ne va. Un vero leader dell'opposizione.

Chi racconta la storia dell'imprenditore piduista che sfascia lo Stato? La raccontavo io a *Satyricon* nel 2001 ("golpe al rallentatore"): infatti mi hanno tolto di mezzo. Chi la racconta oggi fra i politici? Di Pietro, che non a caso vola nei sondaggi, mentre Veltroni abbiamo visto che fine ha fatto. Franceschini allora ha cercato disperatamente la rimonta. Appena eletto dice: – *Berlusconi è un autoritario!* – Oh, ben arrivato. Dopo sette anni! Stavamo in pensiero.

Ma diamogli tempo. Il Pd è come l'acqua calda: ci mette sempre un po' a uscire dal rubinetto.

Chi racconta in tv la storia dell'ideologia neoliberista guerrafondaia che vuole controllare il mondo col precariato di massa e la speculazione finanziaria? La raccontavo io a *Decameron* (era la peste cui mi riferivo per metafora): infatti mi hanno tolto di mezzo. Chi la racconta oggi fra i politici? Marco Ferrando, fondatore del Partito comunista dei lavoratori, che non a caso è stato l'unico politico a esprimermi solidarietà dopo la censura di *Decameron*. Interessante questo Ferrando, eh? Teniamolo d'occhio.

Primo elemento: ostacoli da superare.
Secondo elemento importante di una storia ben raccontata: le **debolezze**. Un protagonista non è amato se non ha debolezze. Ne *La finestra sul cortile*, James Stewart è immobilizzato su una sedia a rotelle da una gamba ingessata. Gamba che gli dà fastidio perché gli prude. Riesce finalmente a grattarsi inserendo un lungo bastoncino fra il gesso e la gamba. Il suo sollievo quando finalmente riesce a grattarsi il prurito è qualcosa di universale.
Questo momento non serve alla trama del film, ma a creare il legame emotivo fra protagonista e pubblico. Lo stesso accade nei **film porno** quando il protagonista sborra in faccia alla ragazza. Non serve alla trama, ma –

Sempre ne *La finestra sul cortile*, altra debolezza, stavolta caratteriale: James Stewart ama Grace Kelly, ma è testardamente refrattario al matrimonio.

Le debolezze rendono il protagonista umano e simpatico. Berlusconi lo sa ed esibisce di continuo le proprie:

a) la **vanità**: il lifting, il trapianto di capelli, la bandana che lo nasconde, il tacco nelle scarpe, il cerone. Berlusconi si mostra sempre così preoccupato della sua immagine che tu lo vedi e pensi: – *Caspita, questo prima di una colonscopia si fa mettere il fard su per il culo!* – Vanità è l'esibizione canora, lo stile di vita faraonico, il vantarsi di dormire solo tre ore a notte e avere ancora l'energia per tre ore di sesso. (Sì, a settantadue anni, come no?)

b) le **guasconate**: le corna dietro il ministro spagnolo, il cucù alla Merkel,[7] – *Mister OBAMAAA!* –

c) le **donne**: gli aneddoti da *tombeur de femmes* internazionale, le foto con le attricette nella sua villa in Sardegna (tutte addosso a lui, di fianco, sulla schiena, sulle gambe: tre attricette, tre gambe), il compleanno di una diciottenne a Napoli. (Veronica: – *Io e i miei figli siamo vittime di questa situazione. Dobbiamo subirla e ci fa soffrire.* – Benvenuta nel club.)

d) la **falsità**: tutti ormai sappiamo che Berlusconi mente spudoratamente. Anche perché ogni volta che giura sulla testa dei suoi figli, a Piersilvio prende fuoco un orecchio.

Dice il falso, con la smentita il giorno dopo. – *Non l'ho mai detto!* –
Sbraita che la Costituzione è sovietica e attacca il capo dello Stato, ma il giorno dopo: – *Non l'ho mai detto!* – Ogni volta è come se Braccio di Ferro negasse di mangiare spinaci. – *Spinaci? Mai mangiati.* – (*flette le braccia a gonfiare i bicipiti, canticchia il jingle di Braccio di Ferro*)

E la colpa di chi è? Ovviamente della stampa comunista. L'ostacolo della sua storia.

Negli ultimi tempi sta accelerando, sente il fiato sul collo. Sentite qua:

"– Oggi il presidenzialismo potrebbe garantire la maggior rapidità di cui c'è bisogno, – spiega il Cavaliere, salvo rettificare subito dopo: *– Non ho mai parlato di presidenzialismo. –"* ("la Repubblica", 13 marzo 2009, p. 10)

Siamo alla smentita incorporata.

Cinque mesi fa ha superato se stesso. Studenti e professori protestano contro la Gelmini, Berlusconi dice: *"Avviso ai naviganti: (...) Darò al ministro degli Interni istruzioni dettagliate su come intervenire attraverso le forze dell'ordine".* Lo dice in tv. Scoppiano le polemiche. Il giorno dopo Berlusconi dice: *– Non ho mai detto né pensato che la polizia debba entrare nelle scuole. –* Tutti si incazzano per la presa per il culo. Il giorno dopo ancora, Berlusconi nega la smentita: *– Io non ho cambiato giudizio. –* **Sigmund Freud**, dall'aldilà, ha commentato: *– Anche se fossi vivo, non potrei aiutarlo. –*

Ritroviamo la stessa strategia durante lo scandalo Noemi. Berlusconi, in forte difficoltà (da Vespa ha raccontato una marea di cazzate sulla vicenda e dal giorno dopo comincia lo stillicidio delle verifiche giornalistiche che lo sputtanano), tenta di distogliere l'attenzione con una trovata a effetto (retorica *flash-bang*). Al convegno di Confindustria dice che vuole ridurre i parlamentari a cento con una legge di iniziativa popolare. E aggiunge: *– Adesso diranno che io offendo il Parlamento. Ma le assemblee pletoriche sono inutili e addirittura controproducenti. –* [8] L'opposizione insorge contro l'ennesimo attacco che mira a un esecutivo assoluto, non bilanciato da altri poteri[9]; e il giorno dopo Berlusconi attacca D'Alema e la Finocchiaro: *– Si sono comportati in modo indegno, ignobile e spudorato attribuendomi parole che non ho mai pronunciato e cioè che il Parlamento sarebbe inutile e dannoso. –* Quindi chiosa attribuendo ai dirigenti del Pd *"l'antico vizio stalinista di capovolgere la realtà".*

Dopo lo scandalo villa Certosa/D'Addario (*escort* a pagamento) Berlusconi, vincendo la sua naturale modestia, dichiara: *"Io sono fatto così e non cambio. Gli italiani mi vogliono perché sentono che sono buono, generoso, sincero, leale, e che mantengo le promesse".*

In una intervista al "Sunday Times", la D'Addario s'è lamentata del cerone di Berlusconi. *"Aveva tantissimo trucco addosso, lo faceva sembrare arancione."* Cosa doveva fare, Silvio, toglierselo? Sarebbe stato come sfregiare la Monna Lisa.

Le debolezze umane di Berlusconi sono patetiche? Certo, ma il punto è che, attraverso quelle, il pubblico viene indotto inconsapevolmente a identificarsi con lui, Silvio, il protagonista della sua storia. L'identificazione dà al protagonista il vantaggio enorme di un certo capitale di **tolleranza.** Una volta coinvolto emotivamente col personaggio, infatti, il pubblico tende a sorvolare sulla credibilità della narrazione.[10]

Debolezze di **Veltroni**? Non si sa, non ce le ha raccontate. *Clik.*

Debolezze di **Bossi**? La volgarità (*gesto dell'ombrello*): – *La Lega ce l'ha duroooo!* –; oppure la vicenda dell'ictus: un dramma personale che raccontato in un certo modo può conferire un'aura eroica al personaggio.

Debolezze di **Di Pietro**? L'irruenza (in tv s'incazza subito, dopo due secondi è già lì che ingolfa i congiuntivi, la faccia cremisi, il collo gonfio come quello di Pappalardo); oppure l'amore per la campagna (viste sui settimanali le foto in cui è al volante di un trattore? Non è che passava di lì per caso un fotografo: – *To', c'è Di Pietro su un trattore. Aspetta che faccio una foto.* – No. Di Pietro chiama un fotografo e si fa fotografare mentre guida un trattore. Marketing politico).

Debolezze di **Ferrando**? Non se ne sa niente, non si sa nulla del suo personaggio. Deve lavorarci su e prendere spazio. Fossi in lui, spargerei la voce che sono l'inventore del banjo mestruale Alvarez.

Ostacoli, debolezze. **Terzo elemento** di una storia ben raccontata: il protagonista deve **volere a tutti i costi qualcosa**. *A tutti i costi*: solo questo genera nell'elettore passione ed entusiasmo.

Finestra sul cortile: James Stewart vuole scoprire a tutti i costi se il vicino di casa è l'assassino. Tutti cercano di dissuaderlo (la fidanzata, l'anziana infermiera, l'amico poliziotto), lui va avanti.

Berlusconi? Voleva il controllo di tutto ed evitare la galera. Motivatissimo.

Cosa vuole Bossi? Lo sappiamo. Vuole il Federalismo.

Veltroni cosa voleva? Bella domanda. La prossima volta che lo incontrate, fategliela: – *Veltroni, cazzo volevi?* –

Perché mica s'è capito. Veltroni sembrava sempre che fosse lì perché aveva perso una scommessa. (*mogio*) – *Scusate, sono qui perché ho perso una scommessa.* – E adesso che se n'è andato non è che la cosa è risolta, perché la linea politica del Pd quella è. Il Pd vuole il dialogo perché *"imprenditori e operai sono entrambi lavoratori"*. Certo, infatti sono gli operai a licenziare gli imprenditori.[11]

In campagna elettorale (politiche 2008) il Pd era in sintonia con Montezemolo su precarietà, contratti, fisco e stato sociale. Niente critica al sistema, niente conflitto, storia noiosa. *Clik*.

Storia noiosa, ma drammatica per gli operai, il cui lavoro viene ridotto così dal Pd a semplice merce, col *placet* di Confindustria.

Poi arriva il crollo delle Borse. Guardate qua. Veltroni: "*Pronti ad aiutare sulla crisi*". Berlusconi: "*Non me ne frega niente*". Veltroni (*piagnucola*): "*Nessun premier al mondo farebbe così*". In questa sequenza esemplare, il protagonista della microstoria è Berlusconi. Veltroni è confinato nel ruolo di spalla.

Stesso meccanismo quando Berlusconi va a sorpresa in una sezione storica del Pci, ora Pd, a Campo dei Fiori. Aspettavano Veltroni da settimane, per il tesseramento (che fra l'altro deve ancora cominciare!) e arriva Silvio. Cucù! E la notizia è Berlusconi. Gli ha rubato la scena.

Berlusconi è bravissimo a rubare la scena. Rubare la scena ha il vantaggio dell'effetto sorpresa. Berlusconi è uno che ti punta la pistola alla tempia e poi ti arriva una ginocchiata nei marroni. C'è dolore, ma anche sorpresa. – *Uuuuh! Oh?* –

Altro esempio. Berlusconi visita Bush prossimo a lasciare la presidenza. Quando ho saputo che Berlusconi andava da Bush, ho pensato: – *Come farà stavolta a rubare la scena?* – Bush lo domina sia economicamente (è il rampollo di una dinastia di petrolieri multimiliardari) sia politicamente (è il presidente americano, il capo dell'Occidente). Come gli ha rubato la scena? Con un colpo di teatro: mentre sta leggendo il discorso davanti ai giornalisti, Silvio rompe il leggio di legno. Gigione, continua il discorso tenendo il leggio in mano, fra le risate dei presenti. Il giorno dopo, tutti i giornali a parlare del simpatico leggio rotto.

Lo stesso giorno Veltroni dov'era? Qui in basso, minuscolo. Sta dicendo una cosa giusta: – *Pensiamo all'economia reale.* – Ma è inutile dirlo, se nessuno sta ascoltando la tua storia. Sei l'abbaiare di una noce di cocco. Chi ti sente?

Pensate adesso a come sarebbe stata diversa questa pagina se quello stesso giorno fosse uscita la notizia di un video su *Youporn* in cui Veltroni sborra in faccia alla Melandri. "*Veltroni-Melandri bukkake.*" In quanto tempo la notizia avrebbe fatto il giro del mondo? Un secondo? Un secondo e mezzo? Non di più.

Un mese dopo, una mattina accendo la tv. "Borghezio ricoverato per un malore." E io: – *Uh, ha vinto Obama!* –

Viene eletto Obama. Momento storico. Ho pensato: – *Come farà Berlusconi a rubargli la scena?* – (*lunga pausa*) Esatto. Con la battuta razzista. "*L'abbronzato.*"

la Repubblica
MARTEDÌ 14 OTTOBRE 2008

TEMPESTA SUI MERCATI

@ PER SAPERNE DI PIÙ
http://it.wikipedia.org/wiki/Columbus_Day
http://www.nytimes.com/
www.pdmilano.org

Il vertice

Berlusconi da Bush: azione comune Ue-Usa

Colloquio a Washington: "Sì ad un G8 straordinario per arginare la crisi"

DAL NOSTRO INVIATO

WASHINGTON — «Insieme, l'Europa e gli Stati Uniti, ce la possiamo fare. Ora abbiamo le armi per impedire che la crisi finanziaria, la più grave nel mondo globalizzato, possa infettare come un virus anche l'economia reale». Dalla capitale americana Berlusconi conferma la sua strategia di ottimismo. Una volta arrestata l'emorragia sul listini di mezzo mondo e per impedire che la crisi decrepita. A questo scopo il G8 allargato anche agli altri protagonisti dell'economia mondiale, un G14 o un G16, sarebbe il sistema più adatto di...

«governance» dell'economia. Attenzione, però, a non passare da un eccesso all'altro: dalla mancanza di regole a un eccesso di regole. «Non vorremmo che dopo tutto ciò che è successo si fosse un eccesso di stanidismo, di burocrazia e di regole sul mercato».

«A Parigi — ha spiegato Berlusconi a Bush — abbiamo appuntato ieri di assumere decisioni che sono convinto permano essere positive e far sì che la crisi dei mercati finanziari non colpisca l'economia reale». È vero con tutto che abbiamo le armi i modi per far sì che il benessere diffuso tra i cittadini non subisca arretra-

Il presidente americano definisce "coraggiose" le iniziative adottate dall'Unione europea

menti». La «cosa più importante» in questo momento di crisi è «che America e Ue possano agire in modo coordinato». Bush ha confermato che l'Italia e Usa sono impegnati insieme per trovare soluzioni al-

la crisi economica globale e Washington accoglie con favore le coraggiose iniziative europee per far fronte alla crisi.

Nella dichiarazione congiunta alla Casa Bianca, Berlusconi si era detto «assolutamente d'accordo» con l'idea del presidente Usa di organizzare «nelle prossime settimane» una riunione del G8 sulla crisi finanziaria. Più tardi il premier è stato più prudente. Più tardi, ha detto incontro con la moglie di Bush, Laura, una mostra su Pompei, «tutti i provvedimenti sono stati concepiti insieme. Poi vedremo se ci sarà bisogno di un G8. Ma credo che tutti saremo disponibili».

Quanto al G8 del 2008 «avremo la responsabilità di questo vertice che molti vedono come la formula più adatta per la futura «governance». Ma sono tutti d'accordo che poi diremo G14 o G16». Nell'immediato «va garantita la liquidità del sistema bancario in modo che le banche possano sostenere gli investimenti delle imprese e i consumi. Un obiettivo da perseguire con un lavoro coordinato ha aggiunto riferendosi ai vecchi dei ministri dei paesi europei. Se c'è bisogno di interventi del governo nella ricapitalizzazione delle banche «siamo disponibili ma lo faremo mantenendo il carattere privato.

(g.l)

I personaggi

"George, sei nella storia" Alla Casa Bianca l'addio tra festa e commozione

DAL NOSTRO INVIATO
GIANLUCA LUZI

WASHINGTON — «Buongiorno». Lo stentoreo saluto in italiano del presidente Bush risuona sul South Lawn, il prato sud della Casa Bianca. Davanti al palco presidenziale sono schierati i reparti di tutte le forze armate americane, le decorazioni, le bande, i vessilli dei 525 stati italiliniensi tra un mare di bandiere americane e italiane. Un reparto in costume marcia e suona come ai tempi della Rivoluzione americana. Alle nove e mezzo cinque ora di Washington a limousine entra alla Casa Bianca. All'accolgiere il premier italiano George e Laura Bush. Berlusconi è raggiante, si potrebbe dire in estasi di fronte all'accoglienza che gli ha riservato l'amico George. Bush scaglie l'inno americano con marziali cuore. Berlusconi per un attimo si robe intuire da poi si irrigidisce all'attenti come ave a seguito l'inno di Mameli. Mentre passa in rassegna i soldati schierati il premier infrange per un istante il rigido cerimoniale e non muove di lasciare un saluto cerimoniale a una gradinata. Un cerimoniale...

ELLEKAPPA

Berlusconi si è rivolto ai presidente americano e da dogli del tu. «Sono stato onorati di poter cooperare con te, lo troverò in te un uomo di grandi ideali e di grandi principi. Non ho mai trovato in te il calcolo del politico, ma sempre la sincerità e la spontaneità di una persona che crede profondamente in quello che fa. La storia si definirà un grande, grandissimo presidente più di quanto in Europa e in America si riconosca». Visione, coraggio, perseveranza, lealtà sono le parole che ricorrono più spesso nell'elogio che Bush e Berlusconi hanno fatto l'uno dell'altro. Poi — come già...

aveva fatto tre anni fa al Congresso americano — Berlusconi torna a spiegare perché ha fatto sempre per dalle parti degli Stati Uniti prima ancora di sapere da che parte stanno gli Stati Uniti. «Sarò sempre grato all'America — dice Berlusconi— per aver salvato il mio popolo dal fascismo, dal nazismo e dal comunismo. Negli anni armine continuerò ad avere lo stesso rapporto di gratitudine verso l'America». Bush ha ringraziato l'Italia che sta «sentendo la causa della pace e della stabilità» sul l'impegno militare dal Kosovo all'Libano e alla Russia, e si è detto orgoglioso di la-

vorare con gli italiani in Afghanistan. «Insieme, gli ha fatto eco Berlusconi, «per combattere il terrorismo, io invece del bene sento il regno del Male». Poi Berlusconi è andato oltre con il suo tradizionale racconto di quando il padre lo portò «ragazzino in giro» a premiar — a visitare il cimitero di guerra di Anzio. E a questo punto la voce di Berlusconi è in-

Abbracci e sorrisi

Silvio Berlusconi cinge la spalla di George Bush, prima che il presidente americano pronunci il suo saluto. In alto a destra, il premier italiano e il presidente americano si tengono per mano

Saluto in italiano del presidente Usa, poi un cerimoniale degno di un capo di Stato

crinata dall'emozione; «Allora ho giurato che non avrei mai dimenticato il sacrificio di quegli uomini» che sono morti per la libertà mia e di tutti noi». Per la verità una questione un po' «pesona» per Berlusconi, Bush l'ha trata fuori nel colloquio allo Studio Ovale la Bussia deve «rispettare la sovranità della Georgia», con tanti saluti alle glorificazioni che Berlusconi ha riservato fino a ieri per l'intervento militare di Putin. Fra quelche giorno ci sarà il nuovo presidente americano. Dall'ambasciata italiana Berlusconi ha telefonato «gli do ai canditati. «Nel sistre so doluatamente imparciali. — ha precisato Berlusconi prima di chiamare McCain e Obama — intendo fare loro i miei auguri. L'Italia, come tutti il mondo, ha bisogno di una presidenza americana autorevole». Dirà a Obama e McCain che le faccia libri...», «Fuori dalla Casa Bianca sentesimo Bush che se ne va due don ra «rimani "No Dal Molin" la base d'Vicenza che sarà raddoppiata ndr», viva la pace».

19 SALVE DI CANNONE
Sorrisi e abbracci tra Bush e Berlusconi alla Casa Bianca: per il saluto al premier italiano anche 19 salve di cannone

BELPAESE
ALESSANDRA LONGO

SBATTEZZO DAY

Il 25 ottobre prossimo non è solo la data della manifestazione della sinistra riformista ma anche il giorno in cui trecento «sbattezzandi» di tutta Italia scriveranno ai loro parroci per farsi cancellare dai registri del battesimo. Volendo rubare un inglesismo a Berlusconi, lo si potrebbe chiamare «lo sbattezzo day». Ma perché proprio il 25 ottobre? Per dar fastidio ai cattolici del Pd? No, «la data del 25 ottobre - spiega in una nota la Uaar, Unione degli atei e degli agnostici razionalisti - è stata scelta perché corrisponde al cinquantesimo anniversario della sentenza sul caso del vescovo di Prato il quale aveva denigrato pubblicamente due cittadini, "colpevoli" di essersi sposati con rito civile. Il giudice assolse il pastore d'anime perché la coppia era battezzata, perché da considerarsi "suddita" della Chiesa». Il diritto allo «sbattezzo» è stato stabilito da un provvedimento del Garante per la privacy.

La proposta

"Bene la risposta corale dell'Europa"

Veltroni in pressing sul decreto "Estenderlo all'economia reale"

ROMA — «È bene che vi sia stata una risposta di dimensione europea, ora pensiamo all'economia reale». Il segretario del Pd Walter Veltroni non boccia i provvedimenti assunti dal governo insieme ai leader europei per affrontare la crisi finanziaria. Però, annuncia in un'intervista al Tg 3, «un bisogno aiutare i cittadini e le piccole imprese».
«L'Italia — è il suo tento — abbandoni la paura e scelga la fiducia e la speranza che significa cambiamento». A suo giudizio, dunque, «adesso, finita la parte finanziaria, c'è la parte dell'economia reale, quella che viene compromessa da questo scricciolio e che significa perdita di lavoro, significa piccole e media imprese in primo luogo. E poi commercianti e artigiani. Il capo dell'opposizione conferma che il Pd collaborerà nell'interesse del Paese: «quando ci sono in ballo i grandi interessi nazionali, una grande forza di opposizione responsabile non solo decide di collaborare ma prescinde anche dalle risposte sgradevoli e aggressive che gli possono venir date».

IL LEADER
Walter Veltroni, segretario del Partito democratico, apprezza la risposta europea alla crisi

25

Il Pd in coro: "*Vergogna!*". Ma intanto tutti i giornali del mondo parlano di Berlusconi.

E al G20, dove nessuno lo cagava, Berlusconi come ha fatto? Si è messo a urlare: – *Mister OBAMAAAA!* – Con la regina che si gira a insegnargli l'educazione. – *What the fuck is that?* –

Berlusconi però voleva questo:

e i giornali italiani gliel'hanno dato. Come sostiene la Cia in uno dei suoi manuali, è superfluo controllare la stampa, quando puoi controllare la realtà.[12]

Berlusconi ha raggiunto il nadir col terremoto a L'Aquila. L'avete visto, no? Va ai funerali. Però non rimane in mezzo alle autorità. A un certo punto, sicuro di essere inquadrato dalle telecamere, si scapicolla verso i parenti delle vittime. Piangeva più lui di loro. C'era gente che aveva perso dei figli che lo consolava. – *Coraggio, presidente.* –

Ruba la scena. Va ai funerali, si mischia ai parenti, si

stende nelle bare. – *Ci penso io. Ci penso io. Ci penso io.* – Poi s'è messo da una parte ad autografare Bibbie.

Uuuuh! Stasera sono proprio elettrico. Sarà che mi devono arrivare.

All'epoca della gaffe sull'abbronzato, Berlusconi definì *"coglioni"* i leader del Pd e *"imbecille"* chi lo criticava per la gaffe razzista.

Perché Berlusconi ha capito che in Italia, a questo punto, può fare quel cazzo che gli pare. *"Berlusconi, vogliamo il dialogo sulle riforme."* *"Prrrr!"*

Questo è il vero potere. Il **"potere-prrr"**. Il Pd ha solo il potere di dire: – *Non sono d'accordo.* – Ma il "potere-non sono d'accordo" non è vero potere. Il "potere-prrr", è potere.

Un giorno Berlusconi lo farà. Risponderà con una pernacchia. Sarà la guasconata ultima. E voi penserete: – *Cazzo, due anni fa Luttazzi l'aveva detto!* –

Quindi: **volere a tutti i costi** una cosa è fondamentale per un personaggio ben scritto.

Cosa vuole **Di Pietro** a tutti i costi? Vuole bloccare Berlusconi e il suo conflitto di interessi. Nella narrazione di Di Pietro, lui è il protagonista, mentre Berlusconi è l'antagonista. Ne ricava un effetto virtuoso: più Berlusconi accumula potere e sfascia la democrazia, più titanico e quindi interessante diventa lo sforzo di Di Pietro di contrastarlo.

Il personaggio Di Pietro, da un anno a questa parte, è raccontato benissimo. Ti sembra di sapere tutto di lui, come uno di famiglia. Ti pare quasi di vederlo, ogni mattina, in bagno, mentre si fa la barba con una bottiglia rotta. Soprattutto, sai come si comporterà nelle varie circostanze: sintomo che Di Pietro ha stabilito un contatto emotivo.

E infatti son cinque mesi che i media berlusconiani – che di Veltroni non si preoccupavano, tanto faceva tutto da solo – hanno preso di mira Di Pietro con un controracconto calunnioso: il figlio e le raccomandazioni, i rimborsi elettorali, le case. Contromossa di Di Pietro: – *Indagate pure in profondità, mi dimetto anche dall'Europarlamento, non voglio immunità.* –

Che, fra parentesi, è quello che dovrebbe dire Berlusconi. Ve lo immaginate, Berlusconi, che dice: – *Indagate, non voglio immunità!* – Col cazzo che lo fa.[13]

Di Pietro invece sì e il suo personaggio ne esce rafforzato.

A proposito di **conflitto di interessi** (l'arbitro che fa anche il giocatore): è gravissimo che il centrosinistra al governo non abbia mai risolto il problema. Ogni volta la stessa solfa come scusa: – *Alla gente non importa.* – Ma se non glielo spieghi bene, come fa la gente ad appassionarsi alla vicenda? Raccontagliela bene usando i cinque elementi emotivi e vedrai, se gliene importa.

In breve. Grazie al suo conflitto di interessi:

a) Berlusconi distorce la giustizia modellandola sulle proprie esigenze (poi dice: "*Il lodo Alfano non è* ad personam". No, è per tutti i cittadini che fanno il presidente del Consiglio);

b) condiziona a suo favore il potere economico (vedi l'asse con Geronzi/Mediobanca, col quale Berlusconi allarga la sua influenza su Rcs, Generali e Telecom, e quindi condiziona ulteriormente il potere editoriale e quello pubblicitario);

c) decide a casa sua le nomine Rai (è come se Murdoch decidesse i dirigenti Mediaset);

d) per le concessioni tv paga una cifra irrisoria: l'1% del fatturato. Se la percentuale aumentasse in modo congruo, arriverebbero nelle casse dello Stato, cioè nostre, decine di milioni di euro che invece si tiene lui.

Questi i vantaggi del suo conflitto di interessi.
Altri modi per togliere soldi allo Stato e tenerli per sé:

detassare le imprese, le successioni e le grandi fortune;

suggerire agli imprenditori di non fare pubblicità sulla Rai (o sui giornali del gruppo Espresso/Repubblica, che Berlusconi considera avversari politici solo perché raccontano delle sue mascalzonate);

esortare la gente a investire in titoli Mediaset (lo ha detto durante il crac delle Borse: sarebbe aggiotaggio, ma la Consob stava innaffiando il giardino);

coordinare con la Rai l'uscita dal *bouquet* Sky (il danno per la Rai è la perdita dei 450 milioni di contratto settennale con Sky);

varare norme antiscalata per evitare che società estere prendano la maggioranza azionaria di aziende italiane coi titoli svalutati dopo il crac di Borsa, fra cui Mediaset. (Qui fu addirittura la Consob a sollecitare l'approvazione delle norme con voto in Parlamento: alla faccia degli interessi legittimi degli azionisti di minoranza e dei piccoli risparmiatori; infatti l'Antitrust parlò di *"possibili impatti negativi sul corretto funzionamento del mercato"*.)

Per non parlare di una faccenda così interessante che la tv non ne parla: Berlusconi, con la scusa che la spagnola Telefonica potrebbe mangiarsi Telecom e i pacchetti azionari di Benetton/Pirelli (*"L'italianitaaaà!"*), avrebbe in mente qualcosa di sovietico: imporre a Telecom di cedere la rete fissa (il 70% dell'utile Ebitda!) e creare una nuova società con la Cassa depositi e prestiti, fondi libici e i maggiori operatori di tv e tlc, Mediaset compresa.

– Ma è conflitto di interessi! –
Prrrrrrrrrrrrrrrrrrrrrrrr![14]

Alla domanda di Chiara Beria d'Argentine se in Italia ci sia, col padrone di Mediaset a capo del governo, un conflitto di interessi, Confalonieri di recente ha risposto: *– Certo che c'è.* – ("la Stampa", 15 maggio 2009) Ormai possono anche dirlo pubblicamente che tanto non succede nulla: ecco dove siamo arrivati.

E **Ferrando**? Vuole a tutti i costi un sistema alternativo al neoliberismo macellaio e guerrafondaio. Che in Italia è incarnato *en passant* dal governo SB; e nel mondo dall'ideologia neo-con; ma i media italiani, che sono in mano a Berlusconi e Confindustria, non danno spazio ai Ferrando.[15]

Fra parentesi: va ricordato che la sinistra che non è più in Parlamento perse le elezioni dell'aprile 2008 perché qualche mese prima aveva votato, con il Pd, con Di Pietro e con tutta la destra, per finanziare i CPT, le missioni militari e il riarmo del nostro paese. È inutile chiedere in piazza la chiusura dei "lager per gli immigrati", parlare contro le guerre e l'imperialismo e poi votare con la destra per rifinanziarli. La narrazione dev'essere congruente, sennò il pubblico ti punisce. Nel frattempo, in Rifondazione continuano le scissioni. Ieri Vendola è andato da un mago e si è fatto segare in due.

Ostacoli, debolezze, volere a tutti i costi.
Quarto elemento di una storia ben raccontata: l'**unicità**.

Il protagonista di una storia, per essere interessante, dev'essere unico. Come si rende unico un personaggio? In tanti modi, ma uno dei trucchi più frequenti è raccontare il suo **passato**.

Finestra sul cortile. La sequenza iniziale ci mostra l'appartamento di James Stewart. Vediamo una macchina fotografica distrutta, sul muro la foto di un incidente di

Formula 1 col pneumatico che vola verso l'obiettivo, il negativo fotografico di un ritratto femminile, quel ritratto sulla copertina di "Life", infine James Stewart che dorme su una sedia a rotelle, la gamba ingessata. Il protagonista quindi è un fotografo di successo che ha avuto un incidente. Tutto il suo passato è riassunto in una sola sequenza introduttiva. Hitchcock sapeva come raccontare una storia. Il film adesso può cominciare.

E qual è la prima cosa che fa Berlusconi nella campagna elettorale 2001? Distribuisce in tutte le case il volume fotografico *Berlusconi: una storia italiana* con cui raccontava il suo passato di imprenditore/proprietario del Milan/felice padre di famiglia.[16] Certo, in maniera favolistica, cioè senza Gelli, senza Mangano e senza i reati commessi per arrivare fin lì; ma la storia la racconta lui, se la racconta come gli pare.[17]

Fa parte sempre del suo passato favolistico il racconto di Berlusconi che canta sulle navi con Confalonieri al piano. Col Berlusconi cantante,[18] il modello mitologico che viene evocato è quello biblico del Rat Pack di Frank Sinatra. Il Rat Pack era composto da Frank Sinatra, Dean Martin, Sammy Davis jr e Peter Lawford. Le analogie sono impressionanti. Secondo me, nella sua testa, Berlusconi è Frank Sinatra. Fini è Dean Martin. Bossi è Sammy Davis jr. E Casini è Peter Lawford, il bello che sposa le ricche.

Il fatto curioso è che, come Lawford litigò con Sinatra e venne cacciato dal Rat Pack, così Casini ha litigato con Berlusconi ed è stato cacciato dal Pdl.

E Galliani? È Telly Savalas, da un altro film.

Anche **Bossi** è un maestro nel raccontare il passato. Per me Bossi è ai livelli di **Tolkien**: ha inventato di sana pianta una terra mitologica, la Padania, che non esiste. La Padania e i suoi antichi riti: bere l'acqua del Po. E cagare per tre giorni di seguito. Gli antichi riti padani.

Il passato di Di Pietro? Mani pulite.

Veltroni? Oh, aveva un ottimo passato da cui trarre forza: quello del Pci che ha partecipato alla Resistenza contro il fascismo e ha collaborato a scrivere una Costituzione che il mondo ci invidia. E invece Veltroni, in campagna elettorale, dichiarò subito che lui non è mai stato comunista (*uh?*) e che i suoi modelli erano Bob Kennedy ma anche Reagan, Berlinguer ma anche Sarkozy (– *Walter, che colore ti piace? Blu, rosso, verde? – – Scozzese.* –);

mentre nel Pd **Violante** rivaluta i "ragazzi di Salò" (e vaffanculo),[19] **Colaninno** jr rivaluta il banchiere Antonio Fazio, e **Franceschini** si mette in testa un berretto da ferroviere come già Berlusconi una settimana prima.[20]

Diversa la strategia di **Gianfranco Fini**. Pensando al dopo-Berlusconi, Fini ha abbandonato il passato fascista. Senza più passato, An si è fusa col Pdl. A questo punto, Fini ha dovuto smarcarsi affinché gli elettori potessero passargli la palla: ed ecco le sue prese di posizione in favore

del testamento biologico; in difesa del Parlamento; a sostegno dei gay; contro lo Stato etico; contro la sua stessa legge Bossi-Fini; e pro-referendum elettorale (in funzione anti-Lega). Berlusconi, preso in contropiede da queste uscite di Fini, lo ha subito strattonato.

Smarcarsi per ribadire la propria unicità. Non a caso Fini aveva già rotto clamorosamente con Berlusconi appena due mesi prima del voto di aprile. In un'intervista, Fini disse: – *Se Berlusconi continua a considerarsi infallibile, è chiaro che si indebolisce sempre di più.* – Non so se Berlusconi si consideri infallibile, ma ogni volta che Berlusconi si ferma a Roma, il Papa dorme sul divano.

La domanda che si impone, a questo punto, è come mai **Prodi** abbia vinto due volte le elezioni contro Berlusconi.

Il perché è sempre narrativo, ovvero emotivo: Prodi ha saputo opporre alla *fabula* berlusconiana una storia originale. Nella storia di Prodi, il protagonista non era lui, ma **un gruppo**: prima l'Ulivo, poi l'Unione. Nelle storie che parlano di un gruppo, ad esempio *Il grande freddo*, oppure *Salvate il soldato Ryan*, c'è in gioco un grande elemento emotivo: il gruppo sopravviverà agli eventi che lo minacciano, o si sfalderà? Questo genere di storie è molto avvincente, anche se finisce di solito col gruppo che si sfalda. E infatti Mastella se ne va, fine del gruppo, fine del film. Esaurita la carriera politica, poi Prodi l'hanno messo a fare lo stallone. Ma questa è un'altra storia.

Comunque, Prodi evitò **l'errore più comune** dello sceneggiatore dilettante: scrivere una storia in cui protagonista e antagonista sono troppo simili. Il **quinto elemento** necessario perché una storia crei un legame emotivo, infatti, è che protagonista e antagonista siano agli **antipodi**.

James Stewart è un borghese tranquillo, il suo vicino di casa un assassino. Conflitto massimo. Se protagonista e antagonista sono troppo simili, invece, sparisce il conflitto e la storia diventa noiosa. Berlusconi lo sa ed enfatizza sempre, a proprio vantaggio, il suo avversario. (Il suo ritornello era: – *Veltroni in mano alla sinistra giustizialista!* – Ma figuriamoci! Veltroni non sapeva neanche dove si trovava!)[21]

Protagonista e antagonista devono essere agli antipodi. **Il Pd non lo sa** e si sposta al centro, smussando per quanto possibile le differenze. Le Borse vengono sconvolte da un crac mondiale? Il Pd ribadisce la sua fiducia nel libero mercato. Libero mercato che però è quello che ha creato il disastro.

Non c'è bisogno che lo ricordi proprio qui in Sardegna, ma il comunismo nacque come *critica* del modo di produzione capitalista: una critica di cui c'è oggi molto bisogno, se si considera il pensiero unico guerrafondaio, reazionario, liberista che diserba il mondo con le sue politiche antisociali, il precariato di massa e le speculazioni finanziarie. Col Pd, sparisce la critica. Resta la gestione dell'esistente. Grazie a tutti. Avete fatto quello che potevate. Ciao ciao.

"Il Pd sarà un partito liquido." Eh, prima in bagno ho pisciato mezzo Pd.

Il Pd è d'accordo con l'economista Giavazzi e il giuslavorista Ichino, secondo cui vanno riviste "le tutele troppo rigide dei lavoratori più garantiti". Tutti uguali nella precarietà. Precarietà che serve solo a licenziare più facilmente, come sostenevamo (satirici e Cgil) quando venne introdotta e come i fatti oggi confermano. **Licenziare è il fulcro del sistema**. In questi ultimi anni, purtroppo col contributo del centrosinistra, il lavoro è stato macellato e il lavoratore ridotto a un accessorio dell'impresa. Scusate, ma da quando è di sinistra attaccare le conquiste sociali degli anni sessanta e settanta? Questo è tradimento. Questo è tuo zio che ti mette il pisello in bocca. E non quando eri piccolo. Adesso.[22]

Il Pd fa la manifestazione del 25 ottobre e "la Repubblica", che è l'organo ufficiale del Pd,[23] scrive: – *Quella di oggi segna la vera nascita del Pd.* – L'avevano scritto anche dopo le primarie: – *Le primarie segnano la vera nascita del Pd.* – E anche dopo il discorso di Veltroni al Lingotto: – *Il discorso al Lingotto segna la vera nascita del Pd.* – Ogni volta è la "vera" nascita, ma non nasce mai. Quando lo stesso bambino nasce per tre volte di seguito, il ginecologo è ubriaco.

C'è del perverso. Quando Berlusconi (per motivi elettorali) offre Alitalia su un piatto d'argento agli amici imprenditori, facendo perdere allo Stato 3,3 miliardi di euro rispetto alla proposta Air France; con quattromila esuberi invece dei duemila della proposta Air France; con Alitalia che si accolla i debiti dell'AirOne di Toto; con le nozze Alitalia/AirOne grazie a un decreto sotto esame alla Consulta perché limitava in loro favore i poteri dell'Antitrust; e con i piccoli azionisti che perdono tutto, alla faccia del "*Nessuno perderà un centesimo*" governativo; quando Berlusconi porta a termine 'sto pateracchio, Veltroni prende la parola per vantarsi di averlo aiutato!

Qui Veltroni è come la ragazza che ti chiede ti sputarle in bocca perché lei ce l'ha asciutta e vuole farti un pompino. – *Scusa, mi sputi in bocca? Ce l'ho asciutta e voglio farti un pompino.* –

In sottofondo, musica di Piovani.

E adesso torna in pista Air France. Cui presto, si dice, verrà venduta la compagnia, alla faccia dell'italianità! Oh, chi se ne frega? Un aereo non è il solo modo di volare. Ci sono anche le fabbriche di petardi.[24]

C'è da votare il rifinanziamento delle missioni di guerra in Afghanistan? Il Pd è d'accordo.

Il governo giustifica i crimini di guerra israeliani e il genocidio razzista del popolo palestinese rinchiuso a Gaza? Veltroni e Fassino sono d'accordo.
(Ma non D'Alema, va detto a suo onore.)

35

Berlusconi vuole proibire la pubblicazione delle intercettazioni e delle indagini? Veltroni è d'accordo. (Mesi dopo, il Pd voterà contro.)

Berlusconi reintroduce il nucleare? Il ministro-ombra Colaninno, figlio del capocordata Alitalia, dice che è giusto.

E in campagna elettorale molti sindaci Pd si sono scatenati contro i lavavetri, i mendicanti e i barboni: insomma tutta quella gentaccia che resta povera per farci sentire in colpa.

– *Faccia la carità, signore.* –
– *Mi dispiace. Non do soldi a chi chiede l'elemosina per strada.* –
– *Cosa devo fare? Aprire un ufficio?* –

E Veltroni, da sindaco, sollecitò il decreto antirumeni. In tutte queste occasioni, il Pd non ha raccontato la propria storia, cioè la storia di cui è protagonista, ma quella di cui è protagonista Berlusconi; storia nella quale il Pd si è ritagliato da sé un ruolo secondario. Berlusconi è JR Ewing, il Pd è Bobby Ewing.

Dal punto di vista narrativo, cioè emotivo, il cattivo JR è molto più interessante di Bobby, che è il buono. Bobby non morde. E infatti il Pd non convince. Due sere fa, era tardi, la mia ragazza guardava *Ballarò*, era stanca, mezzo addormentata, parlava Franceschini. Che a un certo punto dice: – *Non vorrei ci fosse il disegno di controllare anche la Rai attraverso la maggioranza.* –

(*DL fa una smorfia di stupore.*)

Quello che diceva Franceschini a un certo punto ha cominciato a sembrarle sensato. Era molto stanca.

E così il giorno dopo telefona per iscriversi al Pd.
– *Pronto? Loft? Vorrei iscrivermi al Pd.* –
E la segretaria: – *Davvero? Ma non l'ha visto, Ballarò?* –

Al Circo Massimo, Veltroni disse: – *L'Italia è migliore di chi la governa.* –
NON È VERO! L'Italia è un Paese di stronzi. E sono la maggioranza.

Come lo so? Perché anch'io sono uno stronzo. E al governo voglio un figlio di buona donna. Che stia dalla parte giusta, cioè dei più deboli, ma un figlio di buona donna. Sennò poi, al momento del voto, la gente sceglie JR. Perché Bobby, con la sua bontà, è quello che lo prende sempre nel culo.

Attenzione: il potere della narrazione è tale che, se anche all'improvviso Bobby si mettesse a fare il duro, non sarebbe credibile, perché uscirebbe dal personaggio.

Infatti, quando Veltroni si incazzava, nessuno ci credeva.
VELTRONI incazzato: – *Eeeehh!* –
E tutti: – *Ah ah ah! Guarda! Si incazza! Ah ah ah!* – [25]

Come possono governare il Paese se non riescono neppure a governare il Pd?

Quanti erano poi al Circo Massimo? Due milioni oppure duecentomila? Veltroni non lo sa di preciso: stava ancora contando quando l'hanno portato via.

Parte *Youdem*, la tv del Pd, e Veltroni dice che "*sarà una tv orizzontale, non verticale che impone i programmi dall'alto*". Cioè non farà come fa il Pd con i suoi dirigenti. Spettacolare.

E quando Berlusconi lodò il governo ombra, Veltroni era tutto contento. Avrebbe dovuto preoccuparsi, invece; ma non c'era nulla da fare: quella fra Berlusconi e Veltroni era una relazione malata. Era come quei matrimoni in cui il marito prende a botte la moglie e lei torna per averne delle altre.

Nel 2007, due anni prima che Massimo D'Alema ammettesse che il Pd è un "amalgama mal riuscito", "la Repubblica" e "l'Unità", mi chiesero un parere sul neonato Pd. Cercavano l'*endorsement* vip. Spiegai perché il Pd fosse un'inevitabile stronzata. D'Alema avrebbe potuto leggere quel passaggio delle due interviste e informarsi, se "Repubblica" e "Unità" l'avessero pubblicato.

Il Pd nacque da un parto frettoloso, deciso dall'alto, dopo gli insuccessi alle amministrative: lo ricorda sull'"espresso" Michele Salvati, uno dei padri fondatori.

Come leader del Pd serviva uno che sapesse decidere, dinamico, rapido. Che so, uno come Bersani. Chiunque conosce Bersani sa che dietro quel suo sorriso sarcastico c'è un politico che ha a cuore i problemi dei cittadini. E dietro c'è un altro sorriso sarcastico.

Invece no, scelgono Veltroni. La quiete dopo la tempesta. Veltroni torna dall'Africa e accetta. Poi fanno le primarie a vincitore già deciso, grande mobilitazione popolare, c'erano anche i Dik Dik, e Veltroni viene eletto.

Purtroppo le decisioni nette non sono nel suo carattere.
– *Sono a favore del referendum, ma non firmo.* –
– *Berlusconi ha fatto anche cose buone.* –
– *Vorrei in squadra Beppe Pisanu, Stefania Prestigiacomo e Letizia Moratti.* –
Che simpatico giuggiolone.

Salvati confessò all'"espresso" che i candidati alle primarie avevano programmi praticamente identici. Gli altri candidati alle primarie erano Enrico Letta e Rosy Bindi.

Enrico Letta, col suo cervello liscio. Stima suo zio Gianni Letta (dirigeva "Il Tempo" quando il giornale venne coinvolto nello scandalo dei fondi neri IRI, era vicepresidente Fininvest all'epoca del processo per finanziamento illecito ai partiti – salvo grazie all'amnistia del 1989 –, è sottosegretario alla presidenza del Consiglio in tutti questi anni di leggi vergogna: legge Gasparri, lodo Alfano eccetera); stima poi Casini (quello dell'amicizia e solidarietà a Dell'Utri); stima Michele Vietti (scrisse la legge che depenalizza il falso in bilancio); e stima Tremonti (l'economista che ha portato l'Italia quasi alla bancarotta: talmente incapace che non c'è neanche riuscito).

E Rosy Bindi? Oh, quando la sento parlare provo sensazioni paragonabili al *Cristo morto* del Mantegna.

(*riflette un secondo*) Mi è venuta in mente una cosa. Se Rosy Bindi sposa Sandro Bondi diventa Rosy Bindi Bondi.[26]

Mi vengono così! Non so come ci riesco.

Dicevo? Ah, sì. Veltroni viene eletto e subito elabora un decalogo, pubblicato dal "Corriere della Sera". Vuole un federalismo spinto. (Era la *devolution*.)
Vuole un primo ministro forte. (Era il premierato: ma il presidenzialismo altera la natura parlamentare del nostro sistema.)
Vuole riscrivere la Costituzione. (Ma aveva firmato per il referendum contro la riforma costituzionale del centrodestra.)
Dice di stimare Reagan, che demolì i sindacati americani e con la bufala della *trickle-down economy* portò gli Usa alla recessione.
Dice di stimare Sarkozy! Chi non stima Sarkozy? Io. Quale Sarkozy stima, Veltroni? Quello che ha liberalizzato i licenziamenti? Che ha eliminato le 35 ore? Che ha tagliato i contributi? Che ha favorito i contratti d'impresa a scapito di quelli nazionali? Che ha attaccato l'euro? Che vuole abolire il falso in bilancio? Perché non c'è un altro Sarkozy. Questo è.

E sulla sicurezza Veltroni usa lo slogan di Monteze-molo: – *La sicurezza è di destra o di sinistra?* – Ci pren-dete per scemi? La sicurezza è il *problema*. La *solu-zione* invece può essere di destra o di sinistra. Al G8 di Genova, ad esempio, la soluzione fu addirittura cilena.

La soluzione di sinistra? Politiche sociali. Politiche di *inclusione sociale*: far rispettare le leggi, ma uguale im-pegno per dare dignità e opportunità alle persone.

Fra parentesi: non è una vostra allucinazione. Il Mon-tezemolo che un mese fa ha attaccato la "casta" politica è lo stesso Montezemolo che fu direttore del comitato or-ganizzatore di *Italia '90*, un immondezzaio di spreco e inefficienza.

Curiosità: dopo l'elezione plebiscitaria di Veltroni ven-ne inaugurato il Loft, la nuova sede del Pd. Di notte, qual-che scontento scrisse sul muro con l'urina "Abbasso Vel-troni". Fanno le analisi. L'urina è di Letta. Ma la calligra-fia è di Rosy Bindi.

Prima della sconfitta qua in Sardegna, suggerii al Pd di togliere di mezzo Veltroni e di mettere al suo posto Sergio Castellitto. – *Già gli somiglia, gli metti gli occhia-lini, non se ne accorge nessuno. E almeno sa recitare.* –

È il problema di **Franceschini**: neppure lui convince, specie quando fa il duro. Sia perché, appena ci prova, chie-de subito scusa (come fece dopo l'unico vero *uppercut* che assestò a Berlusconi alle europee: "*Fareste educare i vo-stri figli da Berlusconi?*"); ma soprattutto perché France-schini si è dimenticato di raccontarci qual è il suo perso-naggio. Qual è il suo ostacolo? Le sue debolezze? Cosa vuole a tutti i costi? Cosa lo rende unico? Finché il pubbli-co non sa questo, e finché non lo sa neppure Franceschi-ni, Franceschini parla a vanvera. – *Tassa ai ricchi! Asse-gno ai disoccupati! Berlusconi è un clericofascista!* –

E la gente: – *Shhht! Stiamo vedendo il film.* – [27]

Per non parlare delle vicende inspiegabili. Penso alla concordanza fra maggioranza e opposizione sul **sequestro Abu Omar**. In tv non se ne parla, quindi riassumo: il **generale Pollari**, ex capo del Sismi, è coinvolto coi suoi uomini più fidati, **Mancini e Pompa** (nomi veri), nel sequestro illegale di Abu Omar (ventisei agenti Cia prelevano Abu Omar in Italia e lo portano in Egitto, dove viene torturato per sei mesi); nella fabbricazione di calunnie e dossier falsi contro Prodi (**caso Telecom Serbia**); nel reclutamento illegale di giornalisti (**Renato Farina**, all'epoca vicedirettore di "Libero"); e nella pianificazione di "operazioni traumatiche anche cruente" (così le definiva Pompa nei suoi rapporti Sismi) contro gli oppositori del governo Berlusconi (magistrati, politici, giornalisti).

Ora: prima Berlusconi (e questo è comprensibile), quindi Prodi (e questo è incomprensibile), poi di nuovo Berlusconi hanno chiesto il **segreto di Stato**. Una mossa che rischia di sabotare il processo in corso a Milano (che andrà comunque avanti), di fare un favore alla Cia e di agevolare l'impunità personale del generale Pollari e dei responsabili dei servizi segreti che nel frattempo sono stati premiati e promossi. Dopo la complicità in un sequestro di persona, ovviamente illegale. E sulla vicenda, **il Pd tace**.[28]

Altro fatto incomprensibile era l'appoggio di Forza Italia alla giunta Iervolino in sede di approvazione di bilancio. E l'appoggio di Berlusconi a Bassolino durante lo scandalo monnezza. Poi esplode lo scandalo *Magnanapoli*. Il reato contestato è turbativa d'asta, poca cosa, in apparenza; però il sospetto grave è che, come scrisse D'Avanzo su "Repubblica", "*ogni rivolo della spesa pubblica si decide in un compromesso (...) L'equilibrio amministrativo e istituzionale non è costruito per l'interesse pubblico (...) ma intorno alla corruzione, al clientelismo (...)*" ("la Repubblica", 4 dicembre 2008, p. 7)

Non è più democrazia, senza una vera opposizione. Se si accordano sottobanco a livello locale e a livello nazionale, io cittadino non posso votare un'alternativa. Ma si sa: "opposizione" è una parola equivoca. Può voler dire qualunque cosa.

– *Daniele, ci voterai?* –
Oh, provate a impedirmelo!

Diciamo che **la strategia politica del Pd** è molto simile a quella di un partito che non ce l'ha. Infatti i sondaggi di gradimento che adesso danno il governo in calo, dal 60 al 40%, danno in calo anche l'opposizione, dal 24 al 16%! A questo punto, l'unica cosa che potrebbe risollevare il Pd è il Cirque du Soleil. Coi suoi paranchi magici.[29]

Il Pd è una faticaccia. Chi glielo ha fatto fare, a Veltroni? Doveva far funzionare il partito, scegliere i dirigenti, sedare le polemiche interne, inaugurare la tv del Pd, andare in tv da Vespa, andare in tv a *Ballarò*, andare in tv da Fazio, andare in Parlamento, replicare sui giornali, staccarsi dalla sinistra, staccarsi dai radicali, staccarsi da Di Pietro, fare una manifestazione cinque mesi dopo averla indetta, riavvicinarsi alla sinistra, riavvicinarsi ai radicali, riavvicinarsi a Di Pietro, risolvere la crisi delle giunte Pd a Firenze, a Napoli, a Torino, a Bologna, a Roma, in Sardegna, in Abruzzo, a Trento, a Perugia, a Foggia... Una faticaccia! Per forza s'è dimesso. Veltroni la sera era talmente stanco che a casa si addormentava durante i pompini.

Flavia gli infilava un pugno su per il culo e lui RRR-RONF!

Flavia Prodi!

(*prende una bottiglietta d'acqua, pensa a qualcosa, beve*) Quando bevo un sorso d'acqua, prima penso sempre al film *Lawrence d'Arabia*. Il sole, il deserto. Mi fa venire più sete. Così me lo godo di più.

È il potere di una storia ben raccontata.[30]

Nella politica moderna, saper raccontare la propria storia è cruciale. Quando Karl Rove, il consulente elettorale che ha fatto vincere due volte Bush raccontando storie che alimentavano la paura della gente e facevano appello ai valori religiosi (come Berlusconi alle ultime politiche); quando **Karl Rove** è stato costretto alle dimissioni dai democratici, due anni fa, ha detto: – *Io sono Moby Dick e loro mi inseguono.* – Ha riscritto la vicenda in modo che fosse lui il protagonista.

È un *modus operandi* che dà ottimi risultati e infatti Berlusconi se ne serve di continuo. Saviano minacciato dalla camorra dice che lascerà l'Italia? Berlusconi approfitta anche di questa occasione per la propria propaganda. – *Abbiamo ripulito Napoli e la Campania dai rifiuti.* – Questa è l'ennesima balla con cui riscrive la storia a modo suo.[31]

Altro esempio? Il 22 settembre 2009 dice: – *Non risponderò più a domande di gossip.* – Come se l'avesse mai fatto.

Ricordate quando arrivò la crisi mondiale delle Borse? Berlusconi venne sorpreso dalla crisi in un centro benessere. Dopo un giorno di irreperibilità (– *Dov'è Berlusconi?* –) si diffondono voci sulla sua salute (– *Sta male?* –). Diventa urgente un contro-racconto. Lui allora esce dal centro benessere e per due notti fa mattina in discoteca coi giornalisti, dicendo ai giovani che lo circondano: – *Ho tanta energia. Vi auguro di arrivare a settant'anni nello stato di forma in cui sono arrivato io.* – Cioè con capelli trapiantati, lifting, tumore e pacemaker. (*si tocca le palle*) Bell'augurio. Diciamo la verità: se gli si slaccia il nodo sul collo, si srotola in avanti come una veneziana, il ragazzo.

La sorpresa sono i suoi figli. **Barbara Berlusconi** dichiara al "Times" di essere contro il conflitto di interessi e contro la depenalizzazione del falso in bilancio! E questo è niente: **Luigi**, suo fratello, vuole rifondare le Br.

Con la crisi economica che c'è sono felice di avere questo governo e questi ministri. Felice in un senso nauseato. Credo che l'Italia sia un test perché se le cose andassero davvero come si dice, gli italiani sarebbero incazzati. Ah, *sono* incazzati? Non è un test.

Questi ministri rovesciano in piazza gente sempre più furibonda, prontamente identificata dalla polizia; il tutto nell'oblio coordinato del tg unico. Vorrei elencarli tutti, 'sti ministri, ma sono in ritardo per la mia lezione di kung fu.

Tremonti, ministro dell'Economia. Ha sempre l'aria di uno che si chiede cosa fa la gente noiosa là fuori. L'estate scorsa ha proposto una finanziaria approvata in nove minuti e mezzo che a furia di tagli fa sparire lo stato sociale e i vostri diritti: scuola, pensione, assistenza, previdenza. Tagli in una fase di crescita zero che adesso Tremonti si vanta di aver previsto. L'avevi prevista e hai fatto lo stesso una finanziaria di tagli? E nonostante il crac delle Borse dici che non verrà toccata? Ma cosa sei, stronzo? Allora sei stronzo!

Arriva il crac delle Borse, creato da decenni di *deregulation*, e Tremonti dice: – *Occorre vietare bilanci falsi e paradisi fiscali.* – Come se chi ha depenalizzato il falso in bilancio e fatto i condoni, in Italia, non fosse lui.[32]

Adesso, nella nuova storia raccontata da Tremonti, lui è il fustigatore del malcostume che aveva previsto tutto. QUESTA È UNA BALLA! Tant'è vero che Tremonti ha fatto la Robin tax, una tassa alle banche, due mesi prima del crac mondiale. Dopodiché ha dovuto fare i Tremonti-bond per aiutare le banche. Dimenticando di cancellare la Robin tax! Così adesso abbiamo la Robin tax contro i Tremonti-bond. Oooooh, è Nostradamus![33]

La situazione economica dev'essere molto grave. Avete visto ieri in tv il presidente di Bankitalia Mario Draghi? Dalle sue orecchie uscivano rivoli di fumo e dalle narici il suono di una sirena. *Beep beep beep!*

Non siamo in recessione? Ieri Fini ha cercato di togliersi le otturazioni d'oro con una penna biro.

Ma Tremonti, dopo aver sfoggiato la capacità di programmazione economica di una zitella che gioca al lotto, dichiara solennemente: – *Abbiamo seguito la stessa strada intrapresa da Roosevelt durante la crisi americana. (...) Noi siamo il Paese che per l'economia reale ha fatto più degli altri.* – Purtroppo per il nostro Roosevelt da arena estiva, il Fondo Monetario Internazionale mostra come il pacchetto italiano di misure fiscali anticrisi sia appena dello 0,2% del PIL: meno del Brasile (0,4%) e dell'India (0,5%). Fra i Paesi dell'Unione Europea, nel 2008 l'Italia è l'unico che dà un contributo *negativo* ai pacchetti di stimolo fiscale: le misure anticrisi hanno aumentato più le tasse delle spese. (Tito Boeri, "la Repubblica", 13 marzo 2009, p. 27)

Poi a Davos[34] un giornalista della CNBC gli fa una domanda sull'economia italiana, e Tremonti che fa? Si alza e se ne va. Strano. Quando è da Vespa, invece, resta sempre lì fino alla fine.

E così, grazie a *Porta a porta* e al Tg unico, il 70% degli italiani considera Tremonti molto competente in economia. Ma il dato va letto in questo modo: dei passanti scelti a caso per un sondaggio; e con nessuna competenza in economia; giudicano Tremonti molto competente in economia. E il dato si sgonfia subito.

A parte che non so bene se poi 'sti sondaggi siano davvero affidabili: per esempio, non registrano le risposte non verbali.

Sondaggista col taccuino in mano: – *Scusi, sto facendo un sondaggio. Secondo lei Tremonti è competente in economia?* –

Passante (*occhi al cielo*): – *Seh!* –
Sondaggista (*scrive*): "*Sì*".

Novembre 2008, Tremonti vara la manovra anticrisi. Approvata in dieci minuti. Eiaculatori precoci. C'è la crisi, dovevano rilanciare i consumi e sostenere i redditi e gli investimenti.[35] Cosa fanno? Un'elemosina *una tantum* ai più poveri. 1 euro e 50 al giorno. Perché si sa: quando non arrivi a fine mese, niente come 1 euro e 50 al giorno può aiutarti a dimenticare i tuoi problemi.

Inoltre, nella manovra non c'è nulla per il ceto medio, cioè per la maggioranza degli italiani. Spesa l'*una tantum*, siamo daccapo.

Come l'hanno spiegato agli italiani? Alla grandissima: con altre balle. Berlusconi al Tg1 delle 20 dice, indisturbato, che si tratta di "*una manovra solida da 80 miliardi*". Tremonti ripete il concetto subito dopo, a Tv7, il rotocalco di approfondimento di **Gianni Riotta**.[36]

Il giorno dopo, qualche giornale svela la bufala: gli 80 miliardi sono, per lo più, fondi UE per grandi opere. La manovra vera per famiglie e imprese è di appena 5 miliardi. Del tutto insufficiente, se si considera che una manovra seria ne richiederebbe almeno 250. Berlusconi dimentica il Paese, ma non le sue aziende: fra le misure inserisce il raddoppio dell'Iva sulle pay-tv, una batosta alla Sky del suo rivale Murdoch. Monta la polemica e due giorni dopo Berlusconi racconta un'altra balla: "*La sinistra aveva dato a Sky il privilegio del 10% dell'Iva*". In realtà, l'Iva agevolata sulla pay tv (4%) fu un favore fatto a Berlusconi nel 1991 dal ministro socialista Rino Formica e dal governo Andreotti per Telepiù, controllata dalla Fininvest. L'innalzamento dal 4 al 10% fu introdotto alla fine del '95 dal governo Dini e i manager di Telepiù, scelti dal Cavaliere, definirono il provvedimento come "*l'ultimo atto di una campagna tesa a mettere in difficoltà la pay tv*".

Berlusconi dice: *"La sinistra aveva dato a Sky il privilegio del 10% dell'Iva"*. E a Piersilvio prende fuoco un orecchio.

La polemica si fa rovente e allora Berlusconi afferma: – *Questo innalzamento al 20% penalizza anche Mediaset.* – A Piersilvio prende fuoco anche l'altro orecchio. Sky ci rimetterà infatti 210 milioni di euro, Mediaset (appena entrata nel settore pay-tv dominato da Murdoch) solo 3,6 milioni.

Come mai, tutte 'ste balle? Eh, a una certa età bisogna tenersi in allenamento.[37]

Quindi il governo annuncia di aver reperito 8 miliardi per finanziare gli ammortizzatori sociali. Il giorno dopo si scopre che sono solo 2,5 miliardi in due anni e la riforma dovrà essere rinviata. Piersilvio non ha altre orecchie e gli si incendia il pisello.

Piersilvio: – *Cazzo!* –

Interviene di nuovo Berlusconi con la ricetta definitiva: – *Basta corvi. Ci vuole ottimismo.* – Il giorno dopo, Tremonti annuncia: *"Il 2009 sarà terribile"*. Che è la versione ottimista di *"Non guardate me. Sono solo un commercialista!"*[38]

Insomma, balle continue. Eh, quanti ce n'è, che ti dicono di essere un domatore di leoni, poi scopri che non lo sono affatto, fanno solo un numero con un gatto spastico. Ma in altri Paesi non diventano ministri o presidenti del Consiglio.[39]

In Italia è in atto una **guerra civile fredda**. Come ci sono la guerra e la guerra fredda, così ci sono la guerra civile e la guerra civile fredda. Nella attuale guerra civile fredda, la cassa integrazione è aumentata del **553%** in un anno. Del 925% nel solo mese di marzo.[40]

L'inchiesta
Sono in aumento i matrimoni a camere separate
LAURA LAURENZI E IRENE MARIA SCALISE

Gli spettacoli
Addio a Samperi il regista di "Malizia"
CARLO MORETTI

Lo sport
Samp, 3-0 all'Inter Deferiti Mourinho Balotelli e De Rossi
ANDREA SORRENTINO E CORRADO ZUNINO

la Repubblica

Fondatore Eugenio Scalfari   Direttore Ezio Mauro

www.repubblica.it

ALLA SCOPERTA DI louisvuitton.com

Rapporto shock di via Nazionale. Per la Fed la situazione economica peggiorata a fine febbraio. Consumi: prezzi fermi, ma nessuno compra

Allarme cassintegrati: più 553%

Bankitalia vede nero: Pil meno 2,6%. Pensioni, Sacconi frena

R2
Ecco come mangiare bene e spendere poco

E non è che l'inizio, dato che la crisi durerà altri due anni. Se va bene. Per fortuna c'è la manovra economica del governo. Di 80 miliardi! Perché non crederci? Al mondo, capitano spesso cose incredibili. Non avete mai visto una mosca mangiarsi un bue? Neanche io, ma potrebbe succedere.[41]

Piccolo particolare, le tasse le paghiamo per avere dei servizi dallo Stato: scuola, sanità, pensioni, infrastrutture (autostrade, ferrovie, telefoni); ma se la logica del governo Berlusconi è privatizzare tutto, e i servizi ci vengono tolti, e diventano a pagamento; non ha più senso pagare le tasse. E invece questi addirittura le tasse ce le aumentano. Cosa ci fanno coi nostri soldi? Mi piacerebbe saperlo. Intanto, secondo un sondaggio, il 90% degli anziani userà la "social card" per comprare una pistola.[42]

Questo è Tremonti. Dice: – *Daniele, come fai a sopportare Tremonti?* –
Come faccio a sopportare Tremonti? Immagino i banchieri italiani Geronzi Profumo Bazoli Passera Doris a letto in una clinica privata; e Tremonti in camice da medico che passa di corsia in corsia a leccargli le emorroidi.
Lentamente. Ma le emorroidi di Geronzi contengono cristalli di crack! E Tremonti non riesce più a smettere di leccarle e dopo tre ore è talmente fuori di melone che si spoglia nudo, scende in strada e scrive sui muri una finanziaria sensata. Con l'aorta.*

* Ah ah ah, sono incorreggibile.

Maroni, il ministro dell'Interno con la testa parzialmente nuvolosa, ha introdotto il reato di immigrazione clandestina, contro l'art. 35 della Costituzione che riconosce la libertà di emigrazione. Il ddl è stato approvato alla Camera con voto di fiducia e impedendo all'opposizione di discutere. Come nel diritto nazista, si punisce la diversità dell'essere: a prescindere, contro l'art. 2 sui diritti inviolabili dell'uomo.[43]

Il modello economico neoliberista genera nel mondo fame e povertà, crea l'emigrazione, poi lucra consensi populistici sulla repressione dell'immigrazione. – *Lasciate in pace gli spacciatori extracomunitari!* – protestano i clienti italiani, mentre Fini in campagna elettorale si fa fotografare mentre se ne va in giro per Roma a controllare, non si sa bene a che titolo, i permessi di soggiorno degli immigrati ai semafori. Li trova tutti regolari e allora dice: – *Non è possibile che siano tutti in regola. Mi sa proprio che i documenti se li comprano.* – Era il Fini dell'aprile 2008. Adesso non è più lui. Meno male.

Quando il prefetto di Roma si rifiutò giustamente di prendere le impronte ai bambini rom, Maroni ha rimosso il prefetto di Roma. Guerra civile fredda.[44]

Maroni fu ben felice della proposta xenofoba della Lega, approvata in Senato, che toglieva l'assistenza medica ai clandestini con la minaccia della denuncia da parte dei medici, contro l'art. 32 della Costituzione: la salute è diritto fondamentale dell'individuo e vanno garantite le cure gratuite agli indigenti. Togliere le cure ai clandestini, fra l'altro, è una castroneria dal punto di vista epidemiologico: se un clandestino ha la tbc e non lo curi, quello va in giro ad attaccare la tbc a tutti. Come si fa a essere così idioti da proporre una legge del genere? Ma chi la vota, a 'sta gente?[45]

A proposito: che ne dice il ministro della Sanità, di tanta barbarie? Nulla, non c'è il ministro della Sanità, in questo governo Berlusconi. C'è solo una delega a Sacconi, quello del Welfare. Ma questo non impedisce i tagli al personale sanitario e ai posti letto; e i nuovi ticket per gli invalidi e i malati di tumore.

Vuoi risparmiare qualcosa? Occorre essere creativi. Ti do un'idea io. Allora: gli ospedali spendono una fortuna per gli strumenti che rilevano le funzioni vitali del paziente. *Bip bip / bip bip / bip bip.* Non ce n'è bisogno. Basta questa. (*cava dalla tasca un oggetto metallico e lo mostra*) È un'armonica a bocca. La infili in bocca al paziente. (*se la mette in bocca, chiude gli occhi, espira, inspira, espira, inspira, espira, inspira, ogni soffio è un accordo di armonica*) La caposala ti sente dalla sua stanza e può continuare tranquillamente a giocare a burraco con le colleghe. E il vantaggio per te paziente è che; quando muori, finisci in bellezza con un accordo finale. (*esegue rapidi su e giù col respiro a occhi sbarrati e il pugno sul petto, poi l'espirazione finale con inchino al pubblico*)

Maroni è anche quello dei soldati in città. Allora: statisticamente, l'Italia è uno dei Paesi più sicuri al mondo, col numero più basso di rapine e omicidi; ma parlando dell'insicurezza, Pdl e Lega hanno vinto le elezioni.[46]

Poi hanno messo i soldati in città. (Che è anche una umiliazione inutile per le forze dell'ordine.) I soldati in città sono armati. Perché? Perché sono vestiti da soldato. Senza armi non sei un soldato: sei solo uno in costume.

È come se fossi vestito da Zorro. Che sarebbe un'idea migliore. Soldati vestiti da Zorro. I delinquenti si spaventerebbero di più. – *Oh, qua sono strani. Via via via.* –

Vestito da soldato e senza armi ti senti uno sciocco. È come se avessi su i vestiti di tua sorella. Ma senza l'erezione.

Tempi bui. Il sindaco leghista di Verona condannato per propaganda razzista.
– *La propaganda razzista è illegale.* –
– *Non è illegale.* –
– *È contro la legge.* –
– *Be', sì.* –
– *E allora!* –

I vigili di Parma che massacrano di botte un ragazzo di colore in modo arbitrario. (*mima calci e pugni a un ragazzo a terra, accentando con le percosse le parole della canzone* Ebony and ivory / live together in perfect / harmony)

Eh, cosa sarebbe il mondo, senza musica! Ma adesso usciamo dalla testa di Gasparri.

Lo chiamano "pacchetto sicurezza". Hanno picchiato un ragazzo di colore a Parma. Non so voi: io mi sento più sicuro!
– *"Ragazzo di colore". Perché non dici negro?* –

– Perché poi mi arrivano un sacco di e-mail di protesta. Da Treviso. *"Non si dice negro. Si dice negro bastardo."* –

La Lega voleva anche schedare i barboni. Qui torniamo alla cultura giuridica del 1500, puramente repressiva. Le liste non risolvono il problema, né aiutano i senzatetto a risolvere la loro situazione.

E hanno ufficializzato le ronde padane. Per non parlare del nuovo pacchetto sicurezza: verrà istituito lo stronzo di quartiere.

– *Daniele, come fai a sopportare Maroni?* – Come faccio a sopportare Maroni? Mi immagino uno spot leghista in tv con Borghezio nudo, la bocca sporca di sangue, in mano una spazzola per pulire i vetri. Borghezio fa un rutto e dice: – *Mi sono appena mangiato un extracomunitario.* – "Lega. Ne saremmo capaci."[47]

Qui con la scusa dell'ordine pubblico si smantellano le garanzie. Siamo all'involuzione della democrazia. È giusto che la gente protesti! Certo, questa è solo la mia opinione. Condivisa da milioni di italiani. (Quelli svegli, almeno.)

E mi sono rotto di vedere **Cicchitto** al Tg1 che poi ti spiega cos'è successo realmente. Vedi Cicchitto in tv e ti viene una fitta fra gli occhi come quando mangi un gelato troppo velocemente.

Cicchitto parla e a poco a poco la tua testa si riempie di un rumore come di mille macachi che scoreggiano.

Frattini, ministro degli Esteri. Secondo la Cia non è più possibile vincere la guerra in Afghanistan; noi siamo là contro l'art. 11 della Costituzione; ma Frattini conferma il nostro impegno in guerra. Frattini inoltre non ha condannato il massacro criminale della popolazione palestinese rinchiusa a Gaza. Crimini di guerra israeliani, bombe al fosforo, uranio impoverito. Col pretesto di Hamas (che Israele stesso ha contribuito a rafforzare, in passato, in funzione anti-Olp) Israele ha bombardato a tappeto la popolazione civile. Il diritto di rispondere alle provocazioni non ti dà il diritto di fare *tutto*. È come se, col pretesto di sconfiggere la mafia, lo stato italiano bombardasse Palermo.

Questo è Frattini. Come faccio a sopportare Frattini? Penso a un viado strafatto di coca che si spruzza del peperoncino sulla cappella e gliela infila nell'occhio.

La Russa, Difesa. È felicissimo dell'invio dei nostri Tornado da guerra in Afghanistan. Sono felici anche il Pd e Di Pietro, che hanno votato a favore dei Tornado.[48]

Spazio aereo italiano: la zona fra le orecchie di La Russa.

I Tornado di La Russa potranno trasportare anche le bombe nucleari americane B61 stoccate in Italia. Chi deciderà sul loro utilizzo? La catena di comando fa capo al generale americano McKiernan. La missione infatti è della Nato, non dell'Onu.

In Afghanistan si moltiplicano gli attentati contro i soldati italiani. Tranquilli. La Russa ha già ordinato duecento papamobili per le Forze speciali.

La Russa vuole anche incentivare l'arruolamento volontario. Vedo già la pubblicità:
– *Tu!* –
– *Io?* –
– *Sì. Tu! Perché non ti arruoli e non vai in Afghanistan a farti spappolare per nessun motivo mentre la tua ragazza resta a casa a farsi scopare dal vicino?* – (resta un attimo interdetto, poi:) – *Buona idea! Come ho fatto a non pensarci prima! Corro! Me lo avvisi tu, il vicino? Grazie.* – [49]

Altra idea per convincerli: promettere medaglie più scintillanti.[50]

Né La Russa dice nulla quando Berlusconi dichiara che per fare la Tav in Val di Susa verrà impiegata la forza militare dello Stato. Così come viene fatto a Vicenza, a Chiaiano e in altri luoghi dove i cittadini difendono il proprio territorio, ma sono trattati come clandestini. E i leghisti? D'accordo con La Russa.

Questo è La Russa. Come faccio a sopportare La Russa? Me lo immagino che ingoia pasticche di Viagra prima di guardare il dvd con l'impiccagione di Saddam. E dopo tre giorni lo ricoverano col polso lussato.

Brunetta, Funzione pubblica. Brunetta è un incubo o sono le mie medicine?

Agile, roditore, galvanico, Brunetta è abilissimo. Ha dirottato l'odio della gente contro la casta politica e i suoi privilegi (nessuno ne parla più, ci avete fatto caso?) indirizzandolo contro un bersaglio più indifeso, i dipendenti pubblici, che Brunetta ha bollato in massa come potenziali fannulloni per:
tagliare salari (tutti i lavoratori della pubblica amministrazione si sono ritrovati con 1200 euro in meno nella busta paga);
mandare a casa precari;
favorire la privatizzazione dei servizi e delle funzioni pubbliche.

Ha addirittura ridotto lo stipendio per chi si ammala. Non solo: una sua circolare del 30 aprile 2009 suggerisce che i malati con *"patologie gravi che richiedano terapie salvavita anche di lunga durata"* possono essere impiegati nel telelavoro. Sei a letto in ospedale? Puoi sempre lavorare al computer!

Poi mette i tornelli a palazzo Chigi per *"migliorare l'efficienza"*. Ma si può stare in ufficio ventiquattr'ore senza essere efficienti: quindi è una mossa demagogica. Demagogico, offensivo e intimidatorio anche l'annuncio di mettere i tornelli nei tribunali perché *"molti magistrati lavorano solo tre giorni la settimana".* Qui Brunetta confonde colpevolmente i giorni di udienza con quelli di lavoro. A parte che c'è già il Csm a valutare la produttività dei magistrati; i magistrati per la maggior parte lavorano in casa a scrivere le sentenze e a preparare i processi perché non hanno neanche un ufficio. Né i computer. Né la carta per le fotocopie. E i servizi sono appaltati all'esterno, ma lo Stato è moroso nei pagamenti. E manca personale, che andrebbe assunto. Con tutte queste difficoltà, è ovvio che poi i processi abbiano tempi lunghissimi; ma Brunetta se la prende coi magistrati, che il rallentamento lo SUBISCONO, non lo causano. Il governo, nei prossimi tre anni, taglierà 800 milioni di finanziamenti al comparto giustizia. Così i processi rallenteranno ulteriormente. Mmmm, mi domando a chi, in Italia, convenga così tanto che i processi rallentino.

Brunetta esaspera quella strategia di comunicazione del potere pubblico che da vent'anni è imperniata sulla colpevolizzazione del cittadino. Pubblica amministrazione? I dipendenti lavorino in giacca e cravatta. Sicurezza? No ai poliziotti panzoni. Ricercatori precari? Lasciarne a casa il 60%. Ma qui Brunetta rassicura: – *Risolveremo simultaneamente il problema dei precari e il problema della mancanza di organi per trapianti.* – Uh?*

* Volevo vedere se stavate davvero seguendo.

Questo è Brunetta. Come faccio a sopportare Brunetta? Me lo immagino con un tornello al pisello. Lo vedi sempre in giro con delle stangone strafighe: sarà poi vero? Tornello al pisello. Così verifichiamo l'efficienza.[51]

Quello che Brunetta è per i lavoratori pubblici, **Confindustria** è per quelli privati. Il nuovo accordo proposto ai sindacati è: lavorare di più per vivere peggio. Voi accettereste?
– *Sì!* –
Bonanni, piantala!

Il punto di arrivo degli industriali, ormai s'è capito, è lo schiavo cinese: poca paga e niente diritti. Infatti il capitalismo mondiale e il comunismo cinese vanno d'amore e d'accordo. La democrazia occidentale la fanno in Cina a 2 centesimi al pezzo. Conviene.

La parola universale è sfruttamento. Poi la **Marcegaglia** si lamenta che l'industria è in crisi. Se la gente non ha soldi, con cosa se la compra la roba? Sono convinto che se Emma si concentra, ci arriva.[52]

La cosa incredibile è che, nonostante la recessione, le vetrine dei negozi di moda sono piene di cose costosissime. Chi le compra? L'altro giorno vedo un giubbotto in una vetrina Versace. 1700 euro. Per un giubbotto Versace! 1700 euro! Dev'essere quello che indossava quando l'hanno ucciso. Sennò non si spiega.

Sacconi, Welfare. Dopo aver collaborato con Tremonti e Brunetta, l'estate scorsa ha detto "*Vaffanculo*" agli operai che lo contestavano. Adesso vuole proporre una legge che renda impossibili gli scioperi. Come nel fascismo.

E, nel caso Englaro, Sacconi ha intimato agli ospedali di non interrompere nutrizione e idratazione. Accanimento terapeutico. Scusate, ma su una figlia in coma, devono decidere i genitori. Non Sacconi, non il Papa, non Ferrara: i *genitori*.

La maggioranza berlusconiana, in preda a un travaso di bigottismo nazionalaio, ha però votato il **ddl Calabrò** che OBBLIGA il paziente alla terapia. Questo lede addirittura l'*habeas corpus*, un principio fondamentale del diritto: la libertà del singolo è inviolabile.

CURIOSITÀ: il Pd come ha votato in commissione sul ddl Calabrò? Due contro, tre si astengono, tre non partecipano.
– Com'è, non seguono la linea politica del Pd? –
– Questa è la linea politica del Pd! –

In cambio, il Pd ha ottenuto la regola per cui nessuno potrà più scrivere frasi scherzose o disegnini osceni sulla fronte dei pazienti in coma.

Come faccio a sopportare Sacconi? Me lo immagino in un cesso dell'Ansaldo che piscia un calcolo renale grosso come Brunetta.

Alfano, Giustizia. Il lodo Alfano salva Berlusconi dai processi Mediaset e Mills. L'avvocato Mills, creatore del sistema *off-shore* di Mediaset, venne corrotto da Berlusconi con 600.000 dollari per dichiarare il falso in due processi: quello sulle tangenti alla GdF (Berlusconi assolto per insufficienza di prove) e quello sul falso in bilancio All Iberian (Berlusconi assolto grazie alla sua legge *ad personam* che depenalizza il falso in bilancio!). Il lodo Alfano serve a evitare che, su tutto questo, un giudice prenda decisioni arbitrarie, capite?[53]

la Repubblica
MERCOLEDÌ 18 FEBBRAIO 2009
10

POLITICA E GIUSTIZIA

Mills fu corrotto da Berlusconi condannato a 4 anni e 6 mesi

Il Tribunale: all'avvocato 600 mila dollari per dire il falso

EMILIO RANDACIO

MILANO — Silvio Berlusconi ha corrotto David Mills per dire il falso davanti al Tribunale di Milano. È questo il principio stabilito ieri pomeriggio dal collegio presieduto da Nicoletta Gandus, che ha inflitto 4 anni e 6 mesi di carcere all'avvocato inglese accusato di corruzione in atti

che ha comunque annunciato appello. Il difensore ha anche spiegato che «il processo, senza l'ombra dell'altro soggetto estinguente (Silvio Berlusconi, *ndr*), sarebbe stato esaminato in modo più sereno».
«Sono deluso perché innocente», dice in una nota il suo cliente. «Spero che il verdetto e sentenza siano cancellati in

appello, e mi dicono che avrò ottimi motivi per sperarlo», ha concluso Mills.
I giudici della Decima sezione, con la sentenza, hanno anche deciso di trasmettere alla procura la posizione Benjamin Marrache, uno dei più importanti avvocati di Gibilterra, destinatario finale della somma oggetto del processo. Secondo il Tribunale, Marrache, nell'avvallare le tesi processuale di Mills, avrebbe detto il falso.
Tra le pene accessorie comminate a Mills, anche 5 anni di interdizione dai pubblici uffici e 250mila euro di risarcimento alla parte civile. Ironia della sorte, la presidenza del Consiglio.

IL PREMIER
Silvio Berlusconi: la posizione del premier è stata stralciata in attesa della sentenza della Consulta sul lodo Alfano

Non pago, Alfano medita di ritoccare il codice di procedura penale in modo che la condanna di Mills (gli atti del processo, la sentenza) non sarà utilizzabile quando Berlusconi, scaduto il lodo, potrà essere giudicato. Oh, ma per carità, questo non prova nulla! Inoltre, quando si tratta del presidente del Consiglio, possiamo permettercela, una certa latitudine, giusto?[54]

Come faccio a sopportare Alfano? Me lo immagino che dice a sua moglie in un orecchio "*ti amo*" per coprire una scoreggia.

Scajola, Attività produttive. Scajola vuole a tutti i costi il nucleare, nonostante diversi premi Nobel l'abbiano circondato per spiegargli che è inutile, costoso, pericoloso e troppo inquinante. Il nucleare, non Scajola. È inutile, costoso, pericoloso e troppo inquinante. E che l'alternativa vera è il solare: basterebbe coprire di specchi una zona desertica per duecento chilometri quadrati e si avrebbe energia sufficiente per il mondo intero! Lo ha spiegato Carlo Rubbia. Premio Nobel per la fisica. Come Scajola, del resto.

Scajola: – *Il sole? È inaffidabile. Va su, va giù. E fra cinquantamila miliardi di anni si spegnerà!* –

Così Scajola ha già varato l'Agenzia per la sicurezza nucleare. Che finezza: agenzia per la "sicurezza", non per il "pericolo" nucleare, che faceva brutto.

L'Agenzia dovrà smaltire i nuovi rifiuti radioattivi. Se la 'ndrangheta non scompare prima.

Pensano ai nuovi rifiuti radioattivi quando in Italia ci sono già trentamila metri cubi di vecchi rifiuti radioattivi ancora da smaltire. Che diventeranno centoventimila quando chiuderanno le vecchie centrali nel 2020!

Nessuno, ovviamente, a parte "il manifesto", cita l'inchiesta rigorosa del quotidiano inglese "The Independent": le centrali nucleari di nuova generazione sono più pericolose, in caso di incidente, di quelle vecchie. L'emissione radioattiva sarebbe quattro volte maggiore rispetto a un reattore tradizionale.

Sostengono, mentendo, che il nucleare conviene. Considerando lo smaltimento delle scorie e lo smantellamento a fine centrale, il nucleare è la fonte energetica più costosa. (Fonte: il Mit, il governo Usa e Moody's.)

E NON È VERO che il nucleare sia una soluzione ai gas serra, come dice sempre Scajola, mentendo: se anche il numero di reattori nucleari mondiali raddoppiasse, cosa impossibile perché in America e in Germania li stanno smantellando, la riduzione globale delle emissioni di CO_2 sarebbe inferiore al 5%! Anche perché il ciclo nucleare completo (estrazione uranio, trattamento scorie, smantellamento centrali) produce CO_2 a go-go.

Dati: in un anno, subito, la Spagna ha ottenuto dall'eolico l'energia che Berlusconi ricaverebbe da due centrali nucleari a partire dal 2020. E un rigassificatore fa risparmiare la stessa quantità di gas delle quattro centrali nucleari di Berlusconi messe insieme. A una frazione di spesa: costruire un rigassificatore costa 500 milioni di euro contro i 15 miliardi delle quattro centrali. (I rigassificatori sono comunque inquinanti, dannosi per l'ambiente marino, pericolosi e inutili, dato che l'Italia è circondata dai principali centri mondiali di produzione: Russia, Medio Oriente, Nordafrica, Mare del Nord.)

Obama ha stanziato 60 miliardi di dollari per l'applicazione dell'efficienza energetica e neanche un dollaro sul carbone o sul nucleare.

Perché allora questa corsa berlusconiana al nucleare? Perché è una tecnologia che può avere utilizzi bellici. Infatti non vogliono fare centrali al torio (altro brevetto di Rubbia) perché il torio non può essere usato per fare bombe.[55]

Per non parlare del problema enorme della sicurezza degli impianti. Tutti hanno presente il disastro di Chernobyl. E allora usano argomenti assurdi: "*In fondo, le radiazioni di una giornata a Chernobyl non erano maggiori di due raggi X dal dentista*". Sì, a cento metri dal sole.

Attività produttive: quando Confindustria stimò il PIL 2009 fra il -2,5 e il -3%, Scajola declamò: – *Corvi che diffondono pessimismo*. – Quattro mesi dopo, Tremonti prevede che nel 2009 il PIL crollerà addirittura al -4,2%.[56]

Scajola non è un ministro: è un commento negativo a un ministro. Sembra uno che è entrato in politica solo per starsene il più lontano possibile dalla sua famiglia. Come faccio a sopportarlo? Me lo immagino all'inaugurazione di una centrale nucleare coi pantaloni pieni di merda e piscio perché una fuga radioattiva gli ha messo fuori uso gli sfinteri all'unisono.

Matteoli, Infrastrutture. Collabora con Tremonti e Scajola. Già questo sarebbe più che sufficiente. Imputato di favoreggiamento quando era ministro dell'Ambiente, il suo avvocato on. Giuseppe Consolo (An) gli ha fatto apposta il lodo Consolo per toglierlo dai guai.

Come faccio a sopportare Matteoli? Immagino Scajola che lo costringe a lavargli i pantaloni pieni di merda e piscio. Dopodiché a Matteoli resta quell'odore sulle mani, torna a casa, il suo cane gliele annusa e si eccita così tanto che gli fa un pompino.

Ah, ah, ah! Sono pazzo, e voi credete che sia un monologo!

Prestigiacomo, Ambiente. Breve riassunto: il capitalismo mondiale sta immettendo nell'atmosfera una tale quantità di anidride carbonica che oceani e foreste non riescono più ad assorbirla. Questo causa il riscaldamento globale e crea disastri. La calotta polare artica si sta sciogliendo. Gli orsi polari si stanno estinguendo. Sono ricomparsi i cammelli artici. Disastri.[57]

Occorre ridurre dell'80% le emissioni di CO_2 entro il 2050 oppure la vita sulla Terra è spacciata. Lo dice **James Hansen**, il climatologo che nel 1988 fu il primo a dare l'allarme. Bene. L'Unione Europea prepara un pacchetto di misure salvaclima, ma la Prestigiacomo, a nome dell'Italia, si OPPONE. Perché la Prestigiacomo è una ribelle. La Prestigiacomo è l'Amy Winehouse dell'Unione Europea.

La Prestigiacomo si oppone perché "le misure sono troppo costose per le aziende". Non le frega niente di quel piccolo particolare che è la vita sulla Terra. Nella sua testa, le aziende vengono prima della vita sulla Terra.
– Peccato che non c'è più nessuno. Proprio adesso che gli scaffali erano pieni! È proprio vero: chi ha il pane non ha i denti. –

Curiosità: la famiglia Prestigiacomo ha interessi in aziende petrolchimiche a Priolo, Siracusa, polo industriale fra i più vasti e i più inquinanti d'Italia.

Altra curiosità: la Prestigiacomo, ministro dell'Ambiente, ha rimosso i tecnici che indagavano sull'inquinamento da diossina dell'Ilva di Taranto. Padrone dell'Ilva? Emilio Riva, uno dei soci della cordata Cai/Alitalia. Fatevi da soli il collegamento. Io sono esausto.

Qualche mese fa, milletrecento capi di bestiame allevati attorno all'Ilva di Taranto sono stati abbattuti perché le loro carni avevano concentrazioni altissime di diossina e pcb, altamente tossiche e cancerogene. A proposito: avete visto quella pubblicità che invita a fare le vacanze a Taranto? Taranto, la località conosciuta in Occidente come il posto che attraversi per andare da qualche altra parte o, se possibile, che eviti del tutto, ha una pubblicità che invita a farci le vacanze.

Oh, sono certo che proprio in questo momento c'è qualcuno a Sharm el-Sheikh che sta pensando: *– Cazzo! Non riesco a credere che siamo qua. Potevamo essere a Taranto! –*

"Taranto: il posto dove la natura è illegale."

Quando bisogna scegliere fra salute e industria, è ora di ripensare l'intera baracca. Quella fra salute e industria non è una scelta. Ci sono delle priorità. È come preoccuparsi dell'arredamento della stanza quando hai un pisello in bocca. Non distrarti, benedetta ragazza. Ci sono delle priorità. Stai sul pezzo.

Come faccio a sopportare la Prestigiacomo? Immagino di stare a letto con lei mentre lei mi si sta strofinando sulla faccia, una coscia di qua, una coscia di là, la vagina in mezzo: una vagina iPod.

E, a furia di strofinarsi, lei perde ogni controllo perché ormai non sono più un essere umano, ma solo un insieme di protuberanze su cui lei si sta strofinando: torna all'infanzia, è una bambina di cinque anni sul cavalluccio a gettone. E io incomincio a darle delle pacche sulle cosce. E lei si eccita da morire. E io continuo a darle delle pacche sulle cosce perché *mi sta soffocando*. Alla fine mi uccide con la sua vagina, da cui escono miasmi industriali dell'Ilva di Taranto. E il giorno dopo "Avvenire" deve titolare: "Luttazzi soffocato dalla figa della Prestigiacomo".

Sono soddisfazioni.

E il suo cane mi fa un pompino.

Vi siete eccitati? Mi piace quando il mio pubblico è in calore.

Vi voglio così: umidi.

Bondi, ministro dei Beni culturali. Quale giudizio migliore sull'attuale situazione culturale italiana? Bondi ministro dei Beni culturali. Bondi, col suo elmetto di carne, ministro dei Beni culturali.

Bondi si è vantato di non capire nulla di arte moderna. Va alle mostre a fare le boccacce ai Picasso.

E ha annunciato una nuova commissione di censura che valuti i film dal punto di vista etico e politico. Questa è esattamente la definizione di Minculpop. Guerra civile fredda.

Poi il governo ha varato la porno-tax. E sarà Bondi a guardare i film porno per decidere a chi applicarla. Bella scusa!

Come faccio a sopportare Bondi? Me lo immagino a una mostra su Andy Warhol dove Dita Von Teese lo schiaffeggia con un cazzo di gomma. Una scena che non vorrei perdere.

Carfagna! (*risate*) No, non fate così. La verità è che siete solo invidiosi: anche a voi piacerebbe un pompino della Carfagna.

Magari la domenica mattina. Perché non c'è niente di meglio che farselo succhiare la domenica mattina. O come lo chiamo io, il brunch.

Mi riferisco ovviamente alla leggenda metropolitana secondo cui Berlusconi, intercettato al telefono, si vantava dei pompini della Carfagna. Questa è sicuramente una balla. Berlusconi non si vanterebbe mai di un pompino della Carfagna. – *Mi ha fatto un pompino che...!* – Non è nel suo personaggio. Se lo conosco, Berlusconi piuttosto direbbe: – *Oh, vorrei essere la Carfagna quando mi fa un pompino!* – Questo è Berlusconi![58]

Il pompino della Carfagna a Berlusconi è una leggenda metropolitana. Non credeteci. A Roma ne girano tante. Come quella che sniffare le scoregge vaginali di Maria De Filippi (*sniffa, la voce diventa stridula*) ti fa venire la voce così. Come se avessi sniffato l'elio. (*voce normale*) Leggende metropolitane.

La Carfagna è (*voce stridula*) ministro delle Pari (*si

schiarisce la voce, gli torna normale) ehm, ministro delle Pari opportunità. Già questa è un'offesa a tutte le donne italiane.

A ogni modo, grazie a lei adesso è reato comprare e vendere sesso in strada. Sircana è avvisato.[59]

Il provvedimento Carfagna ha suscitato molte polemiche, perché l'Italia è piena di puttanieri. Di stronzi e di puttanieri. Per esempio il mio postino a Roma va a puttane sulla Salaria. Gli ho detto che in giro è pieno di ragazze oneste e rispettabili. – *Sì,* – mi fa lui – *ma quelle non posso permettermele.* – [60]

Il decreto Carfagna è ipocrita. Si tolgono le puttane dalle strade, le si manda negli appartamenti, però non gli si fa pagare le tasse. Per loro le puttane non esistono. Occhio non vede, cazzo non duole. Paese cattolico, voti cattolici.

È la stessa ipocrisia che c'era nel Veneto cattolico Dc negli anni cinquanta: le donne venete arrivavano vergini al matrimonio, ma professioniste in sesso anale e pompini. Dai e dai, selezione darwiniana, adesso il Veneto è pieno di ragazze cui *piacciono* sesso anale e pompini. Yu-uuuh! Tutti in Veneto!

Come faccio a sopportare la Carfagna? Me la immagino che fa un discorso in Parlamento in pantaloni bianchi attillati. Con una macchia rossa davanti.

In genere è a questo punto che mi accorgo che la sto guardando in tv e mi sto masturbando furiosamente come un topolino di laboratorio.

Perché la Carfagna è bellissima. Certo, chimicamente non è che un insieme di carbonio, calcio, sodio, ossigeno, idrogeno, potassio, magnesio, ferro e fosforo; eppure me lo fa diventare duro.

L'ho incrociata una volta per caso davanti a Montecitorio. Ho pensato: – *Oh, Dio! Qualcuno chiami un'ambulanza!* – Favolosa. Alta, prorompente, con quegli occhioni spalancati. Sapete perché ha quegli occhioni spalancati? Un giorno un suo amico le dice: – *Mara, sei ministro.* –

E lei: – *Cosa?* – (*spalanca gli occhi*)

(*indica le palpebre*) Non sono più scese.

E così i giornali pubblicano sempre quella sua foto con gli occhioni spalancati e la boccuccia semiaperta. Quella boccuccia semiaperta che pare quasi ti sfidi ad aggiungere un cazzo col Photoshop.

Comunque è un bene che la Carfagna sia una donna. Un corpo come il suo sarebbe sprecato, in un uomo.

E sarebbe un'ottima badante, secondo me! Mio padre è d'accordo.

Calderoli, ministro della Semplificazione delle leggi. Gliele fanno leggere: se le capisce Calderoli, le capiscono tutti.[61]

Calderoli, che sembra cucito insieme dal dottor Frankenstein usando cadaveri di contadini bigotti, ha scritto una bozza sul federalismo fiscale che sposta alle regioni i fondi per scuola, sanità e assistenza. Però non ha spiegato "come", che è la parte più difficile. – *Io faccio la bozza. Son ministro della Semplificazione. La complicazione tocca a voi.* – I tecnici del ministero si stanno scervellando. Perché è impossibile raccapezzarsi. Hanno chiesto a Tremonti quanto costerà il federalismo fiscale. Tremonti ha risposto: – *Non lo so.* – Detto da Tremonti, che è uno che parla sempre in neon, non è poco.

La bozza Calderoli: ogni territorio potrà tassare in modo autonomo.

Quindi le regioni povere dovranno tassare di più, ma non potranno farlo, perché sono regioni povere. Quindi a rimetterci saranno i servizi ai cittadini: scuola, sanità, assistenza, trasporti. Il Paese, come vuole la Lega, sarà disgregato in regioni di serie A e di serie B. Guerra civile fredda. Visto come funziona?

Come faccio a sopportare Calderoli? Me lo immagino che sta affogando nel dio Po. (*si agita nei flutti*) – *Dio Po! Sto affogando!* –

E l'unico che si getta a nuoto per salvarlo è un extracomunitario. Senza permesso di soggiorno. Calderoli, extracomunitario: personaggi agli antipodi, conflitto massimo. Come andrà a finire questa storia? Calderoli affogherà o affogherà?

Brambilla, ministro del Turismo. Va alla festa dei carabinieri a Lecco e dal palco fa il saluto fascista. Scandalo. Lei smentisce: – *Sono allibita. Ma davvero qualcuno in buona fede può pensare che un fermo immagine con la mano alzata possa farmi passare per un ministro che fa il saluto romano, oltretutto in una cerimonia ufficiale ripresa da tv e fotografi? E perché mai avrei dovu-*

to esibirmi pubblicamente in un gesto tanto condannabi-
le quanto ingiustificato, appena nominata ministro, sen-
za che mai, dico mai, in passato vi siano tracce di miei
atteggiamenti, anche velati, in questo senso? – A questo
punto le mostrano il video di Lecco: la Brambilla fa il saluto fascista. Sul palco c'è anche suo padre. E anche lui
fa il saluto fascista.

Capito che tipo è la Brambilla? Esatto: una che ti piscia in ascensore, poi è stato il gatto.

Come faccio a sopportare la Brambilla? Penso a un
vecchio salotto pieno di fiori appassiti.

Gelmini, ministro dell'Istruzione. Anni e anni a guardare Memole in tv e diventi la Gelmini.

"Chi è Memole"!? (*canta*) "È Memole il nome mio / fol-
letto sono io / in una foresta sto / e molti amici ho" (*tutti insieme*) "Essendo gli amici tuoi / in tanti siamo noi / 243 /
folletti come te. Ho uno strano cappello."

(Pubblico in coro: – *Doo-ah!* – DL ride. – *Tutti ministri!* –)

"Ho uno strano cappello." (*mima un berretto a punta*)
No, non è il cappello. È la testa della Gelmini che è così.

"Orecchie da asinello." Gelmini, il ministro dell'Istruzione che dice "egìda" invece di "égida"; l'avvocatessa fero-
cemente antimeridionale che è andata a Reggio Calabria
a prendere l'abilitazione professionale; ecco: mentre la Gelmini è lì che si appuntisce il mento con un temperamatite;

con la sua legge e con la legge 133 il governo Berlusconi riduce insegnanti e ore di lezione; taglia il tempo
pieno, taglia stipendi, taglia stanziamenti; immagina classi di trenta alunni e classi separate per immigrati (le chiamano "classi-ponte", suona meglio di "classi-CPT")[62];

il governo privatizza l'università (cosa che permetterà di alzare le tasse a piacere: se non hai i soldi, niente istruzione); taglia la ricerca creando precari a vita e rendendo dipendente la didattica dai capitali privati (ve l'immaginate Tronchetti Provera che finanzia corsi di etruscologia? E cosa accadrà quando la Bayer finanzierà corsi di farmacologia?); e instaura la logica classista dei "centri di eccellenza", ovvero le università per i ricchi: il tutto nell'interesse dei più privilegiati. Questo in una nazione, **l'Italia, in cui sei milioni di italiani sono ancora analfabeti e quindici milioni sanno appena leggere e scrivere**. (Regalategli questo libro.)[63]

La democrazia si basa sull'istruzione e l'istruzione dev'essere di tutti, come vuole la Costituzione, in modo che dalla scuola escano cittadini, non sudditi.

La scuola ha bisogno di riforme e di soldi, non di tagli, che poi crollano i soffitti; ma, anche qui, due pesi e due misure. Il Vaticano si è lamentato dei tagli alle scuole cattoliche e in dieci minuti (dieci minuti!) il governo ha trovato i fondi! Questo va contro l'articolo 33 della Costituzione: puoi aprire scuole private, ma "senza oneri per lo Stato". Invece, qui, doppio privilegio: fra la Costituzione e la Chiesa, il governo sceglie la Chiesa. E Maria Pia Garavaglia, ministro dell'Istruzione-ombra del Pd, è d'accordo. Guerra civile fredda.

Certo, la scuola deve innovarsi, stare al passo coi tempi; ma gli insegnanti lo sanno, che i bambini di oggi sono avanti. Mio nipote, per esempio, ha otto anni e ha già il telefonino. Nel caso a qualcuno serva una dose.

La Gelmini? Vuole i bambini in grembiule. Una fantasia perfetta per i pedofili.[64]

Insegnanti e studenti hanno protestato: quella della Gelmini non è una riforma, è una stronzata. In effetti, io credevo che le stronzate le avessimo esaurite coi test di ammissione all'università. Sono un vero segno dei tempi. Sono assurdi. Sentite qua, da un test a scelte multiple per l'ingresso a ingegneria: *"Escludi l'elemento che non c'entra. Giraffa. Leone. Rinoceronte. Prugna"*.

Dici, Vabbe', prugna. Stai per barrare la casella, ma ti fermi appena in tempo. Pensi: *– Un momento. Non può essere una cazzata così, questo è un test per l'ingresso a ingegneria!* (realizza) *Fanno le domande a trabocchetto! Figli di puttana! Fanno le domande a trabocchetto! Vediamo un po', allora... Mmmmm...* (ci pensa su, si sforza, spreme le meningi, eureka!) *Il rinoceronte ha la pelle rugosa come la prugna! –*
Ecco un ragazzo che non diventerà ingegnere.

La Gelmini poi non ha difeso gli insegnanti né quando Brunetta ha detto che lavorano poco e guadagnano troppo (il che è falso) né quando Brunetta ha detto che i figli degli insegnanti se ne vergognano (il che è una mascalzonata).[65]

Come faccio a sopportare la Gelmini? Me la immagino in quel quiz di Sky, *Sei più bravo di un ragazzino di quinta?*
Il conduttore: *– Maria Stella, quanto fa due più due? –*
Gelmini: (*batte il piede quattro volte come un cavallo*)
Il conduttore: *– Bravissima!* (applaude) *E voi che pensavate che fosse stupida! –*

Il governo Berlusconi, inoltre, chiuderà quattromila scuole, una decisione inserita furbescamente nel decreto sul contenimento della spesa sanitaria. È il metodo di questo governo: fanno le cose di nascosto. Ricordate la norma che salvava Geronzi,[66] Tanzi e Cragnotti, imputati nei crac Parmalat e Cirio? Era inserita nel decreto Alitalia. Li chiamo i **decreti würstel**: pieni di cose varie e misteriose.
– Che carne c'è, dentro 'sto würstel? –
– Che ne so! La portano qua ogni mattina con un camion. –
– Ah, è carne di camion. –

Nel decreto würstel Alitalia c'erano diverse codine di topo.

Il Pd? Dormiva, ma per fortuna se n'è accorta Milena Gabanelli che ci ha fatto su alcune puntate di *Report*.

Altro decreto würstel, giovedì 20 novembre: nel decreto infrastrutture hanno messo un emendamento che cancella l'art. 2112 del codice civile: se passa la legge, il lavoratore ceduto insieme a un ramo d'azienda NON MANTERRÀ il salario e il contratto precedente. Ci sono gli estremi per la rivoluzione. Infatti fanno tutto di nascosto. Guerra civile fredda.

Stranezza: nessun taglio, né esuberi, per i prof di religione, che costano un miliardo l'anno, sono scelti dai vescovi e assunti dallo Stato *forever*. Cosa di cui l'UE ha chiesto spiegazioni, dato che è una **discriminazione** vietata dall'UE.

Fra l'altro, i prof di religione precari hanno una paga più alta rispetto ai prof precari di altre materie. E qui c'è una **buona notizia**: un prof di Udine ha fatto ricorso e il ministero ha dovuto parificare il suo stipendio a quello, maggiore, dei prof precari di religione. Il governo Berlusconi non permette la *class action*, ma ogni singolo prof può far ricorso. C'è il modulo per la domanda sul sito di **Rifondazione**. Due ore fa il sito c'era ancora. Fate ricorso! Se non lo fate per voi, fatelo per me!

Il governo cala nei consensi, ma il 40% degli italiani lo approva ancora. Potenza di una narrazione berlusconiana diffusa, continua e capillare, dai telegiornali giù giù fino agli *house-organ* arcoriani.[67] Gli effetti non si fanno attendere visto che, in Italia, il 70% degli elettori vota solo sulla base delle informazioni apprese dai tg (dati: Censis, giugno 2009). È ovvio che non leggete: guardate come votate.

con i tg principali talmente sbilanciati in favore di Berlusconi da rendere quasi ingiustificata l'esistenza del Tg4[68];

con la Rai che non manda neppure una *troupe* in tribunale il giorno della condanna di Mills;

col coordinamento pro-Berlusconi fra Mediaset e Rai emerso dalle intercettazioni telefoniche (che Berlusconi infatti vuole proibire, col consenso di un Pd memore dello scandalo Unipol);

e con Vespa che al telefono dice a Salvo Sottile, portavoce di Fini quando era ministro degli Esteri (Sottile era quello che faceva i provini alla Gregoraci), lo spigolistro Vespa tranquillizza Sottile dicendogli che la trasmissione su Fini "gliela confezioniamo addosso".

Il contraddittorio vero, da Vespa, è quasi inesistente, a parte quella volta che Berlusconi gli disse: – *Ehi! E questo me lo chiami un martini?* –[69]

Fra parentesi: per via di quelle intercettazioni, grande bufera su Rai e Mediaset, ma i diretti interessati negarono ogni collusione. In loro difesa intervenne addirittura **Emilio Fede**: – *Telefonate intercettate durante le quali personaggi vicini al Cavaliere parlano con i direttori. Che si parli e che ci si confronti mi pare una regola.* – A questo punto, a chi credere? Alla nostra intelligenza, o a Emilio Fede?[70]

Purtroppo, quando saltarono fuori ulteriori intercettazioni fra Berlusconi e Saccà in cui Berlusconi raccomandava un'attrice per avere un tornaconto politico, **Veltroni non disse una parola**. E il Pd, partito liquido, passò ufficialmente allo stato gassoso.

post scriptum
Il giornalista Gianni Barbacetto ricorda un precedente interessante che risale agli anni ottanta. Quando i pretori spensero le tv di Berlusconi, Craxi fece un decreto apposta per riaccenderle. Il decreto arrivò in Senato un venerdì (1° febbraio 1985). La Sinistra indi-

pendente fa ostruzionismo e riesce a rimandare la votazione fino alle 23.30. Giuseppe Fiori scrive: – *Se quattro senatori del Pci fossero intervenuti a parlare, sarebbe passata la mezzanotte e il decreto sarebbe decaduto.* – Le tv del Biscione sarebbero rimaste spente. Il Pci non fa ostruzionismo, va al voto. L'ordine arriva dal responsabile comunicazione del Pci: Walter Veltroni. Il Pci vota contro, ma il decreto viene approvato. Col riassetto della Rai, RaiTre e il Tg3 passano al Pci.

Col tempo, nell'italiano medio[71] si è atrofizzata la capacità di inserire le notizie in un contesto più ampio. Conseguenza: non c'è bisogno ormai neppure di nasconderle. Sono lì in bella vista, tanto non le sappiamo leggere. Nei servizi segreti c'è un ufficio apposta che svolge questa attività: leggere le notizie. La chiamano *analisi delle fonti aperte*. Era l'ufficio di Pio Pompa.

La novità è che alcuni ratti eccellenti stanno abbandonando lo yacht berlusconiano. Il più grosso è **Paolo Guzzanti**, già senatore di FI, oggi deputato del PdI, nonché ex presidente della famigerata commissione Mitrokhin con la quale, a spese dei contribuenti, dava credito a un mitomane per sostenere che Prodi era un agente del Kgb![72]

Guzzanti adesso erompe: – *Ho sentito con le mie orecchie il mio leader[73] propagandare il falso più abietto.* – (Berlusconi che dice il falso? Non è da lui! Fa bene Guzzanti ad avvertirci per tempo.) – *Berlusconi giustificava l'invasione della Georgia da parte della Russia. E per la prima volta ho constatato che la coscienza è una cosa fisica. Ho provato schifo, stavo per vomitare.* – Uh, tieni, Paolo. Questo è il mio secchio.

Dal punto di vista morale, un ratto non è inferiore a un gatto. Eppure chi fra i due preferiresti trovarti nel letto?

Riassumendo: nel Paese, da un ventennio, c'è chi lavora a un progetto organico e reazionario fatto di disuguaglianze e gerarchie, nel quale la democrazia è usata solo per legittimare il saccheggio. E chi dovrebbe fare opposizione si accorda spesso sottobanco. Questo in un Paese dove l'80% delle aziende è in conflitto di interessi (partecipazioni azionarie incrociate, il potere è in mano a pochi, non c'è vera concorrenza, non c'è libero mercato);

in un Paese dove il governo esautora il Parlamento (già vuoto di significato visto che votiamo gente scelta dai partiti) governando a colpi di decreti legge (salta la divisione fra potere esecutivo e potere legislativo, come nel fascismo: il 14 gennaio del 1925 Camera e Senato approvarono duemila decreti legge. Era più efficiente? No, era fascismo);

in un Paese dove la corruzione pubblica ammonta ogni anno a 60 miliardi di euro e l'evasione fiscale a 100 miliardi di euro;

in un Paese dove quattro regioni sono in mano alla malavita organizzata e altre ne sono colonizzate in modo pesante.[74]

Cosa può fare la satira in un Paese così? Che ruolo può avere nel processo di resistenza a questa deriva?
Il ruolo dell'arte, della poesia: un ruolo molto piccolo, quasi nullo; ma bisogna credere in quello che si fa.

Datelo a me un varietà al sabato sera su RaiUno. Ve lo incendio, quel cazzo di televisore!

Fate il pubblico di RaiUno. Applausi. Dammi una sigla. (*jingle, ripete l'ingresso sugli applausi*)

Buonasera, pubblico del sabato sera di RaiUno. Benvenuti a *Decameron*, politica, sesso, religione e morte.

Come va? Io così così. Ho scoperto che i miei peli pubici stanno diventando bianchi. Ma è una cosa simpatica. Con la luce giusta, il mio pisello sembra Casini.

C'è chi si taglia i peli pubici per far sembrare il proprio

73

cazzo più lungo. Io invece mi sono fatto tatuare sulla pancia un *trompe l'œil* della Galleria degli Uffizi che dà l'illusione della profondità.

Sono soddisfatto? Mah, non saprei. È una cosa che ti rende allegro e triste allo stesso tempo. È come quando la tua ragazza ti dice che ce l'hai più grosso di tuo padre.

Me l'ha detto ieri, al ristorante. Vabbe', "ristorante"! Un McDonald's. Le piace McDonald's. Succede, quando hai quindici anni.

Ovviamente le ho spiegato le mie obiezioni sui McDonald's, ma lei dice che s'è informata. Quelli di McDonald's l'hanno rassicurata: loro abbattono solo mucche coinvolte nel crimine organizzato.

E mentre sono lì che contribuisco a disboscare la foresta pluviale mangiando un Big Mac da tre chili, mi viene in mente una cosa: che nessuno pensa mai al sacrificio delle mucche che si lasciano macellare per la goduria del nostro palato. Io dico che bisognerebbe onorare questo loro sacrificio. Un sacrificio che in fondo, cari amici di RaiUno (*congiunge le mani in preghiera, timbro di voce omiletico*), è come il sacrificio di Cristo nostro Signore. E come in chiesa ci sono le stazioni della Via Crucis, così in un McDonald's dovrebbero esserci le stazioni della Via Crucis. Con una mucca al posto di Gesù. Le stazioni della Via Crucis della mucca, la **Cow Crucis**. Ecco qua alcuni bozzetti che ho preparato: l'ultima cena; l'incoronazione di spine; la crocifissione; e la resurrezione della carne. In un hamburger.

Mi sembra una buona idea! La Cow Crucis (cfr. l'appendice).

Dice: – *Daniele, perché ce l'hai con la religione?* –

Perché mi sono convinto che le religioni siano pericolose. Sono **favole per gonzi** che hanno una funzione

74

sociale di controllo; e che diventano pericolosissime quando la religione, forte del numero, tende a far coincidere il peccato col reato e a condizionare l'attività dei governi. Gli esempi in questo senso in Italia sono ormai all'ordine del giorno (staminali, Pacs, eutanasia) e francamente insopportabili, cari amici di RaiUno.

La Chiesa si è opposta alla ricerca sulle **staminali**. Ma è stata la scienza, e non la religione, a scoprire un anno fa che è possibile ricavare cellule staminali anche da tessuti adulti. Fine del dilemma etico. Con la nuova ricerca sulle staminali, gli scienziati ritengono che adesso potranno fare grandi progressi: dalla cura del Parkinson alla rigenerazione della spina dorsale nel Pd.

Abbiamo poi visto le mille pressioni vaticane per ostacolare prima i Pacs, poi i Dico, poi i Cus. Diritti civili che ci sono in tutta Europa, tranne che in Italia, dove la Chiesa ostacola i Pacs perché "*minacciano la santità del matrimonio*". Ah ah ah! Come se si potesse considerare sacro tutto quello che si fa davanti a un sacerdote.[75]

In realtà, lo sappiamo, il motivo vero è che la Chiesa teme le unioni omosessuali. Ma se è un tema così importante, com'è che Gesù non ne parla? Gesù non dice una parola su questo, ma tante sulla tolleranza, l'accettazione, il non giudicare, il frequentare i reietti e gli ultimi. Il Vangelo dice: – *Non guardare la pagliuzza nell'occhio del tuo vicino, ma la trave che è nel tuo occhio.* – Al che i gruppi gay hanno replicato: – *Se la trave te la metti nell'occhio, lo stai facendo nel modo sbagliato.* –

Ratzinger: – *Gli omosessuali possono sposarsi, ma non fra di loro.* –

Amici di RaiUno, la regola della convivenza umana è terrestre, non divina: ogni uomo è libero e deve poter decidere su di sé. E invece mille ostacoli. Col paradosso che i nostri parlamentari, per tenersi buoni i voti vaticani, da anni negano a noi, cittadini che li eleggiamo, i diritti che per sé si sono già attribuiti: da ben sedici anni, infatti, i parlamentari conviventi hanno gli stessi diritti dei parlamentari sposati. Per loro, i Pacs ci sono già da sedici anni! Forse è il caso che li diano anche a noi, visto che siamo noi a eleggerli. Guerra civile fredda.[76]

Che fine ha fatto la laicità dello Stato? E che senso ha il voto bipartisan in Parlamento a favore dei privilegi economici della Chiesa cattolica: l'esenzione ICI e la truffa immonda dell'8 per mille?[77]

Questo è Papa Ratzi. Ride. Riderei anch'io se la mia ditta non pagasse le tasse.

Ma la Chiesa, in fondo, non fa che rispettare il dettame evangelico. Gesù disse: – *I miti erediteranno la terra*. – Ed evitò astutamente di parlare della tassa di successione.

Poi arriva il crac delle Borse e il Papa dice: – *I soldi non sono nulla.* – Il Papa, a colazione, fra l'abbacchio al forno e lo strudel, si pulisce la bocca con la stola ricamata d'oro e dice: – *I soldi non sono nulla.* –

Lo diceva anche Marcinkus: – *I soldi non sono nulla.* –

Lo diceva anche Calvi: – *Glub glub glub.* – (*si divincola impiccato*)

Avete letto la *Spe salvi*, l'ultima enciclica di Papa Ratzi? E chi, non l'ha letta? È una lettura così amena! E vanta ben ottomila tentativi di imitazione.

Perché diciamo la verità: Ratzi, quando ci si mette, è più spassoso di un barile pieno di anguille!

Spe salvi, salvi nella speranza. Un testo sulla superiorità della fede cristiana, che esalta la sofferenza, perché avvicina alle sofferenze di Cristo. Cristo è morto in croce per i nostri peccati! Uuh, ma così ci fa sentire troppo in colpa! Non poteva solo lussarsi un'anca, per i nostri peccati?[78]

La *Spe salvi*, sorpresa! è una dura condanna della modernità. "*La risposta alla modernità è Cristo.*" Io ho quarantotto anni, nella mia vita ho imparato una cosa: se la risposta è Cristo, la domanda è sbagliata.

Ratzi attacca l'Illuminismo, ma la Chiesa in diciotto secoli non abolì la schiavitù, cosa che fece la Prima Repubblica francese del 1794. Io non dimentico che la repubblica, la separazione dei poteri, il suffragio universale, la libertà di coscienza, l'eguaglianza dell'uomo e della donna non derivano dalla religione, che li ha anzi a lungo combattuti. E non dimentico che, grazie alla Rivoluzione francese, le adultere occidentali non vengono lapidate (anche se finiscono su "Novella 2000": per alcuni, questo è un progresso).

Non è triste dover ancora parlare di queste cose due secoli dopo Voltaire?

D'altra parte è noto che la Chiesa è lenta ad abbracciare la modernità. Fino a poco tempo fa, la loro idea di portatile era un chierichetto.

Ratzinger dice: *"Attenti ai falsi dei"*. Perché, ce ne sono altri?

Le convinzioni della Chiesa urtano contro il mio essere un individuo razionale del ventunesimo secolo. Aver fede significa sospendere il proprio pensiero razionale. Ogni religione dice al mondo: – *Noi non crediamo ai fatti.* –

Il gesuita José Gabriel Funes, direttore della Specola Vaticana, ha scritto sull'"Osservatore romano" che si può credere sia in Dio che negli extraterrestri *"anche se della esistenza di extraterrestri finora non abbiamo nessuna prova"*.

Eh?

"Anche se della esistenza di extraterrestri finora non abbiamo nessuna prova." A differenza di quella di Dio, che invece è provatissima.

Io crederò agli Ufo quando atterreranno nel giardino di Margherita Hack.

– *Ci sarà vita su altre galassie?* –
– *Certo.* –
– *Come fai a dirlo?* –
– *Guardo* Star Trek. –

E l'Empire State Building, a New York, non è stato costruito. È atterrato.

Le religioni sono un fatto culturale. È tutto molto relativo. Il Papa vorrebbe che tutti fossero cattolici. Le mucche vorrebbero che tutti fossero di religione indù!

In India le vacche sono sacre, non mangiano carne di mucca. Tu stai morendo di fame per strada, passa una mucca e ti fa (*mostra il dito medio e fa una linguaccia*).

Gli ebrei invece non mangiano carne di maiale. Una proibizione che risale a cinquemila anni fa, prima che inventassero la salsa Worchester. Gli ebrei sono incazzatissimi. – *Potevamo aspettare, cazzo! La salsa Worchester è buonissima!* – Non mangiano carne di maiale, però non dicono che per loro il maiale è sacro. È tutto relativo.

La satira, in fondo, non fa che trattare la religione come ogni religione tratta le altre. Ogni religione pensa che le altre siano una superstizione. La satira pensa che TUTTE siano una superstizione.

Dovrebbero insegnarti la religione quando hai quarant'anni e sei ormai adulto e vaccinato, non da bambino, quando il tuo cervello è ancora soffice e permeabile alle favole.

Cenni storici
Nel Vecchio Testamento, il Dio di Isacco sconfigge i popoli che credono nei falsi dei. Il nuovo Dio unico è un Dio guerriero e vincitore: il Dio di popolazioni nomadi guerriere che invadevano col loro bestiame i territori coltivati da popolazioni agricole stanziali, i Cananei, di religione matriarcale. Divinità della religione matriarcale: il serpente, che per la religione vittoriosa diventerà il simbolo del diavolo.

Nella Genesi, è il serpente a convincere Eva a mangiare la mela proibita. Eva dà un morso alla mela e cade in un lungo sonno da cui Adamo la risveglia con un bacio.

No, questa è Biancaneve.[79]

Ma il punto è che se da piccolo ti avessero detto che

Biancaneve è una religione, ci avresti creduto! Non avevi metri di paragone. Biancaneve e i sette apostoli. Perché no?

Comunque, Adamo ed Eva mangiano la mela e Dio li caccia dal Paradiso terrestre. Meno male che non ha scoperto cosa avevano fatto con le banane.

Nell'antica Roma, i cristiani erano perseguitati. E venivano dati in pasto ai leoni nel Colosseo. I leoni sbranavano i cristiani e li deglutivano. Dolori atroci quando i leoni poi dovevano cagare i crocifissi.[80]

Nel Duecento, compaiono i ceti borghesi e la Chiesa inventa il purgatorio. Tolkien! Le attività mercantili restano un peccato, ma veniale. Le indulgenze puoi comprarle. E la religione diventa ufficialmente una merce.[81]

La religione è una merce. San Pietro è l'Emporio Armani di quella cattolica. Le varie parrocchie sono i negozi in franchising.[82]

La Chiesa si fa forte dell'aldilà. Perché il Papa ha un cappello bianco a doppia punta, quindi sa com'è l'aldilà.

Qual è la verità sull'aldilà? Direi di partire da un semplice assioma: che nessuno ne sa niente. Mi piacerebbe che il Papa una domenica a mezzogiorno si affacciasse su San Pietro e dicesse: – *Sapete una cosa? Nessuno ne sa niente. Siete liberi!* –

E invece no. La *Spe salvi* descrive un mondo moderno senza speranza. Il quadro però è lacunoso: ad esempio, manca il sapere delle donne, come ricorda giustamente Luisa Muraro. Ratzinger, non a caso, ribadisce spesso che *"la famiglia è il fondamento della società"*. Vecchio adagio dei reazionari di sempre. Già negli anni sessanta, filosofi e psichiatri come Deleuze e Guattari, Laing, Reich hanno spiegato come la famiglia patriarcale serva a perpetuare la società proprietaria e autoritaria; ma per la Chiesa, il matrimonio è sacro: solo nel matrimonio, e solo per procreare, il tuo cazzo diventa il bastoncino di Cristo.

– *Fate mai cose strane a letto?* –
– *No. Siamo cattolici.* –
– *Niente sesso anale?* –
– *Oh, sì.* –
– *Meno male.* –
– *Ma senza vaselina. Perché Gesù lo farebbe senza vaselina.* –
– *La sofferenza avvicina a Cristo...* –
– *Amen.* –

E tutto questo nel sabato sera di RaiUno![83]

Stupore: nella *Spe salvi*, il Papa mette in dubbio l'esistenza dell'inferno. Qui Ratzi si rifà al grande teologo cattolico del secolo scorso, Hans Urs von Balthasar, secondo cui "*l'inferno, se esiste, potrebbe essere vuoto*". Anche il Papa adesso mette in dubbio l'esistenza dell'inferno: una grande novità, anche se poi il paradiso raccontato da Ratzinger sembra la stanza da letto di Cristiano Malgioglio.

Il Papa scrive quindi che "*la scienza non salva l'uomo*". Benissimo. Allora, d'ora in avanti, niente più antibiotici a Ratzi, ok?

Si basano sulla Bibbia, ma la Bibbia non è che un libro di favole scritte dagli uomini prima che gli uomini scoprissero cos'è un quark o un diplococco, e prima che imparassero a eccitarsi guardando al microscopio batteri minorenni.

No, questo sono io.

Avete letto oggi i giornali? A marzo, il Papa va in Africa e dice in aereo ai giornalisti: – *Il problema dell'Aids non si può superare con i preservativi. Al contrario, aumentano il problema.* – La cazzata provoca reazioni indignate in tutto il mondo. Il Parlamento belga protesta in modo ufficiale e vota una risoluzione che definisce "inaccettabili" le espressioni del Papa. *"Non spetta al Papa mettere in dubbio le politiche della sanità pubblica che godono di unanime sostegno e ogni giorno salvano delle vite,"* dice il premier belga Van Rompuy, col quale concorda il primate della Chiesa cattolica belga Danneels.

Ieri il Vaticano ha scritto di un *"chiaro intento intimidatorio"* nei confronti del Papa *"per impedirgli di insegnare la dottrina della Chiesa"*. No, no, no: nessuno glielo impedisce. Però, se il Papa dice delle cazzate pericolose, è giusto farglielo notare, altrimenti quello continua.

Coi casi Welby ed Englaro si è infine raggiunto il massimo dell'ipocrisia. La Chiesa è a favore dell'accanimento terapeutico. O meglio: se sei Papa Wojtyla, i tubi te li staccano. Non sei Papa? Cazzi tuoi. Continua a soffrire. Perché la sofferenza avvicina a Cristo eccetera.

Eppure sentite qua. "L'interruzione di procedure mediche onerose, straordinarie o sproporzionate (...) può essere legittima. Le decisioni spettano al paziente, o a coloro che ne hanno legalmente diritto, rispettando sempre gli interessi legittimi del paziente."

Chi ha scritto questa bella frase? Ratzinger, quando era cardinale. Catechismo della Chiesa cattolica.

(imita Ratzi) – *Zì, zì: zi pozzono ztaccare i tubi a Wojtyla. Zì, zì.* – *(si frega le mani)*[84]

Ratzi vorrebbe limitare la ricerca scientifica. Ma sì, affidiamoci al pensiero magico! Perché non torniamo all'analisi delle interiora di pollo, allora, già che ci siamo? Chissà, magari Ratzi ha ragione! E se la cura del cancro fosse qualcosa che non può essere scoperto dalla ricerca medica? Ad esempio se la cura del cancro fosse "farsi uno shampoo con lo yogurt"? Oppure "strofinarsi la fronte con un pesce"? Oppure "tagliarsi i peli del naso e metterli sotto il cuscino dentro una bustina di carta e dormirci su"? Basta sbizzarrirsi. Chi può dirlo? Magari una di queste è la cura per il cancro. Non potrebbe essere? Non potrebbe essere?

No: è pensiero magico. Quello della Chiesa è pensiero magico. Un mese fa, nell'udienza del mercoledì, il Papa ha esortato gli esorcisti a continuare il buon lavoro. Parole di incoraggiamento anche ai cacciatori di vampiri.

La gente va tutelata dai ciarlatani! C'è una responsabilità diffusa. Per esempio i telegiornali in Italia danno sempre notizia delle gesta del Papa. Non è una notizia, ma in questo modo si fa credere allo spettatore che nella religione ci sia qualcosa di fondato.[85]

Certo, il personaggio di Gesù è affascinante. Il martirio, la croce, i superpoteri. Molto ben costruito. Ottima sceneggiatura. Vediamo i cinque elementi della narrazione emotiva:

Qual è l'ostacolo di Gesù? Il diavolo. Antagonista perfetto! Esattamente il suo contrario: conflitto massimo. Chissà come va a finire 'sta storia! È duemila anni che siamo sintonizzati per saperlo.
Quali le debolezze di Gesù? Si incazza nel tempio, frequenta ricchi e prostitute.
Cosa vuole a tutti i costi? Salvare il mondo. Il massimo.
Il suo passato? È nato in una mangiatoia. Ma viene dal Regno dei Cieli.
Cosa lo rende unico? È il figlio di Dio, fa miracoli, cammina sulle acque. Tutte cose cui rinuncia per salvare il mondo. E come se non bastasse, assomiglia a uno dei Bee Gees!

Narrazione altamente emotiva, tanto che alla fine pensi: – *Povero Gesù, inchiodato alla croce come una bambolina vudù.* – [86]

Pensate se invece di crocifiggerlo gli avessero dato solo dieci anni di carcere.
Gesù esce di galera, vive fino a novant'anni e diventa cinico e misantropo come tutti i vecchi: – *Porgimi l'altra guancia, coglione!* – Ecco un Vangelo che vorrei leggere.

E per quelli di voi che non fossero ancora convinti (*a denti stretti, li indica*) c'è dell'altro. E se questo non vi convince, non resta che l'elettrochoc.

Di recente il Vaticano ha attaccato gli storici. Gli storici sono dei vecchietti che stanno tutto il giorno a studiare in biblioteca e non danno fastidio a nessuno. Perché questo attacco? Perché gli studi storici stanno rivelando notizie molto interessanti. E pericolose, se di dominio pubblico. Ad esempio, che millenni prima di Gesù gli antichi egizi veneravano **Horus**, il dio Sole, la cui biografia è identica a quella di Gesù: nascita il 25 dicembre; da una vergine ingravidata da uno spirito sacro; miracoli vari, crocifisso, sepolto per tre giorni, poi risorto.

Biografie simili in molti particolari (la madre Maria o Miriam, la nascita il 25 dicembre, i tre re, i miracoli, la morte a trentatré anni, la resurrezione) riguardano Mitra (il mitraismo fu una religione molto diffusa a Roma) e Attis in Frigia (1200 a.C.), Krishna in India e Dioniso in Grecia (900 a.C.)

Come si spiegano tante coincidenze? I Vangeli raccolgono la narrazione di episodi della vita di Gesù così come erano tramandati dalle prime comunità cristiane. Tale raccolta risale a ottant'anni (Vangelo di Matteo e di Luca) o cento e più anni (gli altri due Vangeli) dopo la morte di Gesù.[87] La narrazione della sua vita è ricalcata su narrazioni mitologiche preesistenti come quella di Horus o di altre divinità, le cui storie non erano che **allegorie astrologiche** del transito del Sole nel cielo.

Entriamo nel dettaglio. In inverno le giornate si accorciano. Il Sole, muovendosi apparentemente verso sud per sei mesi (in realtà è la Terra che gira intorno al Sole, anche se Ratzinger ancora non lo sa); il Sole, dicevo, raggiunge il punto più basso nel cielo il 22 dicembre. È la morte del Sole. A questo punto, all'occhio umano, il Sole pare come fermare il suo spostamento a sud. Per tre giorni. Il 25 dicembre, il Sole si rialza di un grado e comincia l'apparente cammino verso nord: risorge.

La resurrezione però è celebrata a Pasqua quando il giorno diventa più lungo della notte, all'equinozio di primavera. La vittoria sulle tenebre.

I re magi? Sono le tre stelle, anticamente dette "i tre Re", che il 25 dicembre si allineano con Sirio, la stella più luminosa, a puntare verso il luogo dove nasce il Sole. I tre magi e la stella cometa.

I dodici apostoli? Un numero stabilito dalla tradizione e di significato esoterico. Corrisponde alle dodici tribù di Israele, ma anche alle dodici costellazioni dello zodiaco. La parte notevole è questa: ogni 2150 anni, il Sole si sposta nello zodiaco da un segno a quello precedente: è il fenomeno della precessione degli equinozi. Mosè contro il vitello d'oro, narrato nel Vecchio Testamento, è l'età dell'Ariete (Mosè) che subentra all'età del Toro (il vitello d'oro). Con Gesù si entra nell'età dei Pesci. Che va dall'1 d.C. (quando nasce Gesù) al 2150 d.C. Simbolo di Gesù: il pesce. (In greco: *ikthùs*, che verrà usato come acronimo di *Iesùs Kristòs Theoù Uiòs Sotér*, Gesù Cristo Figlio di Dio Salvatore).

Dal 2150 si entrerà nell'era dell'Acquario: forse l'umanità sentirà il bisogno di una religione nuova di pacca. Saremo tutti lì, staremo a vedere.

Il Gesù dei Vangeli è un ebreo di Palestina che pregava secondo la tradizione giudaica. E predicava solo agli ebrei, non ai pagani, esortandoli a rivolgersi direttamente a Dio per il perdono dei propri peccati. Né ha mai fondato una religione o tantomeno una chiesa. La frase *"Tu sei Pietro e su questa pietra fonderò la mia chiesa"* è un'aggiunta tardiva. Risale a quattro secoli dopo, quando l'imperatore romano estende la religione cattolica fino alle più lontane province *manu militari*. **La chiesa è il prodotto di trasformazioni storiche**. Legate agli opportunismi politici del momento. Esempio recente: un giorno Paolo VI chiese alla Commissione biblica se nelle Scritture c'erano ostacoli al sacerdozio delle donne. Le donne possono fare il sacerdote, rispose la commissione: non c'è nessun ostacolo. Ce lo mise Paolo VI.

Altra convenzione: il matrimonio dei preti. I sacerdoti cattolici di rito greco, come gli apostoli delle prime comunità cristiane, possono sposarsi.

Ma questi sono appena i preliminari. È il momento della rivelazione iniziatica. Sto per dirvi quello che vi hanno tenuto nascosto in tutti questi anni. Allacciate le cinture.

Come stanno davvero le cose
La religione cattolica fu voluta dall'imperatore Costantino nel IV secolo d.C. per unificare ideologicamente il suo Impero. I filologi alessandrini strutturarono la narrazione del culto cristiano sulla falsariga del diffusissimo culto di Iside, ibridandolo con elementi delle altre religioni conosciute: cristianesimo, ebraismo, mitraismo e culto del dio Sole.

Il culto di Iside
L'antico mito egizio narra di Iside, sorella madre e sposa di Osiride. Osiride viene ucciso dal fratello Seth (Tifone) e il suo corpo viene smembrato. Iside va in cerca delle parti del corpo di Osiride e le ritrova tutte (meno una: il fallo), le ricompone, vi soffia la vita e Osiride risorge.

Il mito è un'allegoria astrologica: Osiride è il Sole; muore/tramonta in mare, colorandolo di rosso/sangue; Iside è la Luna, che di notte segue il tragitto del marito per ritrovarlo e riportarlo in vita. Il mattino, infatti, il Sole risorge.

Gli egizi chiamavano il Sole *Horus*, il fanciullo divino, dal 22 dicembre (solstizio d'inverno) al 21 marzo (equinozio di primavera); *Osiride* dal 21 marzo al 21 giugno (solstizio d'estate); *Ra* dal 21 giugno al 21 settembre (equinozio d'autunno); e di nuovo *Osiride* dal 21 settembre al 22 dicembre.

La cerimonia del culto di Iside, la dea madre suprema e universale, regina benigna, misericordiosa e ausiliatrice, divinità dai mille nomi (Minerva, Venere, Afrodite, Diana, Atena, Maia, Kore, Temi, Artemide, Astarte-Proserpina, Cerere, Ecate), è raccontata dal libico Apuleio nell'XI libro dell'*Asino d'oro*. Nella cerimonia, i suoi sacerdoti "dedicano al mare ormai navigabile una nave vergine" e le offrono le primizie della navigazione.

Il corteo solenne è preceduto da gruppi di uomini travestiti (da soldato, da cacciatore, da donna, da gladiatore, da magistrato, da filosofo, da pescatore) e da animali mascherati (un'orsa vestita da matrona su una portantina, una scimmia con una veste gialla, un asino cui sono state incollate delle ali, chiamato Pegaso). Quando gli uomini travestiti avranno esaudito il loro voto, si toglieranno il travestimento per indossare la veste bianca dell'aspirante all'iniziazione. La maschera è il destino; il destino si compie alla morte; indossare la maschera è indossare la propria morte. Morte dell'Io, nascita del Sé.

La cerimonia prosegue con altri cortei: donne inghirlandate lanciano fiori lungo la via, la folla reca fiaccole e lanterne, musicisti suonano zampogne e flauti, un coro di giovani intona inni.

Iside viene ricordata da Apuleio come "salvatrice": secondo una simbologia di origine mesopotamica, presente in tutte le religioni, "salva dalle acque", ovvero eleva dalle *acque inferiori* (il luogo delle metamorfosi, dove si susseguono la nascita e la morte fisiche) alle *acque superiori* (il luogo dell'eternità, del Sé finalmente conosciuto, non soggetto a mutamento).

Iside, la divinità che domina il mondo della metamorfosi, cammina sulle acque. Questa immagine ricorre in molte religioni: nel Vangelo, Cristo cammina sulle acque; e Visnù è il *Narayana*, "colui che cammina sulle acque".

Con l'iniziazione, l'adepto simbolicamente muore per rinascere come persona nuova.

Il corteo arriva alla spiaggia, dove il sacerdote vara una nave vergine, che la folla ha riempito di doni e oggetti votivi.

Questo corteo festoso e mascherato in onore di Iside, con un battello portato al mare sopra un carro (la festa del *Navigium Isidis*, diffusa verso il 150 d.C. in tutto l'Impero romano), è giunto fino a noi trasformato in *Carnevale* (*carrus navalis*), festa tipica di località marine e fluviali (Venezia, Viareggio, Colonia; e Rio, dove venne portata dai portoghesi).

Il *Navigium* celebra Iside in quanto Principio femminile di fertilità che domina i **tre mondi** (sotterraneo, terrestre, celeste). Ritroviamo questo simbolismo del numero tre nelle cellette mariane ai **trivi**, che derivano dagli antichi tabernacoli dedicati a Ecate Trivia, regina dei tre mondi; e nelle cattedrali gotiche francesi del XIII secolo, tutte dedicate a Maria, con la Madonna nera (ipogea) nella cripta, la Madonna bianca (terrestre, delle messi, come Cerere) sull'altare maggiore, e la Madonnina d'oro (celeste) sulla guglia.

Maria mutua l'epiteto "vergine" dalla nave vergine di

Iside, a significare che il suo parto è un passaggio simbolico.

"Triviale" significa "volgare" perché presso i tabernacoli dei trivi si trovavano le prostitute, anticamente custodi di una dea legata ai cicli della fertilità.

Il culto di Iside contempla la **trinità** Iside/Osiride/Horus. Osiride e Horus sono il Principio maschile. Iside ne è il doppio simbolico, il Principio femminile. La trinità viene recuperata dalla religione patriarcale.

Le feste della morte e resurrezione di Osiride vanno dall'equinozio d'autunno (sue vestigia: la festa delle lanterne a Colonia e le fiere "di San Martino" l'11 novembre, la Rificolona a Firenze, la festa dei morti buddhista, Ognissanti e Halloween) a quello di primavera (*Navigium Isidis*, Pasqua, capodanno babilonese) attraverso le feste del solstizio d'inverno (natale di Horus/Osiride, Natale cristiano).

Nell'antichità, l'anno nuovo cominciava il 25 marzo, in corrispondenza dell'equinozio di primavera, quando il giorno inizia a essere più lungo della notte. Nella seconda metà del 700 venne anticipato al 1° gennaio.

La festa del *Navigium Isidis* seguiva il calendario lunare babilonese: coincideva con la luna piena che segue l'equinozio di primavera; corrisponde al capodanno babilonese; e alla nostra Pasqua (variabile di anno in anno come la festa del *Navigium Isidis*). Nella festa di capodanno, i babilonesi sacrificavano un agnello, come noi a Pasqua.

Il Carnevale è la processione che unisce la morte del Sole alla sua resurrezione. È celebrazione del Principio femminile che dà vita.

L'anno di fondazione dell'Impero Romano ad opera di Ottaviano Augusto venne fatto coincidere, nel Medioevo, con l'anno di nascita di Cristo.

Iside in trono con la mammella nuda che allatta un bambino viene trasformata nell'iconografia cattolica della Madonna col bambino. Iside che piange Osiride tenendolo in grembo ispirerà invece le varie *Pietà*. La Madonna è Iside. L'iconologia mariana la mostra spesso su una nave, come Iside. La nave a volte è a forma di falce lunare (ad esempio, a Notre-Dame de Paris). Nel 1865, prudentemente, dai capitelli della chiesa di Santa Maria in Trastevere Pio IX fece rimuovere le figure di divinità egizie.

I quattro presunti evangelisti hanno per simbolo il toro (Luca), l'angelo (Matteo), il leone (Marco) e l'aquila (Giovanni): le quattro figure principali dello zodiaco babilonese.

Il serpente, per i romani, è il Tempo. Nelle pitture pompeiane, Iside poggia il piede nudo sul serpente in quanto regina delle forze ctonie. La Madonna viene raffigurata allo stesso modo.

Quando Alessandro Magno conquista l'Egitto, il culto di Iside si diffonde in tutto il Mediterraneo, diventando la dea dai mille nomi che racchiude tutte le altre dee, come narra Apuleio. I romani coniano monete con l'effigie di Iside già nel 90 a.C.

A Roma, dal politeismo si passa prima al culto di Iside, poi a quello del *Sol Invictus*, quindi al cattolicesimo.

Il duumvirato di Antonio e Ottaviano progetta l'edificazione di un tempio di Iside nel 43 a.C. Nel periodo augusteo il culto si estende; Tiberio lo osteggia, ma Caligola, Claudio, Nerone trasformano Iside e altre divinità egizie in divinità di Stato romane, e con Vespasiano il culto di Iside diventa la religione imperiale. Domiziano, Adriano, Marco Aurelio, Commodo e Caracalla legittimano il loro potere attraverso il culto di Iside: l'imperatore è una divinità incarnata, come i faraoni. Gli eccessi di Caracalla gettano una cattiva luce sui culti isiaci e in età tardoimperiale il culto di Iside viene sussunto nella trasformazione del cristianesimo in cattolicesimo ad opera di Costantino. Il controllo dell'Impero avviene innanzitutto grazie allo strumento della nuova religione, che unisce isismo, cristianesimo e culto solare.

Eliogabalo, siriano, eletto imperatore nel 218 d.C., aveva introdotto a Roma il culto del dio Sole, che era proprio delle culture patriarcali d'Arabia, Siria e Palestina. Simbolo del dio Sole: il pene. Iniziatica è la *castrazione rituale*: segna la liberazione dell'eletto dal ciclo vita-morte delle acque basse. (Vestigia: il celibato dei preti.) Osiride è assimilato a Helios e la divinità femminile passa in secondo piano. Simbolo del Principio maschile: l'asino. (Cristo entra a Gerusalemme su un asino: simbolo dell'iniziazione che deve ancora cominciare.)

Nella grotta di Betlemme, bue e asinello sono Iside e Osiride. (Luna e Sole sovrastano il crocifisso di Raffaello, nonostante il terzo concilio di Costantinopoli avesse proibito tale simbologia per i suoi richiami ad altre religioni.)

Quando Teodosio, nel 391, fa distruggere il Serapeo di Alessandria, il cattolicesimo riceve una ufficializzazione definitiva. Il culto di Iside continua nella narrazione della vita di Cristo.

Le stazioni della Passione di Cristo (percosso, coronato, crocifisso, sepolto) e la successiva resurrezione (celebrata come Pasqua, la festa che ha preso il posto del *Navigium Isidis*) ricalcano il percorso iniziatico del culto isiaco.

Il rito di consacrazione di un sacerdote di Osiride/Aion comincia quando il Sole è nel segno dei pesci (febbraio-marzo) e, dopo i tre giorni della luna nuova, ricompare la falce lunare. La preparazione dura quaranta giorni (il candidato non può mangiare carne né bere vino e deve astenersi dal sesso) e culmina la notte di luna piena prossima all'equinozio di primavera (il candidato assume il ruolo di Osiride e si eleva in modo rituale; gli appare un angelo del dio, ovvero un addetto del tempio, e il dio stesso, ovvero un alto sacerdote).

A questi riti preparatori segue la festa del *Navigium Isidis* raccontata da Apuleio.

Ritroviamo i quaranta giorni di astinenza nei quaranta giorni di Cristo nel deserto (periodo di quaresima).

L'angelo del rito isiaco anticipa l'angelo che nei Vangeli annuncia, presso il sepolcro vuoto, l'avvenuta resurrezione di Cristo.

L'apparizione del dio nel rito isiaco è la stessa di Cristo che ritorna fra i discepoli increduli dopo la morte.

La Pasqua è il *Navigium Isidis* e come questo è una data variabile, legata alla prima luna piena successiva all'equinozio di primavera. La Chiesa, nonostante tutti i rimaneggiamenti, non è riuscita a eliminare questo indizio fondamentale.

Nel IV secolo, la festa del *Navigium Isidis* venne spostata indietro di quaranta giorni (ridefiniti come quaresima) perché non si sovrapponesse alla Pasqua, che ne aveva preso il posto; e fu edulcorata in Carnevale.

La Pasqua è ciò che resta di una parte della festa isiaca (la resurrezione dell'iniziato), il Carnevale è ciò che resta dell'altra parte della festa (la processione delle maschere).*

* In alcune città della Francia, durante il Carnevale, e in Italia durante la festa di San Martino, la processione conduce per le strade buoi la cui testa è ornata di "fiocchi" (cordoni di fili di lana legati ad anse, poi tagliate e pareggiate, con effetto velluto) o nastri multicolori. Il bue, ricorda Bachtin, è il re, il riproduttore, la fertilità (Iside); e nello stesso tempo la carne sacrificata, da sezionare (Osiride).

Lo schema narrativo della morte/resurrezione del ciclo solare (il succedersi di equinozi e solstizi) è alla base di tutte le religioni, e da queste tradotto in mitologie (Horus, Cristo). **La passione di Cristo è la drammatizzazione del cerimoniale segreto di iniziazione dell'adepto al culto di Iside/Osiride.**

Nella Grande Piramide di Giza la Camera del re era il luogo della parte più riservata della cerimonia. Il candidato era simbolicamente crocifisso (legato) su una croce (l'intersezione di equinozi e solstizi) e posto in un sarcofago di pietra per tre giorni. (Anche Apuleio narra dei tre giorni.) Nei riti iniziatici, ad esempio quelli orfici, la crocifissione riferita al ritmo solare è ricorrente.

Vestigia del rituale sotterraneo: seppellire i morti (li si colloca nella tomba/grotta/sarcofago/mondo sotterraneo per farli risorgere, un simbolismo di molte religioni di ambito solare oltre a quella di Osiride, ad esempio quella di Mitra).

Nei primi secoli, i cristiani non rappresentano la crocifissione. Adorano Cristo/iniziato solare non sulla croce, ma nel sepolcro, da cui risorge.

Durante la meditazione nel sarcofago, che dura tre giorni e tre notti, l'iniziato sperimenta la discesa nei sette stati dell'interiorità (Ade, Orco, mondo inferiore, Amentet ecc.). Al termine, l'iniziato in *trance* veniva portato dai sacerdoti su un morbido giaciglio di fronte all'apertura orientale dell'edificio templare posto di fronte all'entrata segreta della piramide. I primi raggi del sole svegliavano a nuova vita l'iniziato, che ha rivissuto la passione di Osiride. La croce è simbolo del ciclo vita/morte: il neofita si allontana dalla carnalità con la deposizione e la sepoltura simbolica, da cui, dopo aver attraversato le profondità del proprio essere, rinasce come uomo nuovo, come un Cristo. Non c'è più l'Io e la sua mutevolezza; c'è il Sé, il nocciolo centrale della personalità, e la sua stabilità interiore. Si diventa servitori del Principio vitale: la vita diventa dono di Sé. È questa la vita nuova.

L'aggettivo greco *Chrestos*, usato anche da Svetonio, significa *ottimo, prescelto*: indica l'iniziato al culto misterico.

La consacrazione, narra Apuleio, era preceduta da un banchetto rituale. Nella versione dei Vangeli è l'**ultima cena** che precede la crocifissione e la resurrezione.

Se il cristianesimo cancella ideologicamente l'apporto del Principio femminile alla resurrezione, simboleggiato dalla *nave* di Iside e dalla forma della *mandorla*, l'iconologia conserverà però questa derivazione fino al Rinascimento: in molte raffigurazioni, Cristo ascende al cielo racchiuso nella mandorla (a volte circondato, come nel bassorilievo della cattedrale di Nièvre, dai quattro simboli dello zodiaco babilonese usati come simboli degli evangelisti).

L'aureola è analoga al Sole sulla testa nelle raffigurazioni dell'iniziando al culto di Osiride.

L'asino con cui Cristo entra a Gerusalemme è il corpo sessuato/vita di metamorfosi che l'adepto abbandonerà con l'iniziazione, rinascendo a una vita nuova.

Il rito di Osiride prevede il nutrimento sacramentale con pane e vino. L'ingestione dell'ostia alla comunione è identica all'ingestione del pane/corpo di Osiride durante la cena sacramentale. Il vino è simbolo della conoscenza esoterica.*

* Gli elementi del rituale di iniziazione misterica sono parodiati nella satira carnevalesca del *Gargantua e Pantagruele* di Rabelais, rito comico della morte e della rinascita:

le cene pantagrueliche;
l'invito, nel prologo, ad assaporare *"il senso nascosto"* (immagine ricorrente in tutta l'opera);

il godimento smisurato di cibo, bevande e sesso;

le maledizioni comiche, le bestemmie (*"Sono i colori della retorica ciceroniana,"* ironizza Ponocrate);

il martirio del santo con delle mele cotte;

lo smembramento dei corpi, le anatomizzazioni di ogni tipo;

il martirio parodistico di Panurge, arrostito su un girarrosto;

la resurrezione di Epistemone che avviene attraverso *"un bel peto grosso"*;

la finta morte e la resurrezione di Musorosso che, dopo le percosse, appena pagato *"salta in piedi, allegro come un re o due"* (il re bastonato richiama la percossa simbolica della testa dell'iniziando nei riti misterici, tradizione che ritroviamo nella fustigazione di Cristo e che prosegue nello schiaffo al cresimando);

la discesa all'inferno di Pantagruele (Bachtin osserva che il tema della discesa all'inferno è implicito in ogni *capriola* clownesca);

l'ambivalenza delle immagini grottesche, che fissa il momento della *transizione.*

Dalla religione mesopotamica, gli egizi hanno derivato il simbolo del pesce sacro. L'*Oannes* babilonese è il pesce/salvatore. Nella religione indù è detto *Matsya*, un termine sanscrito da cui deriva *Messia*. Nei Vangeli, l'*Oannes* viene personificato in *Iohannes*, Giovanni Battista, che versa sul capo di Gesù (immerso nelle acque basse della non consapevolezza) le acque alte dell'illuminazione. Il battesimo ha questo significato.

Gesù è l'incarnazione di Dio come il Faraone è l'incarnazione di Osiride: in entrambi i casi, la storia viene legata al mito.

Trasformati in realtà storica simboli e allegorie, l'imperatore può lucrare dal Dio la sua autorità.

La politica crea la religione.

Ridere del dio Api significa trasformarlo, per sempre, in un bue.

Bibliografia consigliata:
G. Di Cocco, *Alle origini del carnevale*, Pontecorboli editore, Firenze 2007

R. Guénon, *Simboli della scienza sacra*, Adelphi, Milano 2000
Apuleio, *Le Metamorfosi o L'asino d'oro*, BUR, Milano 1991
Plutarco, *Iside e Osiride*, Adelphi, Milano 1979
F. Pessoa, *Pagine esoteriche*, Adelphi, Milano 1997
Rabelais, *Gargantua e Pantagruele*, Einaudi, Torino 2004

Domanda: i prof di religione sono scelti dal vescovo perché insegnino queste cose, agli allievi? *Dubito quin.*[88]

Io ero cattolico, finché una notte Dio mi è apparso in sogno e mi ha rivelato che erano tutte stronzate.

Ok, non era un sogno: mi ha parlato da un roveto ardente.

Ok, non era un roveto ardente: era il boschetto di una ragazza che stavo leccando. Ma era divino. Mi ha convinto.

Questo sulla religione (intermezzo iniziatico escluso) era per gran parte **il monologo della sesta puntata di** **Decameron**, quella che non vi hanno fatto vedere. Io lo registro il venerdì pomeriggio, il venerdì notte chiudono il programma.

Eppure La7 mi aveva dato carta bianca. Un rotolo intero.

La libertà di parola non serve a niente, se non è garantita anche la vostra libertà di poterla ascoltare, quella parola. La censura le cancella entrambe: due piccioni con una fava. (*si tocca il pacco*)

Trovano la scusa che la satira offende le persone. Ma la satira non offende le persone: offende solo i loro pregiudizi. Questo vale per tutta l'arte. Prendete *Piss Christ*, un'opera d'arte di Andres Serrano che fece scandalo qualche anno fa. Era la foto di un crocifisso ammollo in un bicchiere di urina. Molti la giudicarono blasfema. Ma non considerano quello che quest'opera d'arte ha fatto per l'urologia.[89]

La censura alla satira è insopportabile. È una mordacchia alle opinioni e alla fantasia. Qual è il limite dell'immaginazione? Perché devono stabilirlo altri, per me e per voi? Io posso immaginarmi cose fantastiche. Cose davvero fantastiche. Come la Gelmini che si tromba un ippogrifo.

"La Gelmini che si tromba un ippogrifo." Questa in tv me la censurerebbero. Per crudeltà agli animali.

Il manifesto di questo monologo è stato censurato a Bologna, a Torino e in altre città. Vogliono stabilirlo loro, quello che potete o non potete vedere, quello che posso o non posso immaginarmi. Questo per me è insopportabile.

Il manifesto censurato.

Vediamo i cinque elementi emotivi della mia storia:
Qual è il mio ostacolo? La censura.
Il mio difetto? Mi incazzo quando mi censurano.
Cosa voglio a tutti i costi? Fare satira senza censure.
Il mio passato? Censurato mille volte.
Cosa mi rende unico? Ho un pisello grosso così!

Bene, per questa sera è tutto. Sono stato inutilmente meraviglioso. La fine del mondo è vicina, si salvi chi può. Tata.

Aftermath
(1° luglio 2009)

Nella politica moderna, la tattica e la strategia sono sussunte nella **struttura narrativa** del racconto politico. Il compito di una buona struttura narrativa è quello di **agganciare**, **trattenere** e **soddisfare l'attenzione emotiva** dell'elettore.

Due tipi di storie
Le **strategie narrative** hanno un solo obiettivo: il **coinvolgimento emotivo** dello spettatore/lettore/elettore col protagonista della storia.
Ogni narrazione racconta due vicende: quella esteriore (le peripezie del protagonista) e quella interiore (il cambiamento psicologico del protagonista).
Ne risultano due tipi di storie: quelle che danno più peso alle peripezie (Spielberg, Lucas) e quelle che danno più peso alla vicenda interiore (Bergman, Fellini). Bergman è un cineasta molto profondo, ma pessimo nelle scene di inseguimento fra automobili.
L'ibrido riuscito fra le due modalità (peripezie/vicenda interiore) dà il film di genere che continua a sedurre nel tempo (Hitchcock).

La lotta interiore del personaggio costituisce il **sotto-**

testo. Un sottotesto è più emozionante quando riguarda le due polarità narrative fondamentali: **amore/odio** e **vita/morte**.

La narrazione che privilegia il sottotesto è meno prevedibile e il suo protagonista raggiunge una maggior intimità con lo spettatore/lettore/elettore. Il coinvolgimento emotivo viene inoltre favorito dall'uso di **dialoghi** carichi di tensione e/o spiritosi e/o sorprendenti. Partecipano di questo senso, nella narrazione berlusconiana, gli attacchi contro i "nemici", le barzellette, le smentite inverosimili.*

* A Lolito sfugge del tutto che la menzogna, in un uomo politico, ha sempre un carattere tirannico e per questo motivo, non per moralismo, nelle democrazie compiute viene considerata un inganno inaccettabile. Il cittadino vota sulla base dei fatti. Le bugie di un politico, alterando la realtà dei fatti, alterano la democrazia.

Ritroviamo lo stesso carattere totalitario nell'uso strumentale della barzelletta per dissimulare le proprie nefandezze. Davanti alla Confartigianato, il 15 giugno 2009, Berlusconi si è congedato dicendo: – *Scappo, sto combinando un matrimonio tra Noemi e quell'avvocato inglese... come si chiama? Mills, e porto in dono l'offerta di un viaggio di nozze su un aereo di Stato, naturalmente a gratis.* –

Fra l'altro, come risulta dagli atti del processo per corruzione in cui Mills è stato condannato perché corrotto da Berlusconi, Berlusconi conosce Mills di persona: ad esempio l'ha incontrato al Garrick Club di Londra per discutere delle società estere ("la Repubblica", 14 giugno 2009, p. 6); dopo la condanna di Mills, Berlusconi ha però negato di conoscerlo di persona ("Corriere della Sera", 13 giugno 2009, p. 9). Vi prego di notare, pertanto, il piccolo atto mancato (*"quell'avvocato inglese... come si chiama?"*) con cui l'inconscio berlusconiano libera l'energia della verità repressa (*"Conosco benissimo Mills"*). La cosa mi fa sorridere perché, all'epoca dell'editto bulgaro, Berlusconi riservò a me lo stesso trattamento. (*"L'uso che Biagi, come si chiama quell'altro...? Santoro, ma l'altro... Luttazzi, hanno fatto della televisione pubblica, pagata coi soldi di tutti, è un uso criminoso. E io credo che sia un preciso dovere da parte della nuova dirigenza di non permettere più che questo avvenga."*) Gli ero rimasto impresso eccome, al caro Lolito.

Due modalità di narrazione

La voce del narratore, cioè la sua opinione su storia e personaggi, può essere nascosta nella struttura/trama, oppure resa più esplicita e portata in superficie. Nel primo caso la modalità narrativa è tradizionale (lineare), nel secondo è moderna (non lineare).

a) narrazione lineare

Ogni narrazione lineare è la storia della **crisi** di un personaggio: un **evento iniziale** sconvolge la vita del protagonista e lo costringe a un **conflitto** che mette in moto una serie di **decisioni** e di **conseguenze** di portata crescente fino al **dilemma** ultimo e alla soluzione del problema iniziale.

Il modello narrativo lineare svolge la trama in **tre atti**. Il primo introduce i personaggi e la crisi, creando il legame emotivo col protagonista; il secondo è quello delle complicazioni crescenti: racconta il conflitto fra protagonista e antagonista approfondendo le psicologie, risolve la tensione drammatica principale, opera un cambiamento nel protagonista; il terzo è un test che mette alla prova se il cambiamento avvenuto nel protagonista durante il secondo atto è vero, attraverso una nuova tensione drammatica originata dalla soluzione precedente.

Tensione drammatica: il protagonista vuole a tutti i costi qualcosa e ha difficoltà a ottenerla.

Domande drammatiche: riuscirà nel suo intento? Qual è la posta in gioco? Chi pagherà il prezzo del fallimento?

Sono queste domande a tener desta l'attenzione emotiva dello spettatore/lettore/elettore.

Quanto alla trama, le storie sono di due tipi: inseguimenti e fughe.

Durante la narrazione, l'attenzione dello spettatore/lettore/elettore viene sollecitata da **anticipazioni** e da **sor-**

prese nella trama e nei personaggi (bugie, false impressioni, cambi di ruolo), che si presentano sotto forma di **rivelazioni** e/o di **rovesciamenti della sorte** (punti di svolta).*

* Segreti e rivelazioni sono tecniche potenti per favorire l'intimità fra protagonista e pubblico. Lo **scandalo D'Addario** ha reso Berlusconi più intimo: la sua vicenda umana si è di colpo caricata di emozione e di interesse. Altrove, per molto meno, un politico si sarebbe dimesso. Berlusconi no: sia perché ha troppo da perdere, sia perché conosce gli italiani.

I punti di svolta riguardano sempre il protagonista.

Ogni atto di una storia passa al seguente attraverso un **punto di svolta principale**: I e II.

Il punto di svolta fra primo e secondo atto presenta una **falsa soluzione** al dilemma centrale.

Il punto di svolta fra secondo e terzo atto è quello cruciale e riassume in sé la trama del film.

Ogni narrazione efficace porta il conflitto a un acme secondo un **livello crescente** di difficoltà e di sorprese. Una breve pausa nelle peripezie, all'inizio del secondo e del terzo atto, permette la necessaria riflessione dello spettatore; e all'autore di allestire le premesse per le scene successive, approfondendo la conoscenza dei personaggi e dei sottotesti.

Tipi di conflitto: uomo contro uomo, uomo contro ambiente, uomo contro se stesso.

Il dilemma del protagonista viene illustrato dai **personaggi secondari** della storia. I personaggi secondari articolano le due opzioni fra cui il protagonista deve scegliere. Fra l'ambasciatore americano Ronald Spogli che lo attendeva con cinquecento ospiti della Fondazione Italia-Usa la sera delle elezioni di Obama, e una notte con una puttana, Berlusconi scelse la puttana.

Il protagonista affronta il **sottotesto** attraverso la relazione coi personaggi secondari. Ne *L'appartamento* di Billy Wilder il protagonista (Baxter, interpretato da Jack Lemmon) deve scegliere fra opportunismo (fare carriera) e idealismo (l'amore per Fran/Shirley MacLaine). Sheldrake e gli altri dirigenti assicurativi sono opportunisti e crudeli, Fran e il vicino di casa sono idealisti e amici. Sono i vari sottotesti a dare risonanza emotiva a una storia; e a far partecipare il pubblico alla vicenda, mettendolo in grado di anticipare gli eventi o di esserne sorpreso.

I personaggi di una storia sono sviluppati secondo **polarità**: di aspetto e/o di personalità. Le polarità sono il trucco più semplice per raccontare il conflitto di una storia. I personaggi secondari servono a raccontare le due facce del dilemma e a rendere accettabile il protagonista. In *Taxi driver*, il pubblico riesce a identificarsi col protagonista, il sociopatico omicida Travis Bickle, perché la personalità ottusa dei personaggi secondari fa risaltare il suo animo sensibile. A confronto del razzismo becero di un Borghezio, Bossi risulta un moderato.

Analisi secondo il genere
La storia di Berlusconi è un ibrido di due generi: il *thriller* e il melodramma.

Il *thriller* è il genere dell'inseguimento: il protagonista deve scappare e il tempo a sua disposizione è poco (spesso il tempo è il vero antagonista).
Il protagonista deve raggiungere un obiettivo (leggi *ad personam*, mordacchia alla magistratura e alla stampa) o è perduto.

Il melodramma è il genere che narra l'ascesa sociale del protagonista attraverso le ripercussioni di tale ascesa sulle dinamiche famigliari: l'obiettivo del protagonista è il potere, la storia termina con la punizione del protagonista.

Nel *thriller* predomina la trama, nel melodramma il sottotesto. L'ibrido fra i due generi, favorito dalla somiglianza di tono (realistico), permette l'interscambio delle caratteristiche strutturali: il melodramma prende dal *thriller* gli elementi legati alla trama, il *thriller* prende dal melodramma quelli legati al sottotesto.

Analisi secondo la trama e il sottotesto
Berlusconi è il protagonista di due vicende parallele: quella *vera* (il suo tentativo di sfuggire alla giustizia dopo i reati commessi per edificare il suo impero mediatico/politico) e quella *inventata da lui* (è un bravissimo statista che fa il bene del Paese, ha l'appoggio del Vaticano e una famiglia splendida, ma è perseguitato dai comunisti).*

* Chi racconta la storia vera fa giornalismo, chi racconta la storia inventata fa propaganda. Non capisci la differenza? Tranquillo: neppure Mario Giordano e se la passa benissimo lo stesso.

Nella vicenda *vera* di Berlusconi, il dilemma centrale è: riuscirà Berlusconi a sfuggire alla giustizia? (Falsa soluzione: lodo Alfano.)

Nella vicenda *inventata* da Berlusconi (quella secondo cui è un bravissimo statista eccetera) la lettera di Veronica Lario a "Repubblica" ("*mio marito è malato e frequenta minorenni*") è il **punto di svolta I** che ha aperto il secondo atto. Non solo: ha anche unito la vicenda inventata a quella vera, portato in luce il sottotesto melodrammatico, accelerato i tempi e aumentato l'urgenza della narrazione. (Falsa soluzione: negare anche l'evidenza. Complicazioni crescenti: Mills, Noemi, gli attacchi della stampa internazionale, i dissensi nella maggioranza di governo, l'insoddisfazione di Confindustria, le proteste dei terremotati per le bugie di Berlusconi sugli aiuti, le foto a villa Certosa, i periodici cattolici che lo incalzano, infine il "Corriere" che cala l'asso di poppe: Patrizia D'Addario e le ragazze a pagamento dentro palazzo Grazioli.)*

* Titolo per "Libero": "Attento, Silvio! Si può morire durante un pompino anche senza essere Ungaretti".

Con l'accumularsi di notizie che lo riguardano, una più indecente dell'altra (Mills, Naomi, D'Addario), Berlusconi ha strillato al complotto. Ma se sei presidente del Consiglio devi saperlo, che sei dentro il continuum spaziotemporale! Niente: alle domande della stampa, lui non risponde. Non vuole rovinarci la sorpresa.

Questo secondo atto della storia di Berlusconi (la corruzione personale distrugge la famiglia del protagonista e lui stesso) è una parodia ironica del primo (le mille virtù ostentate dal protagonista) ed è molto più interessante, come capita sempre quando l'attrito fra passato e presente provoca l'incendio di una foresta interiore.*

* Non avete una foresta interiore? E una scarpa interiore? Allacciatevela.

Il **punto di svolta I** è quello di non ritorno. (Berlusconi: – *Qui mi gioco tutto.* –)

Dopo il punto di svolta I, i fatti accadono *nonostante* quello che il protagonista vuole: le cose non potranno più essere come prima. (Berlusconi non diventerà mai presidente della Repubblica, come si proponeva nel primo atto.)

La tensione del secondo atto è tutta nell'attesa del momento in cui il protagonista sarà costretto a confrontarsi col passato da cui fugge (la Corte Costituzionale dichiara illegittimo il lodo Alfano, Berlusconi va finalmente a processo per aver corrotto Mills, fine del regno Birbonico).*

* La scena del confronto fra protagonista e antagonista è detta **scena obbligata** e racchiude la trama della storia. Quella fra Berlusconi e la giustizia è la *scena obbligata* della sua storia. Lo scontro fra Berlusconi e i comunisti è invece una scena obbligata *inventata* e ha lo scopo di distogliere dalla trama vera l'attenzione dello spettatore/lettore/elettore. In questi ultimi quindici anni, i critici letterari che hanno cercato di riportare l'attenzione del pubblico verso la trama vera sono stati demonizzati come "giustizialisti" dai vari fan del Balzac di Arcore.

26 giugno 2009: mancano pochi mesi alla decisione della Corte Costituzionale sul lodo Alfano, e la cena privata a casa di un giudice della Consulta (Luigi Mazzella) con Berlusconi, Letta e Alfano e un secondo giudice della Consulta (Paolo Napolitano) ha già fatto sollevare più di un sopracciglio. La replica di Mazzella ("*Berlusconi è un mio vecchio amico, a cena invito chi voglio*") non risolve l'inopportunità dell'invito, che pregiudica la terzietà del giudice. Che fine farà la scena obbligata?

L'**arco** del personaggio è la trasformazione indotta in lui dalla vicenda. Ciò che il personaggio vuole (desiderio conscio) è diverso da ciò di cui ha bisogno (bisogno inconscio). Le sofferenze della storia lo costringeranno a capire il suo bisogno inconscio e lo porteranno a lasciar perdere il desiderio conscio. La nuova verità raggiunta è la morale della favola.*

* Per ora (le 13 ora locale, le 7 a Chicago, le 21 a Tokyo, orario di apertura a Wall Street e l'alba alle Cayman), il desiderio conscio spinge Berlusconi a contrastare l'azione dei magistrati che indagano su di lui. La giustizia gli sta stretta. Lui è Berlusconi, cribbio! È come se Tiger Woods fosse costretto a giocare a golf in uno sgabuzzino.

Risolta la vicenda esteriore (il protagonista raggiunge il suo obiettivo, oppure no), il terzo atto affronta quella interiore (il protagonista ha la possibilità di redimersi: o capisce il suo errore e lo espia; o non lo capisce ed è perduto per sempre).

L'unico tipo di personaggio strutturalmente privo di arco drammatico è il personaggio comico. Il personaggio comico, durante tutta la narrazione, interpreta una totale assenza di dubbi. Berlusconi: "*Io sono fatto così e non cambio. Se mi vogliono, sono così. E gli italiani mi vogliono: ho il 61%. Mi vogliono perché sentono che sono buono, generoso, sincero, leale, che mantengo le promesse*". (Ansa, 26 giugno 2009, a pochi giorni dallo scandalo della *escort* a pagamento nel suo letto grande a palazzo Grazioli.) Berlusconi è un personaggio comico. Un personaggio comico che, quando scivola sulle bucce di banana, si porta dietro il Paese.

L'eroe è una figura diversa. L'arco drammatico ne isola due tipi: quello alla Spielberg e quello alla Soderbergh. Il protagonista dei film di Spielberg è uno di noi che, alla fine, risolve il problema. Il protagonista dei film di Soderbergh è di solito distante da noi e, alla fine, fallisce. Veltroni era in un film di Soderbergh.

Comico o eroe, il protagonista di una storia deve essere **vitale**. Se lo è, è facile rispondere alla domanda: – *Cosa farebbe questo personaggio se non fosse costretto a stare in questa storia?* – Per Berlusconi le risposte potrebbero essere mille: è un personaggio ipervitale. Per Franceschini, risposta non c'è. O forse chissà / caduta nel vento sarà.

Il motivo per cui le storie piacciono è che finiscono. Quella di Berlusconi, col suo continuo rinvio della scena obbligata, comincia a rompere le palle.

b) narrazione non-lineare
La narrazione lineare rende passivo lo spettatore/lettore/elettore. Quella non-lineare invita invece lo spettatore/lettore/elettore a fare delle scelte. Le forze di sinistra adotterebbero questa modalità narrativa, se sapessero il fatto loro.

Le caratteristiche della narrazione non-lineare sono illustrate dal film *Magnolia* di Paul T. Anderson: protagonisti multipli le cui vicende sono unite da un tema.

Non c'è l'identificazione del pubblico con un protagonista che ha un obiettivo.
Non c'è arco drammatico, ma una serie di situazioni che vengono esplorate.
Il coinvolgimento emotivo non passa attraverso la trama, ma attraverso l'**intensità** della singola scena. L'enfasi è sul *mood,* non sulla peripezia.

Il principio strutturale può essere la cronologia (*Pulp Fiction*), un avvenimento (*La sottile linea rossa*), un luogo (*Exotica*), una famiglia nel corso di tre generazioni (*Happiness*), un tema (*Prima della pioggia*), un'idea (*32 piccoli film su Glenn Gould*), un oggetto (*Il violino rosso*), un'utopia cui tendere (il comunismo, l'anarchia).

Il tono delle storie non-lineari è meno prevedibile di quelle tradizionali ed esprime la voce dell'autore.

L'energia narrativa, ovvero ciò che crea il coinvolgimento emotivo, viene dalla **singola scena**: dal conflitto raccontato in ogni singola scena, dai dialoghi sorprendenti fra i personaggi, dall'esagerazione delle situazioni (lo sciopero della fame di Pannella) e dai cambi di tono (Franceschini che attacca Berlusconi contiene il tracollo Pd alle europee).

Una narrazione efficace è dotata di **urgenza** e **vitalità**, espressioni della passione con cui si affrontano i problemi. La proposta politica del Pd è così poco urgente e così poco vitale che a una giovane (Serracchiani) basta fare un intervento con un po' di piglio per segnalarsi come questa grande novità.

Qual è il punto di un intervento politico efficace? Deve avere una **funzione drammatica**: deve cioè mettere in gioco qualcosa di importante per il protagonista.

La forma narrativa più idonea alla sinistra è il *reportage*. La sinistra dovrebbe disertare *Porta a porta* o *Ballarò*, strutture di narrazione lineare, e saturare invece la tv di dispacci documentaristici (strutture non-lineari) che mostrino l'urgenza dei problemi reali e la vitalità delle proprie soluzioni.

Il sondaggista/consulente marketing del Partito repubblicano **Frank Luntz** (un tipetto scaltro secondo cui un sondaggio è "*porre una domanda in modo da ottene-*

re la risposta giusta") è diventato un esperto, insieme al socio Mike Maslansky, nello sfruttamento strategico della **comunicazione simbolica**. Il simbolo è la forma più incisiva di collegamento fra le parole di un politico e il suo mondo di valori. La comunicazione contemporanea si gioca tutta sul piano emotivo dei simboli; una narrazione ha impatto emotivo se le parole impiegate creano il simbolo giusto; un simbolo è giusto quando il pubblico lo ascolta.

Attraverso ricerche basate sulla *risposta immediata* (che è sempre emotiva), Luntz & co. hanno scoperto che l'elettorato accoglie un simbolo solo se fa parte del proprio mondo di valori. **Esempio**: le ricerche evidenziano che poter scegliere il proprio medico è un valore importante per l'elettorato conservatore. Se un politico di destra parla di riforma sanitaria senza porre l'accento sulla *libertà di scegliere* il medico, l'elettorato conservatore non lo ascolterà. Altro esempio: la maggioranza degli elettori è d'accordo sulla tassa di successione ("*È giusto che i ricchi vengano tassati*"), ma se la rinomini "*tassa sulla morte*" l'opinione cambia: la maggioranza è contraria. Ancora: pochi sono d'accordo sulla politica di destra di taglio ai servizi, ma basta ridefinirli "*sacrifici condivisi*" e la manovra viene accettata dai più. La stessa diavoleria conservatrice (connotazione positiva o negativa a seconda della convenienza ideologica) si ottiene parlando di *libero mercato* invece di *globalizzazione*; *ipertassazione* invece di *outsourcing*; *sicurezza dei confini* invece di *lavoratori senza documenti*; *esplorazioni in campo energetico* invece di *trivellazioni petrolifere*. **Accettare una definizione è accettare una conclusione**. È il potere simbolico delle parole.

L'efficacia di questa nuova retorica, naturalmente, genera effetti catastrofici quando dà forza alle balle: per quindici anni, in Occidente, la politica ha talmente sottolineato i lati positivi del rischio finanziario che i mutui non venivano vissuti più dalla gente come pericolosi e le banche ne hanno approfittato a man bassa. Risultato: il crac mondiale delle Borse. Sul piano simbolico, adesso la recessione ha già imposto un nuovo *frame* di valori imperniati sulla **responsabilità**: 1) prendersi cura di sé e della propria famiglia; 2) protezione dalle sorprese finanziarie; 3) scegliere la spesa più conveniente. La catena Wal-Mart ha trovato lo slogan più efficace per i tempi che corrono: *"Risparmia soldi. Vivi meglio"*.

Per questo motivo, suggerisce Maslansky, un partito non dovrebbe perdere tempo a fare dichiarazioni di principio, ma farebbe meglio a indicare un traguardo ambizioso e poi sottolineare i passi che la sua politica sta facendo per raggiungerlo. (È la strategia berlusconiana delle *Grandi opere*.)

Al punto 8 delle sue **strategie di contesto**, Luntz ricorda ai candidati che devono "essere *per* qualcosa, non solo *contro*". Veltroni si limitò a usare questa frase come slogan, invece di applicarla attraverso esempi simbolici. Risultato: gli elettori non hanno ancora capito in cosa consista, di preciso, il riformismo; e il Pd continua a perdere voti. Al punto 10, Luntz raccomanda di cominciare e finire i discorsi rimarcando il simbolo più importante per un politico: l'**affidabilità**. Con le sue continue baruffe chiozzotte, il Pd è diventato il simbolo dell'inaffidabilità.

Questo per l'attacco. Quanto alla difesa, se un politico, un partito o un'azienda subiscono una campagna fatta di simboli negativi, non serve a molto ribattere con la propria versione dei fatti o far finta di nulla sperando che la gente dimentichi: l'unica controffensiva efficace è trovare **nel punto di vista altrui** simboli emotivi che lavorino per la tua causa. Il simbolo *dimostra* la tua narrazione, dandole **credibilità**. *Tutto* ciò che uno fa, dice o in cui crede è importante, ai fini simbolici. Ecco perché la rivelazione di Veronica Lario (*"mio marito è malato e frequenta minorenni"*) è stata così devastante per Lolito, e la strategia berlusconiana (mentire, smentire, far finta di niente, attaccare e minacciare la stampa, infangare gli antagonisti) così inutile e controproducente: sciupata la credibilità costruita con anni di narrazione emotiva, Berlusconi ha perso in un mese (giugno 2009) il 30% della sua popolarità (dal 76% al 45%).

Note

[1] Licio Gelli, maestro venerabile della Loggia P2, autore di quel *Piano di rinascita nazionale* di cui Gelli considera Berlusconi, tessera P2 n.1816, il realizzatore, è stato condannato a dieci anni di carcere per depistaggio sulla strage di Bologna e a dodici anni per la bancarotta fraudolenta del Banco Ambrosiano e poi scarcerato per "gravissime condizioni di salute" che non gli impediscono di fare l'opinionista a Odeon tv.

[2] Elenco lungo? Gli ci è voluto un po' per capire cosa gli riesce meglio.

[3] Dalla sentenza di condanna in primo grado a nove anni di carcere per associazione mafiosa. Curiosità: di recente, due mafiosi in auto (Letterio Ruvolo e Antonino Caruso) sono stati intercettati dai carabinieri. Ecco cosa dicevano:
Ruvolo: – Il nome di là non lo dobbiamo nominare. –
Caruso: – Qual è? –
Ruvolo: – Dell'Utri, hai capito? (...) Noi siamo a che fare col governo regionale. Il governo regionale è qua, il governo nazionale è là. (...) quel nome non deve esistere... completamente. – ("L'espresso", 11 giugno 2009, p. 24)

[4] In Italia il 29% degli elettori decide il voto l'ultima settimana di campagna elettorale; il 9% decide in cabina (dati: Censis, giugno 2009).

[5] Sondaggio Ipsos aprile 2009 sulle intenzioni di voto: operai 43% Pdl, 15% Lega, 22% Pd.
Su temi specifici, la gente è spesso incapace di discernere quale sia il proprio interesse. Fra gli americani secondo cui i ricchi dovrebbero pagare più tasse, il 68% è d'accordo sull'abolizione della tassa di successione, che riguarda solo il 2%, ricchissimo, della popolazione. (cfr. Larry M. Bartels, *Unenlightened Self-Interest,* "The American Prospect", 17 maggio 2004)

[6] Sceneggiatore che però deve essere stato licenziato poco prima del colpo di scena di Veronica Lario (*"Mio marito è malato e frequenta minorenni"*): una Lario "insufflata dai giornali di sinistra" era una baggianata inverosimile anche per gli standard cui ci ha abituato il nostro Lolito. Una cazzata fissile che ha liberato megatoni di energia gossip. Fra le vittime da ra-

diazione, Ghedini: prima il lapsus su Silvio "solo utilizzatore finale" di donne a pagamento, poi il *tacòn* su Silvio che potrebbe avere "grandi quantitativi gratis" di donne. Niccolò, viviamo in una società. Si suppone che ci si comporti in maniera civilizzata.

[7] 14 giugno 2009: dopo l'incontro amichevole col dittatore Gheddafi, definito da Berlusconi "un cliente originale", Silvio spiega ai giornali la propria ricetta vincente: la "politica del cucù". Il suo stile informale, in realtà, crea sempre il panico nelle diplomazie. C'è chi teme che, di questo passo, Berlusconi sarà il primo presidente del Consiglio a salutare i leader stranieri strizzandogli il pacco.

[8] Ma le assemblee numerose sono una garanzia contro chi potrebbe corromperle pagando. E un Parlamento striminzito non è rappresentativo: come dovrebbe, invece, dato che fa leggi cui tutti sono tenuti a ubbidire. *"Senza un Parlamento dotato di reali poteri, non può esserci democrazia."* (Anthony Giddens)

[9] Resti agli atti che la maggioranza non è insorta in difesa del sistema parlamentare. Parri aveva ragione: in Italia il tratto permanente della società è la sua anima demagogica, populista, plebiscitaria, autoritaria. Quando questa vena riaffiora, gli italiani si rivelano per lo più arci-italiani alla Giuliano Ferrara. Gli anti-italiani alla Giorgio Bocca sono da sempre, purtroppo, una minoranza.

[10] Berlusconi: – *Mi attaccate perché siete invidiosi!* – Sì, siamo invidiosi dei tuoi reati.

[11] La contraddizione è esplosa con la chiusura dello stabilimento Indesit di None. Consigliere di amministrazione: Paola Merloni, deputata Pd. Sei colleghi del Pd hanno accusato i titolari della Indesit, Merloni compresa, di delocalizzazione selvaggia, indifferenza per il destino dei dipendenti, speculazione industriale; e hanno invitato Franceschini a sfilare per protesta con loro davanti alla fabbrica torinese. La Merloni: – *Mi auguro che il segretario rifiuti.* – Secondo voi che ha fatto, Franceschini? Lo so, è sfidare le leggi della fisica.

Ufficio torte in faccia
Gasparri a *Ballarò* attacca il Pd con la storia della deputata Merloni, ignaro di avere di fronte un consigliere di amministrazione Indesit, il presidente delle FS Innocenzo Cipolletta.

[12] Sublime la dichiarazione di Berlusconi alla Cnn durante le polemiche sul caso Noemi: "*Mai fatto gaffes*".

[13] Il nostro bravo Lolito preferisce attaccare i giudici. Poi il Pd perde le elezioni in Sardegna e i media berlusconiani danno la colpa a chi? All'alleanza del Pd con Di Pietro. Sanno come raccontare la storia di Berlusconi. Menta-

na ha riferito a "Vanity Fair" del suo disagio a una megacena coi top giornalisti Mediaset. – *Sembrava un comitato elettorale.* – Se ne avesse parlato prima della defenestrazione, avrebbe evitato di essere preso per il culo da Confalonieri: – *Mentana ci è rimasto per diciotto anni, nel "comitato elettorale".* –

[14] Il vertice, che ha visto protagonista una delegazione di ministri e di finanzieri libici, si è tenuto il 12 febbraio 2009. Dove? A palazzo Grazioli, la residenza privata di Berlusconi. Le *escort* quella volta furono Geronzi, Nagel e Tarak ben Ammar.

Promemoria Telecom

"L'espresso" ha riassunto la girandola di fusioni societarie fatte da Telecom sotto la gestione di Tronchetti Provera. **2001**: la Pirelli guidata da Tronchetti Provera compra il 23% di Olivetti dalla lussemburghese Bell, che controlla il 52% di Telecom Italia. **2002**: il Tesoro vende le proprie azioni Telecom. **2003**: Telecom si fonde con Olivetti. **2005**: Telecom incorpora Tim. **2006**: Tronchetti Provera si dimette da presidente di Telecom Italia. **2007**: la cordata formata da Telefonica, Mediobanca, Generali, Intesa Sanpaolo e Benetton crea una nuova società, Telco, che rileva la quota di Pirelli in Olimpia e finisce per avere il 23% di Telecom Italia.

[15] Il programma economico neoliberista venne imposto a tutta l'America Latina negli anni ottanta e novanta. Oggi, Argentina e Venezuela hanno estromesso il Fondo monetario internazionale e l'opposizione alla globalizzazione economica si sta estendendo su scala mondiale, mentre l'economia sta tornando ai rapporti di forze del 1700, quando India e Cina rappresentavano insieme metà del PIL mondiale.

[16] È il motivo per cui Berlusconi non può invocare il riserbo e lagnarsi del risalto che la stampa ha dato alla vicenda Veronica Lario/Noemi/divorzio: lui per primo ha sbandierato continuamente la propria intimità famigliare a scopo di propaganda politica. La contronarrazione di Veronica trae forza, oltre che dalla verità del proprio dolore di moglie, dalla attivazione pubblicitaria preesistente. E l'incantesimo della favola berlusconiana è rotto. Un incantesimo potente, se anche Franceschini e Di Pietro (insieme con i maggiordomi di destra) all'inizio arrivarono a bollare la vicenda come una "questione privata", dimenticando non solo che, nei paesi civili, la responsabilità di governo si accompagna all'obbligo di trasparenza; ma soprattutto che il privato è politico, come ha insegnato il femminismo. Solo una penna ruffiana può poi invocare quel limite *per rendere un servizio alla causa italiana nel mondo*. (Pigi Battista, "Corriere della Sera", 5 maggio 2009, editoriale).

[17] A ridosso delle europee/amministrative/referendum 2009, Feltri si è incaricato del *remake*. Quindici album fotografici sulla vita di Berlusconi allegati a "Libero". Cancellato all'ultimo momento il volumetto su Veronica Lario, a causa dello scandalo Noemi/divorzio. Estate 2009: Feltri promosso alla direzione del "Giornale". Perché Feltri giornalista non ha eguali. Superiori, sì, eguali no.

[18] Questa fantomatica abilità canora di Berlusconi è tutta da verificare. A Napoli un cameriere lo ha sentito cantare e adesso i medici non riescono più a estrargli le dita dalle orecchie.

[19] Dall'8 settembre 1943 al 25 aprile 1945, ogni italiano ebbe venti mesi di tempo per decidere da che parte stare. Per esempio, i soldati della Divisione Monterosa, arruolati nell'esercito RSI perché di leva, dopo l'addestramento in Germania tornarono in Italia e scelsero in gran numero di unirsi alle Brigate Garibaldi. Per quanto rischioso, fu possibile decidere fra democrazia e dittatura.

[20] Marketing elettorale. Una settimana dopo, "la Repubblica" dedicò una pagina intera alla notizia che Franceschini, in un convegno, aveva rivalutato il Pci di Berlinguer.

[21] Anche Bossi lo sa ed è attentissimo a distinguere, ogni volta che può, la Lega dal Pdl. Come sul caso Englaro: Berlusconi attacca Napolitano, Bossi difende Napolitano. L'analisi narratologica svela così che il vero avversario della Lega non è il Pd, ma il Pdl. Io ho scritto questo monologo nell'agosto del 2008. Nove mesi dopo Chiamparino e Cacciari aprono alla Lega, mentre Bossi ringrazia il Pd per l'astensione sul voto al federalismo fiscale. L'analisi narratologica aveva previsto questo avvicinamento.

[22] C'è un *continuum* fra nascita del *welfare state* nel dopoguerra, crisi economica degli anni settanta, mondializzazione, perdita di sovranità degli Stati nazionali, impossibilità da parte degli Stati nazionali di politiche che governino lo sviluppo economico, il *welfare state* accusato di essere un limite allo sviluppo e la condizione attuale (precarietà e disoccupazione di massa, individualizzazione dei rapporti di lavoro, riduzione dei sistemi di protezione sociale).

[23] Rimando gli scettici a un editoriale confezionato da Scalfari in vista delle europee: spara contro Berlusconi tre balle propagandistiche ("*Lo preoccupa la spina quotidiana di Franceschini*", "*Il solo con cui Berlusconi va a nozze è Di Pietro*", "*il nemico di Di Pietro non è Berlusconi ma il Pd*") per concludere con un appello al voto rivolto agli astensionisti: "*Non ha senso temere una svolta autoritaria che è sotto gli occhi di tutti e astenersi*". Svolta autoritaria? Proprio quello che sostiene Di Pietro almeno da due anni: molto prima che Franceschini prendesse a scimmiottarlo. Risultato dell'appello di Scalfari: sconfitta dell'opposizioncella Pd alle europee/amministrative 2009, raddoppio di Di Pietro.

L'imitazione dei temi dipietristi venne svolta da Franceschini con riluttanza: era il vice di Veltroni quando questi stigmatizzava la "demonizzazione di Berlusconi" fatta da Di Pietro. La riluttanza porta a strategie confusionarie: Franceschini interviene sul referendum elettorale dicendo che "*l'Italia è a rischio Turkmenistan*" e poi invita a votare sì. A chi gli fa presente (un Di Pietro rinsavito: era fra i promotori del referendum!) che la vittoria dei sì consegnerebbe al partito di Berlusconi, anche se ottenesse solo un voto in più rispetto al secondo classificato, un premio di maggioranza indecente (il 53,9% dei seggi alla Camera e il 55% di quelli al Senato), Franceschini replica che tornare indietro sulla decisione presa dalla direzione Pd *significherebbe non essere un partito, ma solo un gruppo di persone impaurite*". ("Corriere della Sera", 4 maggio 2009, p. 13) Impaurite, ma almeno saprebbero fare politica. La speranza di Franceschini (vincono i sì, poi facciamo una nuova legge elettorale) era quanto meno ingenua: se avessero vinto i sì, Berlusconi sarebbe andato subito alle elezioni per prendersi la maggioranza assoluta, con l'ulteriore vantaggio di eliminare per sempre il potere di ricatto della Lega (che infatti diserterà il referendum). Il sistema elettorale che sarebbe risultato dalla vittoria dei sì al referendum non solo avrebbe portato al bipartitismo coatto, ma sarebbe stato più arbitrario della legge Acerbo con cui si instaurò il regime fascista (si applicava solo se il partito con più voti andava oltre il 25%) e avrebbe violato molti principi costituzionali in blocco (eguaglianza degli elettori quanto a efficacia del loro voto, dei candidati in ordine alla loro possibilità di essere eletti, nonché del diritto alla rappresentanza politica e alla sua configurazione, che fonda la democrazia moderna).

[24] Fino a qualche anno fa, la pubblicità Alitalia sui periodici americani invitava a conoscere la cultura italiana tramite la foto di una donna dalle gambe bellissime che fa piedino a un tizio. Un economista della Bocconi ha calcolato che le perdite previste alla fine del 2009 per Alitalia ammontano a 500 milioni di euro. (*Report*, RaiTre, 24 maggio 2009) Costosino, il piedino.

[25] Veltroni il 25 ottobre: "*Basta litigi nell'opposizione*". Giusto. Guardate Veltroni e Franceschini. Mai un litigio fra di loro. Non li hanno ancora presentati.

Un mese dopo l'investitura a Franceschini, il coordinatore del Pd **Goffredo Bettini** se n'è andato. Bettini era il Gianni Letta di Veltroni. Il suo peso politico era notevole e proporzionale al suo peso corporeo: 120 chili. Ma quanto peserebbe Goffredo Bettini sugli altri pianeti? Vediamo la tabella.

Peso di Bettini sugli altri pianeti
Mercurio: 45 kg
Venere: 108 kg
Marte: 105 kg
Giove: 306 kg
Saturno: 1296 kg
Urano: 109 kg
Nettuno: 137 kg
Plutone: 12 kg

In pratica, su Plutone Bettini sarebbe Rutelli.

Bettini doveva essere qui con noi questa sera, ma l'elicottero non ce l'ha fatta a sollevarsi dal suolo.
No, è rimasto a Roma per una conferenza stampa. Al termine della conferenza stampa, Bettini si è mangiato Anna Finocchiaro.

[26] Questa mia battuta, improvvisata sul palco del Gran Teatro di Roma nell'ottobre 2007 è piaciuta così tanto che, una settimana dopo che l'ho detta in tv a *Decameron*, è stata ripresa da **Benigni** su RaiUno, e la settimana dopo ancora dalla **Littizzetto** su RaiTre. È bello vedere che, dopo tutto, dalla Rai non me ne sono mai andato. Grazie comunque ai critici televisivi che se ne sono accorti. (Nessuno.)

[27] 27 maggio 2009: Franceschini affida a un servizio fotografico di "Chi" (Mondadori) il suo tentativo di colmare la lacuna narrativa. Titolo: "*La mia casa delle libertà*" (Farsi incorniciare dal *framing* dello slogan berlusconiano è già un passo falso. Tutto "Chi", del resto, è *framing* berlusconiano.) Franceschini: – *Ogni giorno ricevo attacchi e insulti da Di Pietro, ai quali non ribatto. Trovo sia sterile litigare quando si è dalla stessa parte. Con lui certo non andrei in vacanza.* – (Franceschini fa proprio l'attacco berlusconiano a Di Pietro.)
Finito il servizio, volti pagina e c'è la seconda puntata dell'ennesimo album fotografico su Berlusconi ("*Le grandi esclusive*"), dedicato stavolta al rapporto di Silvio coi figli. – *Papà impegnava il suo tempo libero per farci divertire,* – racconta Piersilvio. ("Chi" tenta in pratica di ricomporre il monumento sbriciolato da Veronica dopo lo scandalo Noemi: – *Non è mai venuto alla festa dei diciott'anni dei suoi figli.* –) Lirismo di una propaganda da cinegiorna-

le: "*Sono i tempi eroici della televisione privata che si scontra presto con il monopolio Rai, ma viene salvata da un decreto legge che ne garantisce la sopravvivenza nel nome della libertà*". Tempi eroici? Salvata? Nel nome della libertà? Nulla su Craxi e All Iberian, nulla sui conflitti di interesse e sui conseguenti vantaggi politico/economici ottenuti da Berlusconi grazie al suo impero mediatico, nulla sulle coincidenze col piano P2 e sui finanziamenti da banche infiltrate dalla P2. Così si fa! Bravo Signorini. Meriti qualcosa.

Dopo lo scandalo D'Addario, "Chi" toccherà vertici pornografici con la copertina *Adesso parlo io* in cui Berlusconi è sul prato col nipotino, a strumentalizzarne l'innocenza.

[28] Al processo, Pollari ha opposto il segreto di Stato al pm che lo interrogava: – *Ho dei dubbi che possa difendermi commettendo un reato più grave, così oppongo il segreto di Stato.* – Anche Mancini, ex capo antiterrorismo Sismi, ha opposto il segreto.

Il 10 giugno 2009, il voto di fiducia sul ddl intercettazioni consegna a Berlusconi il potere di decidere se un'indagine sugli 007 può andare avanti o no.

Se mai si arriverà a una condanna per Pollari, per Pompa e per Mancini, non credo basteranno il licenziamento e la radiazione. Servirà anche una nota scritta ai genitori.

[29] Dopo le europee 2009, i vertici del Pd si sono detti soddisfatti di aver perso quattro milioni di voti! Questa è classe.

[30] Nei sondaggi gli americani cominciano a temere che Obama sia troppo diplomatico? Obama con un colpo secco uccide una mosca durante un'intervista tv. Bush, che aveva uno stile diverso, preferì sterminare centinaia di migliaia di civili iracheni.

[31] Silvio ha ripetuto il trucchetto durante lo scandalo D'Addario/mignotte: "*È spazzatura. La ripulirò come ho fatto a Napoli*". Piersilvio sbuccia una banana. La banana prende fuoco.

[32] Risultato al 16 aprile 2009, secondo il bollettino di Bankitalia: conti pubblici disastrati, crollo delle entrate fiscali (-7,2% rispetto al 2008, ovvero 4 miliardi di euro), aumento dell'evasione e record assoluto del debito pubblico (oltre i 1708 miliardi). Per una finanziaria che doveva, nelle parole di Tremonti, "*mettere in sicurezza i conti pubblici*", ci siamo quasi.

[33] Qualcuno dica a Tremonti che la politica economica è troppo complessa per lasciarla fare ai dilettanti. Lasciate che sia io, un comico, a spiegarvela. Il problema italiano è che lo sviluppo economico è consegnato alle imprese e a sinistra si è fermi alla redistribuzione delle risorse, quando basta un rialzo dei tassi della BCE per annullare conquiste salariali o elargizioni di spesa sociale. BCE che da una parte sgrida chi osa rivalutare le

pensioni più basse di appena 40 euro al mese (Padoa Schioppa) e poi sborsa miliardi di euro per soccorrere gli speculatori bancari: ed era solo il piccolo crac dell'agosto 2007.

Abbiamo visto com'è finita. Gli speculatori si sono mangiati tfr, pensioni, previdenza, assicurazione. Un anno dopo arriva il grande crac e lo Stato che fa? Usa di nuovo i nostri soldi, soldi pubblici che vengono dalle tasse, per salvare gli speculatori, cioè le banche, "sennò salta il sistema". Forse è il caso che salti, visto che funziona con questo ricatto. Un sistema in cui l'attività bancaria non è più un pubblico servizio, ma speculazione che le banche centrali assecondano, è gioco d'azzardo legalizzato.

I controlli? Inesistenti. Nessuno che si fosse mai insospettito.

– Guardi, è un affare. Mutui subprime garantiti da hedge funds garantiti da polizze index-linked garantite da una nuvola in cielo garantita da derivati. –

– Dove firmo? –

I fondi Lehman erano così tossici che i cinesi li mettevano nel latte per bambini!

Secondo un'ipotesi dell'"espresso", negli ultimi cinque anni le maggiori banche italiane avrebbero eluso le tasse per 3 miliardi di euro con un meccanismo di trading fiscale che quest'estate il fisco Usa, non a caso, ha proibito. E adesso queste stesse banche chiedono aiuto allo Stato!

C'è voluto il crac mondiale delle Borse perché si capisse che il mercato finanziario deve tornare a essere regolamentato, e l'intermediazione finanziaria una questione di pubblica utilità, non un meccanismo di arricchimento a danno dei più deboli. E dopo che l'hanno capito, si sono divisi altre stock-options. Fra gli esperti c'è comunque chi si dice convinto che le nuove regole bancarie cambieranno radicalmente il modo di aggirarle.

[34] A Davos, da qualche anno, si tiene il Forum economico nazionale per l'integrazione economica planetaria, nell'esclusivo interesse della finanza e delle banche. I media dominanti danno all'evento ogni risonanza possibile. I giornalisti che se ne occupano credono di essere liberi di scrivere ciò che vogliono. In realtà, se esprimessero opinioni contrarie al neoliberismo, non avrebbero accesso al club dei commentatori di prestigio. Poca risonanza invece a Porto Alegre, dove la Conferenza mondiale dei contadini rappresentava da sola la maggioranza della popolazione del pianeta.

[35] Il governo Berlusconi non dimentica però mai lo slogan "sostegno alle famiglie". Il riferimento alla famiglia e ai suoi diritti, e mai ai diritti del singolo individuo, è infatti un framing ideologico di destra.

L'imprenditore al giovane dipendente: – Sì, lo so che con la paga da precario che ti do non riuscirai mai a sposarti. E un giorno mi ringrazierai. –

[36] Uuuh, l'approfondimento di Riotta! Quant'era profondo, quell'approfondimento. Alla fine ti ci voleva un Antalgil.

[37] L'allenamento gli è tornato utile durante il caso Noemi. Scoppia lo

117

scandalo (la moglie dichiara: – *Frequenta minorenni.* –) e Lolito il 5 maggio va da Vespa a giurare che:
- – non frequenta minorenni;
- – è andato a quella festa per discutere con Elio Letizia, il padre di Noemi, di candidature;
- – che l'amicizia con Elio Letizia è di lunga data e politica.

Quando le balle vengono scoperte (durano neanche due giorni), Lolito, stordito, ne inventa un'altra per coprire le prime: conosce i genitori di Noemi e l'ha incontrata quattro volte sempre in loro presenza.

I giornalisti scoprono che anche questo è falso: la prima volta, Berlusconi telefonò alla minorenne mentre faceva i compiti. L'aveva conosciuta tramite un book fotografico mostratogli da Emilio Fede. E Noemi era senza genitori sia a villa Madama che in Sardegna (per dieci giorni, Capodanno 2009).

Il 3 giugno Lolito torna da Vespa con la versione aggiornata: frequentava la minorenne Noemi e non andò a Casoria per discutere con Elio Letizia di candidature.

La prima volta, da Vespa raccontò la sua versione senza il minimo contraddittorio, accusando la moglie, e approfittando dell'occasione per fare uno spot pubblicitario sulle iniziative del governo in materia di aiuto ai terremotati dell'Aquila. Nessun giornalista presente (neppure il neo-direttore del Corriere della Sera De Bortoli) gli ricordò che dei 12 miliardi di aiuti promessi da Berlusconi, il governo ne aveva stanziati in realtà solo 4. E nell'arco di VENTIQUATTRO ANNI! Una beffa crudele di cui nessuno chiese spiegazioni a Berlusconi lì presente. Ci fossi stato io fra gli ospiti, questa sarebbe stata la domanda, decreto legge del 28 aprile alla mano. Il danno politico sarebbe stato enorme, ma è stato evitato.

Inoltre: sua moglie, che lo conosce da trent'anni, lo ha definito un uomo malato. Ecco un'altra domanda che avrei fatto a Berlusconi, se fossi stato ospite di *Porta a porta*: di che malattia sta parlando sua moglie, presidente?

Agosto 2009: Berlusconi loda i giornalisti sportivi perché "non fanno domande" e attacca "Repubblica" definendolo "un giornale di delinquenti" solo perché continua a dare notizie sul caso scottante, come il resto della stampa libera nel mondo. L'intera vicenda (Noemi/villa Certosa/D'Addario) ha dimostrato, una volta per tutte, l'esistenza di una sorta di Agenzia Stefani contemporanea, prontissima a ubbidire alle esigenze del Capo e a massacrare la vittima di turno (fra cui sua moglie, insultata come una poco di buono e definita "cornuta" da Sicario Feltri su "Libero"). Fra giornalisti e testate, la lista dell'inquinamento berlusconiano è lunga. Va aggiunto che i passi della stampa e della tv italiana non direttamente sotto controllo sono felpatissimi a causa del conflitto di interessi di Berlusconi, che inquina la libertà del mercato. Esempio: un'inchiesta recente ha dimostrato che, da quando è al governo Berlusconi, molte aziende hanno tolto pubblicità dalle reti Rai per spostarle su quelle Mediaset di Berlusconi. Berlusconi inoltre controlla la politica economica e i servizi segreti. La sua influenza si estende su OGNI settore della vita italiana. È un potere di ricatto enorme.

Quanto influì lo scandalo sul risultato alle europee/amministrative? Troppo poco. Berlusconi trae un vantaggio indubbio, oltre che dalla manipolazione costante dell'ambiente informativo, dall'anestesia indotta nello spettatore contemporaneo da un cocktail micidiale: sovraccarico di notizie e commistione reale/virtuale. Quando non c'erano la tv satellitare e il web, accadevano meno fatti. Già con la rivoluzione industriale, Baudelaire definisce l'artista come colui che resiste all'anestesia e mantiene la propria vulnerabilità. Oggi la saturazione informativa richiede un livello di immunizzazione disumana. L'anestesia è il modo più pratico per impedire il proprio prosciugamento emotivo: in attesa che il cervello umano subisca una mutazione genetica che lo doti di nuove competenze, lo spettatore contemporaneo si comporta come una divinità dell'Olimpo, limitandosi ad assaggiare l'esperienza che più gli aggrada giusto il tempo necessario a non annoiarsi.

E se razionalmente riusciamo ancora a distinguere fra il reale e il virtuale, questi ormai coesistono in una surrealtà che pare la stessa prevista dalle avanguardie del secolo scorso, grazie ai miracoli dell'intelligenza artificiale e dell'ingegneria genetica, nonché alla sincronizzazione dei comportamenti operata dalla tv e da Internet.

Realtà reale: tu che frequenti una minorenne.

Realtà osservata: i genitori della minorenne ti vedono che la frequenti.

Fra realtà reale e realtà osservata: la minorenne giudica il tuo cazzo più piccolo di quello dell'ex fidanzato.

Realtà reale montata: le foto di te che frequenti la minorenne.

Realtà osservata montata: stesso servizio fotografico comprese le inquadrature mosse.

Realtà sceneggiata: la tua intervista da Vespa.

Realtà sceneggiata montata: il video della tua intervista da Vespa.

Realtà osservata sceneggiata unica: la lettera di tua moglie a "Repubblica".

Realtà osservata sceneggiata a replica: le foto a seno nudo di tua moglie su "Libero".

Realtà osservata sceneggiata ripetuta: tu che dai la colpa alla sinistra.

Sceneggiato realistico: il volume fotografico sulla tua vita.

Sceneggiato iperrealistico: i servizi di "Chi" sulla tua vita.

Irrealtà realistica evidente: il tuo lifting.

Irrealtà realistica nascosta: il tuo fondotinta.

Fra irrealtà realistica evidente e nascosta: i tuoi capelli, il tuo Viagra.

Realtà irreale: la legge che depenalizza il falso in bilancio.

Irrealtà reale: la Carfagna ministro.

Ognuno di noi saprebbe distinguere fra questi vari gradi di realtà, ma nella vita di tutti i giorni chi lo fa? Troppe realtà competono simultaneamente per la nostra attenzione. Ci limitiamo a restarvi immersi. E a passare con rapidità dall'una all'altra. Le bugie di un presidente del Consiglio, così, riescono a confondersi facilmente con le altre mille gradazioni della realtà contemporanea (tu che ti dai una martellata sul pollice, tua moglie che ti vede e scoppia a ridere, tu che in ufficio incontri la nuova collega e diventi improvvisamente consapevole del tuo abbigliamento, tu che baci quella bella collega in auto nel video girato da un investigatore privato col telefonino, il ricordo del tuo matrimonio, le foto del tuo matrimonio, il tuo matrimonio, i video porno girati in camera con tua moglie, Baudo che bacia la Littizzetto a Sanremo, Fiorello che bacia Del Noce in un varietà di RaiUno, l'attività di un presentatore in un programma tv, una puntata di *Report*, una puntata di *CSI*, la pubblicità con i SUV danzanti, i capelli femminili nella pubblicità di uno shampoo, la pubblicità con Steve McQueen al volante di un'auto di oggi, il cane Aibo, le scimmie fosforescenti perché dotate di un gene di medusa) creando infine un universo propagandistico che fa perdere ogni senso della realtà, deforma i concetti e rende normali comportamenti ignobili. Il giudizio morale e politico sugli atti, la riflessione critica, diventano un esercizio riservato ai pochi ancora vulnerabili, sopravvissuti Baudelaire. La *macchina per instupidire* di cui scriveva Karl Kraus sta funzionando a pieno regime, mentre la sincronizzazione dei comportamenti generata da tv e web liquida il sé, predisponendo l'individuo a quella *fusione mitica* che i fascismi offrono sempre, come consolazione al degrado dell'esperienza causata dal capitalismo. Il desiderio, che presuppone una individualità, viene sostituito dal condizionamento sottile dell'*user profiling* e dalle classifiche Technorati.

Ufficio facce di tolla
Ghedini: "*Non è casuale che l'avvocato che difende il fotografo Zappadu sia un eurodeputato dell'Italia dei Valori. C'è una doppia veste – avvocato e parlamentare – che non si dovrebbe confondere*". ("la Repubblica", 13 giugno 2009, p. 6)

[38] **Maggio 2009**: deficit, debito pubblico e avanzo primario, grazie alla preveggenza del nostro sapientino, sono ormai fuori controllo, i conti pubblici alla deriva; ma la Marcegaglia, all'assemblea di Confindustria, elogia Tremonti e la sua "barra del timone dritta". Secondo il FMI, il debito pubblico italiano nel 2010 schizzerà al 121% rispetto al PIL, un livello da bancarotta. (La Francia si fermerà all'80%, la Germania all'87%.)

[39] **28 giugno 2009**: Tremonti vara la Finanziaria. La manovra, un bonus + un credito di imposta per le imprese, è ridicola e senza copertura di spesa: come spiega Boeri, serve solo a prender tempo, sperando nella divina provvidenza. Un aiuto vero alle imprese e ai comuni? Basterebbe che lo Stato pagasse i debiti nei loro confronti (80 miliardi di euro). Quelli potrebbero così rimborsare le banche e queste potrebbero tornare a erogare finanziamenti; ma in questo caso Tremonti dovrebbe sganciare soldi veri e quindi fa il finto tonto. Draghi, subito aggredito da Berlusconi come menagramo, ha spiegato che vanno sostenuti i redditi, sennò i consumi non ripartono e l'economia ristagna. Lo dicevo quattro anni fa in *Bollito misto con mostarda*, quando ancora non sapevo di essere governatore della Banca d'Italia.

[40] Berlusconi, in tv da Vespa: – *Tutti coloro che perdono il lavoro han-*

no il sostegno dello Stato. – Una settimana dopo, il governatore Draghi ha svelato le cifre della balla: due milioni di lavoratori il cui contratto scade nel 2009 saranno in realtà senza alcun ammortizzatore sociale.

[41] Un dirigente della Banca d'Italia, Andrea Bartolini, ha confermato durante un'audizione parlamentare (3 aprile 2009) che negli ultimi quindici anni operai e impiegati sono diventati più poveri a causa di *"movimenti redistributivi orizzontali che hanno modificato le posizioni relative delle classi sociali"*. Secondo R&S, l'istituto di ricerche di Mediobanca, profitti e rendite delle imprese italiane sono cresciuti a dismisura negli ultimi vent'anni, mentre sono precipitati salari e costo del lavoro.

[42] La guerra civile fredda è anche una guerra di classe. A che classe appartieni? Alta o bassa? È utile rendersene conto: almeno sai che pubblicità dovresti guardare.

Il direttore della Caritas Vittorio Nozza ricorda che in Italia ci sono quindici milioni di poveri. E si chiede: – *Perché non aiutare anche loro?* – Buona idea. Magari usando i 100 miliardi di euro che lo Stato si è dimenticato di incassare dai concessionari di videopoker. Oppure i 200 miliardi di tasse non pagate. Oppure tagliando i miliardi di inutili spese militari per le missioni all'estero. Oppure tagliando quella schifezza bipartisan dei rimborsi elettorali gonfiati.

Se i soldi alla lunga ci sono sempre (perché la gente continuerà a pagare le tasse) perché non usarli per i servizi e per i salari, così si rimette in moto la macchina produttiva?

Perché no: un governo di destra fa politiche di destra. Guerra civile fredda.

Ad esempio la legge 155 del 9 ottobre. Ogni provvedimento amministrativo di carattere economico potrà essere emanato in **deroga alle leggi** di contabilità dello Stato. In pratica non sarà necessario che la Finanziaria passi dal Parlamento. L'emergenza viene usata per **abrogare la democrazia** parlamentare.

Altro esempio di guerra civile fredda: il **taglio dei fondi all'editoria**, che colpisce le cooperative giornalistiche come "il manifesto" e i giornali di partito. Una norma che vìola ben sei articoli della Costituzione. Perfino **Vittorio Feltri**, quand'era direttore di "Libero", si è detto incazzatissimo contro il conflitto di interessi di Berlusconi, la cui Mondadori viene risparmiata dai tagli di Tremonti, insieme col "Sole 24ore", organo di Confindustria, col "Corriere della Sera", infettato da berlusconiani, e con "Avvenire", organo della Conferenza Episcopale Italiana. Cosa c'entra Feltri? Nulla, ma "Libero" è ufficialmente l'organo del partito monarchico. Avete mai visto editoriali di Feltri inneggianti il re? No. Quello del partito monarchico è un trucchetto per avere i fondi per l'editoria. Come, dal 1998, fa **Ferrara** col "Foglio" (organo del partito *Convenzione per la giustizia*, formata da due parlamentari, **Pera** e **Boato**).

[43] Critiche dell'opposizione, della Chiesa e dell'Onu sull'intero pacchetto,

specie le norme che obbligano i pubblici ufficiali a denunciare gli immigrati senza permesso di soggiorno, il prolungamento fino a centottanta giorni della detenzione nei CIE, l'impossibilità di iscrivere all'anagrafe i figli dei clandestini. Le critiche della Chiesa sarebbero più accettabili, se la CEI avesse prima chiesto scusa ai fedeli dell'appoggio elettorale vaticano a Berlusconi nelle politiche 2008.

I CIE vanno chiusi. Sono luoghi disumani, di sopraffazione. Solo un prete, di recente, ha cercato di portare un po' di umanità in uno di questi CIE stuprando alcune ragazze. Ma non è che possiamo affidarci sempre alla Chiesa!

[44] In una puntata di *Porta a porta*, **Vespa** chiese al presidente nazionale dell'Opera Nomadi **Massimo Converso** che cosa dovremmo fare dei rom che sono in Italia. Converso: "*Trovargli un lavoro*". Vespa, derisorio: "*Speriamo non l'abbiano sentita a sud di Roma questa cosa perché noi c'abbiamo qualche problema di occupazione ancora*". Vespa dimenticò di informare che l'Onu accusa il governo italiano di aver violato molte convenzioni internazionali, accettando provvedimenti di espulsione dei rom in molte città. E che il governo italiano è sotto accusa perché non ha mai chiesto in sede comunitaria i fondi previsti per la condizione dei rom: gli zingari sono stati le prime vittime della guerra nei Balcani e delle successive pulizie etniche, se ne sono dovuti andare a centinaia di migliaia dalla Bosnia e dal Kosovo, hanno subìto un pogrom sotto gli occhi della Nato. Se proprio siete razzisti, non c'è bisogno di cacciare rom e rumeni. Basta non rispondergli al telefono.

[45] Chi? Forse il medico che non perse tempo ad applicare l'emendamento della Lega al ddl sulla sicurezza e denunciò alla polizia una clandestina che si era recata al pronto soccorso perché stava male. Di dov'era il novello Mabuse? Conegliano Veneto, Treviso.

[46] Non che non ci siano reati. L'altro giorno un tipo ha cercato di rapinarmi. Con una pistola. Per fortuna avevo con me un secchio di diarrea. Ho vinto.

Negli anni trenta, il Paese più all'avanguardia nella scienza, nella tecnica, nella letteratura, nella filosofia e nell'arte era la Germania. In poco tempo, grazie alle strategie di marketing messe a punto dai pubblicitari americani, i nazisti instillarono nel popolo tedesco la paura verso chi minacciava gli "ariani" e la Germania diventò lo Stato più sanguinario della storia. Chomsky ci ricorda come l'ideologia del potere, a tutti i livelli, sia sempre la stessa: il potere si presenta come altruista, disinteressato, generoso; la sua dominazione è fatta "per il bene" del dominato.

[47] A proposito di ordine pubblico: avete letto quello che ha detto **Cossiga**? Tutta la scuola italiana scende in piazza per protestare contro la Gel-

mini, e l'ex presidente Cossiga, uno che non è mai stato particolarmente restio a sparare cazzate, interviene con la sua ricetta: *"Lasciar fare gli universitari: ritirare le forze di polizia dalle strade, infiltrare il movimento con agenti provocatori pronti a tutto, e lasciare che per una decina di giorni i manifestanti devastino i negozi, diano fuoco alle macchine e mettano a ferro e fuoco le città. Dopo di che, forti del consenso popolare (...) le forze dell'ordine non dovrebbero avere pietà e mandarli tutti in ospedale. (...) picchiarli a sangue, anche quei docenti che li fomentano. Non dico quelli anziani, certo, ma le maestre ragazzine sì."* ("QN", intervista a Cossiga, 23 ottobre 2008)

Charles Bronson, qui, ci ha appena spiegato cosa accadde al G8 di Genova.

Cossiga si è prima consultato in preghiera con Aldo Moro. – *Aldo, tu eri uno statista illuminato. Cosa è meglio fare? Cosa mi consigli?* – E una voce gli ha risposto: – *Non andare in via Fani.* –

Visti i tempi, vale la pena ricordare a Cossiga che l'uso della forza pubblica contro cortei, scioperi, assemblee e occupazioni è un attacco ai diritti fondamentali di libertà di riunione e di manifestazione del proprio pensiero, artt. 17 e 21 della Costituzione.

Due giorni dopo l'intervista di Cossiga che spiegava cosa fare, giovani di destra ben addestrati sono andati a piazza Navona a bastonare chi c'era. E il Tg2 di Mauro Mazza (An) (Mazza, *nomen omen*) a fare ammuina: – *Un gruppo attaccava, un gruppo rispondeva.* – Massì: gli americani hanno battuto i nazisti, i nazisti hanno battuto gli americani. Non mi ricordo bene i dettagli.

Avete osservato sui giornali le foto di quei ragazzi di destra che picchiavano coi bastoni gli studenti? Guardateli bene in faccia quei ragazzi: fra loro potrebbe esserci un futuro sindaco di Roma.

[48] Nota per i distratti: Di Pietro fa opposizione di destra, infatti vota a favore della guerra. Ferrando fa opposizione di sinistra, infatti è contro la guerra. Questo è un semplice, ma ottimo criterio per distinguere destra e sinistra. Voti per la guerra? Non sei di sinistra. Infatti il Pd non è di sinistra, come disse candidamente Veltroni a "El País". (*"Siamo riformisti, non di sinistra"*, ilSole24ore.com, 3 marzo 2008)

[49] Oh, i nostri soldati non devono aver paura. Al loro fianco c'è sempre il cappellano militare a confortarli: – *Padreeeee – nostro! Che seeeeei – nei cieli!* –

[50] Io potrei essere un marò in Afghanistan, ma ho scelto di aiutare il mio Paese scrivendo battute su sperma e vagine. Sono un eroe? Non sta a me dirlo.

123

[51] Brunetta. Cosa accadrà quando la sua bellezza lo avrà abbandonato?

[52] La riduzione dei salari conviene alla singola impresa, ma non ai consumi: e così, a livello globale, le imprese vanno in crisi di sovrapproduzione. Un governo che non fa una politica redistributiva è solo classista. Guerra civile fredda.

[53] All'assemblea di Confindustria, Berlusconi ha attaccato i giudici di Milano che hanno condannato Mills perché *"può capitare a tutti voi"*. Gli industriali lo hanno applaudito: la risposta inevitabile quando uno ti dà implicitamente del mascalzone.

[54] Per quindici anni Berlusconi si è lamentato di come l'avviso di garanzia ricevuto in occasione del G7 a Napoli e anticipato dal "Corriere della Sera" fece cadere il suo governo. Si trattava in realtà di un invito a comparire come indagato per complicità nelle tangenti Fininvest alla Guardia di Finanza. E non c'era alcun G7 a Napoli, ma una Conferenza internazionale sulla giustizia. I carabinieri lo aspettavano a Roma: ma Berlusconi resta a Napoli e allora i carabinieri gli telefonano. Fanno appena in tempo a comunicargli due dei tre capi d'imputazione, che Berlusconi riaggancia. Il giorno dopo, il "Corriere della Sera" dà la notizia: riportando solamente i due capi d'imputazione a conoscenza di Berlusconi. Chi avrà dato l'imbeccata? Di fatto, Berlusconi si servirà poi dell'episodio per spostare l'attenzione dalle tangenti alla "fuga di notizie". I manager Fininvest vennero condannati per corruzione della GdF. Berlusconi invece no, grazie al testimone corrotto Mills. In pratica, **Berlusconi coprì una corruzione con un'altra corruzione**. La classe non è acqua.

Dopo la condanna a Mills, Berlusconi alla CNN: *"Una sentenza scandalosa. I giudici di sinistra avevano scritto la sentenza prima che cominciasse il processo. (...) Il signor Mills aveva assistito un armatore italiano e ha avuto la prestazione pagata con 600.000 dollari. Gli facevano comodo tutti e ha cercato di non doverli spartire coi suoi soci di studio e di non dover pagare il 50% al fisco inglese. E gli è venuta in mente la brillante idea di dire che gli erano stati regalati. Invece di pensare a dei principi arabi, ha pensato al Gruppo Fininvest, soprattutto perché un dirigente che era in contatto con lui era morto nel frattempo."* Spero vi rendiate conto, signori, che qui siamo ai livelli drammaturgici di un Lubitsch.

Sconvolgente poi l'elenco delle indagini e degli scandali che la nuova legge sulle intercettazioni impedirà, grazie alla museruola degli *"evidenti indizi di colpevolezza"* e dei due mesi massimi di tempo. Ci fosse stata da vent'anni, non avremmo avuto l'inchiesta Mani pulite, quella sulle talpe nella Procura antimafia a Palermo e sui rapporti fra mafia e politici Udc (Cuffaro, Antinori, Savona, Romano) e Pdl (Aricò), quella sulla guerra di camorra, quella sulle tangenti al ministro Sirchia, quella sulla cellula di Al Qaeda a Milano, quella su Alfredo Romeo e i suoi rapporti con Lusetti (Pd) e Bocchino (Pdl), né avremmo saputo dei furbetti del quartierino (Fazio sarebbe ancora governatore) né potuto sequestrare i loro tesori nascosti (settantadue indagati, risarcimento record di 360 milioni di euro! Chi dice che le intercettazioni costano, bara: rendono allo Stato molto di più).

55 UN GENERALE STRACOLMO DI MEDAGLIE: – Buonasera. In base all'autorità conferitami da queste medaglie, sono qui per dirvi che di recente abbiamo rivisto le nostre stime sui danni potenziali di una guerra nucleare. Invece dei cinquanta milioni di morti che pensavamo, in realtà in caso di conflitto nucleare i morti sarebbero in totale solo diciotto, venti al massimo. E invece della distruzione di trenta grandi città europee, probabilmente perderemmo solo un piccolo paesino nel nord dell'Olanda. D'altra parte, come facciamo a essere certi che una guerra nucleare non farà superstiti, se non facciamo una prova? (*guarda le sue medaglie*) Non so cosa significhino queste medaglie. Te le vendono con la divisa. –

56 Uno studio del Center for American Progress rivela che investire in infrastrutture per l'energia pulita creerebbe quattro volte più posti di lavoro che investire gli stessi soldi nell'industria del petrolio. ("The New Yorker", 13 aprile 2009, p. 5)

57 Gli iceberg che si sciolgono sono solo la punta dell'iceberg.

58 Ricordate Clinton? Il problema era se il sesso orale era adulterio. Discussioni infinite. Ehi: se il tiro al piattello è uno sport olimpico, il pompino è adulterio. Dirò di più: anche il pompino, come il sesso anale, dovrebbe essere uno sport olimpico. Perché è più difficile del tiro al piattello e se sei brava ti meriti una medaglia.
Già che ci siamo: avete saputo che il bowling diventerà uno sport olimpico? Il bowling! Perché non includere allora altre specialità simili, tipo "Ubriacarsi e guidare"?

59 L'estate scorsa ho fatto le vacanza in Sicilia, in un bell'albergo vicino a un bosco. Una notte scoppia un incendio. Doloso. Tutti in fuga. Arrivano i pompieri. A un certo punto esce di corsa un uomo bruciacchiato coperto solo da un asciugamano. Era Sircana. Chiede a un pompiere: – *Hai visto per caso uscire dall'albergo un travestito che correva nudo?* –
– *No* – dice il pompiere.
E Sircana: – *Be', se lo vedi, fattelo pure. È già pagato.* –

60 Aspirante stellina tv: – *Se mi fai lavorare in tv, potrei farti il pompino più indimenticabile che tu abbia mai avuto.* –
Berlusconi: – *E io cosa ci guadagno?* –

[61] Eh, sì, avete ragione. Questa era proprio esilarante.

[62] Il capogruppo leghista Cota ha spiegato che le classi per immigrati servono a prevenire il razzismo. Avete capito bene: il razzismo serve a prevenire il razzismo. Siamo alla neolingua di Orwell: la guerra è pace.

[63] Conosco le due obiezioni della destra:
a) *"In Italia le università più prestigiose sono private: la Bocconi, la Luiss."*
Ma i docenti di Bocconi, Luiss e altre università private sono pagati interamente dallo Stato.
b) *"In America le università sono tutte finanziate da fondazioni, con capitali provenienti dall'industria!"*
Ma in Italia è lo Stato che ha fondato l'industria moderna, l'ha salvata con l'Iri, ha garantito l'approvvigionamento energetico con l'Eni, ha promosso le grandi infrastrutture, dai telefoni alle autostrade. In questi ultimi venticinque anni di liberismo sfrenato, invece, **l'industria privata italiana non si è minimamente preoccupata del sistema-Paese**: solo del proprio tornaconto immediato. Dei *danè*. Sullo Stato, al massimo, scaricano i costi. A questi egoisti irresponsabili e paraculi dovremmo affidare l'università?

[64] Gli studenti di oggi sono molto diversi da quelli di vent'anni fa. Abituati a videogiochi e computer, il loro cervello processa i dati in modo differente.
Prendiamo matematica. Problema: *Un treno va verso Francoforte a 30 km/h. Un'auto va in direzione opposta a 120 km/h. Dopo quanto tempo la loro distanza reciproca sarà pari a 50 km?*
Un problema classico. Il liceale di oggi: – *Prof, cazzo è 'sta roba? No, seriamente. È l'ora di matematica, no? Be', queste sono parole. Lei sta cercando di insegnarci matematica e letteratura insieme. È illegale. A ben vedere, qui c'è anche della geografia. Francoforte. Non so neanche dov'è. Perché poi c'è un treno che va in una direzione e un'auto che va in direzione opposta? È un mistero filosofico. Matematica, letteratura, geografia, filosofia: sono quattro materie insieme. Io me ne vado.* – (esce)
Aggiungete al problema un elemento emotivo e vedrete come cambia l'attenzione del liceale: *"Un treno va verso Francoforte a 30 km/h. Un'auto va in direzione opposta a 120 km/h. Quanto a lungo puoi fissare con lo sguardo le tette della supplente senza che lei se ne accorga?"*.

[65] Gli insegnanti sono poco valorizzati, in questo Paese. Di recente, le ossa di un Tirannosauro sono state vendute all'asta per 20 milioni di euro. Delle ossa della mia prof di matematica non gliene frega niente a nessuno.

[66] Geronzi è il presidente di Mediobanca. Chi lo ha messo lì? Pirelli Pesenti Ligresti Mediolanum Unicredit Capitalia. Su chi influisce Mediobanca?

Su Generali, Corriere della Sera, Telecom, Fondiaria, Italmobiliare, Pirelli, Benetton. Il Gotha della finanza italiana.

[67] Per esempio il **Tg1** di **Riotta** mostrò Berlusconi che smentiva di aver detto di mandare i militari nelle scuole occupate, ma non fece rivedere il filmato del giorno prima in cui Berlusconi lo diceva eccome. Lo stesso Riotta, quando morì Enzo Biagi, disse a *Tv7* nella puntata ideata per commemorarlo: – *Io sono durato già all'incirca il doppio di quanto è durato lui al tg, quindi evidentemente in qualche modo l'Italia migliora.* – Cazzata o stronzata? Scrivetemi la vostra opinione. Direte: – *Che te ne fai?* – Giusto.

Le auto-pompe di Riotta hanno avuto la consacrazione definitiva il giorno in cui una sua giornalista lesse durante il Tg1 un comunicato che esaltava l'audience del Tg1 per l'edizione sul terremoto. Mentre era ancora in corso il terremoto!

E il 22 maggio, il **Tg5** di **Mimun** non informò dello sciopero di quattrocento dipendenti in corso a Mediaset. Stesso silenzio da parte dell'agenzia **Ansa**, i cui lavoratori avevano comunicato la notizia dello sciopero. La notte fra il 22 e il 23 maggio, inoltre, il Tg5 non mostrò, nella rassegna stampa, la prima pagina del "manifesto", tutta dedicata allo sciopero Mediaset. Così come dimenticò di dare la notizia che la Corte europea aveva condannato l'Italia per le frequenze tolte a Europa7 e date a Rete4. Il 29 maggio, il Tg5 delle 13 ha deformato, a vantaggio del governo, la relazione di Draghi, omettendo i dati drammatici su PIL e disoccupazione. Domenica 7 giugno, il giornalista del Tg5 Gioacchino Bonsignore, credendo di essere fuorionda, chiede alla redazione: – *Quali sono stati i risultati del Pdl alle politiche del 2008? Chiedo solo per curiosità, per capire chi ha perso, mica lo diciamo.* –

Al Tg5 i prodigi della memoria intermittente di Mimun sono liberi di sprigionarsi come radiazioni da una discarica abusiva. Il giorno della morte di Enzo Biagi, Mimun ne fece la biografia riuscendo a non citare neanche di striscio l'ukase bulgaro. Che è come se uno parlasse di Francis Ford Coppola senza citare *Il Padrino*.

Chi furono i giornalisti che si precipitarono, contenti come crumiri, a occupare il posto di Enzo Biagi a RaiUno dopo la sua cacciata a opera delle quinte colonne berlusconidi?

Pigi Battista, ex vicedirettore dei trichechi al "Corriere della Sera", già segnalatosi per attacchi contro l'antimafia di Caselli;

Riccardo Berti, ex capo ufficio stampa di Forza Italia;

Oscar Giannino, dal "Foglio" di Ferrara e, come se non bastasse, fan di Tremonti;

infine **Clemente J. Mimun**, il fedele (se non ha altro da fare) maggiordomo arcoriano.

[68] 23 maggio 2009: il Garante delle Comunicazioni multa **Rete4** (180.000

euro) perché in campagna elettorale, non osservando un ordine di riequilibrio già impartito una settimana prima, ha sovraesposto governo e maggioranza a scapito dell'opposizione: **tre minuti al Pd ogni ventisei minuti al Pdl**. Il Garante sottolinea inoltre come "tutte le tv italiane", a pochi giorni dal voto europeo e amministrativo, siano sbilanciate in favore del governo. Per lo stesso motivo (parzialità ai danni dell'opposizione) nel 2006 Rete4 venne multata per 150.000 euro e il Tg4 per 250.000. Soldi ben spesi. Il 29 maggio 2009, fregandosene della *par condicio*, Rete4 ha replicato il blitz: il Tg4 ha trasmesso quaranta minuti di assolo berlusconiano.

Dal 17 al 20 giugno 2009 il **Tg1** del neodirettore **Minzolini** e il **Tg5** di **Mimun** fanno a gara per parlare il più confusamente (e il meno possibile) dello *scoop* che sta facendo il giro del mondo: Berlusconi con le escort a palazzo Grazioli e l'inchiesta relativa della procura di Bari per "induzione alla prostituzione". Qualche giorno prima, il **Tg1** non aveva dato neppure la notizia della protesta dei terremotati abruzzesi davanti a Montecitorio.

(Minzolini avrà pensato: "*Promesse pre-elettorali di Berlusconi non mantenute: dov'é la notizia?*")

[69] **Mimun**, quando era direttore del Tg1, disse in una telefonata a Sottile di voler intervistare le prime due donne ambasciatrici nominate da Fini perché "*Se uno potesse, ne viene solo del bene al ministro e alla coalizione, secondo me*".

[70] Dalla quarta puntata di *Decameron* (24 novembre 2007):
Stasera ho fatto un po' tardi perché sono rimasto intrappolato in ascensore. Per un quarto d'ora! Sono sopravvissuto bevendo la mia urina.

Qualcosa che mi ha ristorato dopo la lettura su "Repubblica" delle telefonate fra dirigenti Rai (di provenienza berlusconiana) e dirigenti Mediaset nel 2004-2005. Mediaset ha querelato "Repubblica". Secondo Mediaset si tratta di sciocchezze. Silvio Berlusconi invece ha parlato di "*uso criminoso della tv pubblica pagata coi soldi di tutti*". In un'altra occasione.

Ma vediamole, queste sciocchezze messe a verbale dalla Guardia di Finanza.

VOCE SPEAKER: "Primo aprile 2005. Il **Papa** è in fin di vita. **Deborah Bergamini**, dirigente Rai ai palinsesti, nonché ex segretaria personale di **Berlusconi**, telefona a Fabrizio (forse **Fabrizio Del Noce**, scrivono le Fiamme Gialle nei verbali). Debora gli dice che Ciampi sta preparando un messaggio a reti unificate. E che Berlusconi, avvertito da lei, pensa che questo metterà in buona luce Ciampi e considera l'ipotesi di fare anche lui delle dichiarazioni."

DL: O magari di rubare la scena al Papa inventandosi un partito nuovo.

VOCE SPEAKER: "Il giorno dopo, a mezzogiorno, una donna con telefono **Rai** chiama la **Bergamini**. Le due dicono che bisogna dare un senso di normalità alla gente, al di là della morte del Papa, per evitare l'astensionismo alle elezioni del 3 aprile. Alle 16, **Benito Benassi**, dirigente Rai, telefona alla Bergamini. Ha intuìto che **Cattaneo** vuole che nella rappresentazione dei risultati elettorali si faccia più confusione possibile per cammuffare la loro portata. Alle 18.30 **Del Noce** dice alla Bergamini che **Vespa** accennerà in trasmissione a Berlusconi a ogni occasione opportuna. Un minuto dopo la **Bergamini** e **Crippa** (dirigente Mediaset) parlano dei rispettivi palinsesti. La sera del 2 aprile muore il Papa."

DL: Sfiga.

VOCE SPEAKER: "Il giorno dopo, si aprono i seggi elettorali. (Per le elezioni Regionali, in cui l'Unione vincerà 12 a 2.) **Del Noce** telefona alla **Bergamini**. Parlano del gioco di squadra fra **Mimun** e **Carlo Rossella**. Alle 21 e 29 il notista politico del Tg1 **Francesco Pionati** telefona alla **Bergamini**, parlano dei sondaggi elettorali e delle ripercussioni delle elezioni sulla Rai. Pionati si raccomanda a Berlusconi tramite la Bergamini. La mattina di lunedì 4 aprile **Niccolò Querci**, dirigente Mediaset e Publitalia, telefona alla Bergamini. Questa gli dice che RaiDue parlerà delle elezioni in prima serata e quindi gli chiede di mettere una cosa forte su Canale 5. Alle 18.51 **Cattaneo** dice alla **Bergamini** di aver parlato con **Bonaiuti**, che era con Piersilvio, e che terranno più duro possibile, dicendo che non è il caso di mandare in onda i dati. Alle 19 e 30 **Berlusconi** telefona alla **Bergamini**. Omissis: è un deputato, non si può trascrivere quello che dice."

DL: Norma bipartisan. Siamo garantisti. La legge è uguale per tutti. E non tirate le monetine.

VOCE SPEAKER: "**Cattaneo** dice alla Bergamini che Vespa fa la serata elettorale e la **Bergamini** dice che 'tanto Vespa è Vespa'".

DL: Potrebbe essere il nuovo slogan della Rai. "Rai. Tanto, Vespa è Vespa." (*ride*) E adesso il gran finale.

VOCE SPEAKER: "L'8 aprile la **Bergamini** e uno sconosciuto parlano del fatto che Berlusconi è stato inquadrato pochissimo ai funerali del Papa."

DL: Peccato, perché Berlusconi aveva già pronta la battuta per le telecamere. – *Santità! Ha in tasca un turibolo, o è solo contento di vedermi?* –

[71] Scrivo *l'italiano medio* anche se diversi studi hanno dimostrato che *l'italiano medio* non è né *italiano* né *l'*.

[72] – *Ciao a tutti. Sono Paolo e ho scoperto che i miei organi interni scrivono articoli per "il Giornale". Vi è mai capitato? Comunque, voglio che si sappia che i miei visceri non sanno una mazza. Ok, il mio pancreas ha una sua sensibilità, ma il mio colon è pieno di merda.* –

[73] *"Il mio leader"*. Questi hanno per Berlusconi la stessa adorazione che i gay hanno per Mina!

[74] Con imprenditori e professionisti del Nord che entrano nelle cosche.

Non più vittime, ma mafiosi a tutti gli effetti che strumentalizzano i vantaggi competitivi dei clan: capitali sporchi, appalti al ribasso, protezione criminale, riciclaggio, recupero crediti con violenza, attentati ai concorrenti, disinteresse per i diritti dei lavoratori e per quelli ambientali. ("L'espresso", "Adesso il padrino parla milanese", 30 aprile 2009, pp. 58-62).

Giancarlo Caselli, procuratore capo a Torino, sottolinea le responsabilità della politica, di destra e di sinistra: *"La politica, senza distinzioni, vive di consenso. Se il consenso rischia di affievolirsi per le inchieste che disvelano 'troppa' collusione con la mafia, ecco che la politica, tutta la politica, finisce per non accettarle più."* ("la Repubblica", 14 maggio, p. 21)

[75] Tre uomini entrano in un bar: un prete, un pedofilo e un omosessuale. E questo è solo il primo uomo.

[76] La commissione Giustizia del Senato aveva approvato la bozza dei Cus, Contratti di unione solidale, poi è andato tutto a monte. Dal canto suo, Veltroni sindaco, in campagna elettorale, trattò col Vaticano sul registro delle coppie di fatto nel comune di Roma. Non se ne è fatto niente, alla faccia della pari dignità dei cittadini che cattolici non sono, o che hanno preferenze sessuali non omologate dalla Chiesa.

[77] L'esenzione dall'ICI degli enti ecclesiastici (luoghi di culto, bed&breakfast, librerie, istituti commerciali) ammontava, nel 2006, a **26 milioni di euro all'anno, più 8** di arretrati. (Fonte: replica scritta del sindaco Alemanno a un'interrogazione presentata in Campidoglio dal radicale Massimiliano Iervolino)

Nella dichiarazione Irpef, il 60% degli italiani non esprime preferenze sul suo 8 per mille. La cifra globale viene però ripartita in base alle preferenze del 40%. Risultato: il 90% della somma va alla Chiesa cattolica, che ha solo il 36% delle preferenze. Sono **1 miliardo di euro all'anno**. Questo è immorale, oltre che assurdo. In Spagna, ad esempio, le quote non espressamente destinate restano allo Stato.

La Chiesa poi ricorre alla pubblicità per far credere che tutti quei soldi li usa per opere di carità. No, ne usa solo il 20%. La pubblicità, affidata alla multinazionale Saatchi&Saatchi, costa alla Chiesa 9 milioni di euro: il triplo di quello che la Chiesa donò alle vittime dello tsunami.

[78] Cristo non è morto per i nostri peccati. È morto perché era una palla. – *Mio padre qui, mio padre là.* – Uffa!

[79] Biancaneve è una favola diseducativa. Sette nani e un solo profilattico.

[80] E se questa non vi fa ridere, non so cos'è la satira.

[81] Nel 1500, Papa Leone X spartisce i proventi delle indulgenze con Alberto Hohenzollern e l'imperatore Massimiliano. La protesta di Lutero allontana dalla Chiesa mezza Europa.

[82] La prova? Genova, gennaio 2009: l'Unione Atei Agnostici Razionalisti propone una campagna pubblicitaria sugli autobus cittadini. Lo slogan: *"La cattiva notizia è che Dio non esiste. Quella buona, è che non ne hai bisogno"*. La Curia fa pressioni, la concessionaria rifiuta la pubblicità invocando due articoli del codice di autodisciplina: l'art. 10 (la pubblicità non dev'essere offensiva) e l'art. 46 (le campagne sociali non devono ledere gli interessi di alcuno). *"Succede per la pornografia, succede anche in questo caso,"* spiega Fabrizio Du Chene, amministratore delegato della Igp, la concessionaria delle pubblicità sugli autobus italiani. L'ateismo è pornografia, dunque? Offende chi? Lede gli interessi di chi? Una settimana dopo la censura (che è resa più facile dal monopolio della concessionaria Igp sulle pubblicità negli autobus), l'Autorità Garante della Concorrenza e del Mercato ha aperto un fascicolo per "presunta pubblicità ingannevole"! Come volevasi dimostrare. La religione è una merce.

[83] Ci riuscirò. Un giorno farò questo monologo sulla religione al sabato sera su RaiUno. In prima serata. Sarà bello vedere il cuore di Pippo Baudo esplodere in diretta. P-ùm!

– Baudo è morto. –
– Che qualcuno lo avvisi. –

[84] Quando uno entra in coma, si dice che è in stato vegetativo. Per indicare che non ha più attività cerebrale. Be', questo è razzismo nei confronti dei vegetali! Nessun vegetale è stupido. A parte le melanzane. Ne ho conosciuta una, una volta. Era una cretina totale.

[85] Altre volte la notizia viene taroccata. Nel gennaio 2008, il Papa venne invitato dal rettore della Sapienza ad aprire con un discorso l'anno accademico. Dopo le legittime proteste di alcuni studenti e di alcuni professori, **il Papa preferì rinunciare per motivi di immagine**. Il giorno dopo, però, tutti i mezzi di informazione (tv e stampa, con poche, lodevoli eccezioni) parlano della "censura al Papa". Che non c'è mai stata! Ratzi è astuto, altroché. Di questo passo potrebbe diventare addirittura direttore del "Foglio".

Un giorno mi piacerebbe leggere questa notizia:
Nuova direttiva UE: la religione col bollino
Da lunedì prossimo entreranno in vigore in tutta Europa controlli restrittivi sui servizi offerti ai consumatori. Le nuove norme sono contenute in una di-

rettiva dell'Unione europea ed equiparano per la prima volta le religioni e i ministri del culto a cartomanti, chiromanti, chiaroveggenti, astrologi, medium, commessi viaggiatori, piazzisti e venditori ambulanti. Lo scopo è impedire che il pubblico possa essere raggirato o confuso da pratiche commerciali scorrette. In base a queste regole, per esempio, *"i vescovi dovranno dire ai fedeli che ciò che offrono è solo una forma di intrattenimento, non provata scientificamente"*. Ciò significa, spiega il "Times" di Londra, che all'ingresso dei luoghi di culto dovranno essere affissi cartelli per avvertire i potenziali fedeli di non prendere la religione troppo sul serio. Avvertimenti analoghi dovranno comparire su pubblicazioni religiose e siti Internet, nonché su dépliant e pubblicità in favore dell'8 per mille. I violatori rischiano una multa fino a 1 milione di euro se il caso finisce davanti a un tribunale civile, e fino a due anni di prigione per i casi recidivi dibattuti in sede penale.

La direttiva minaccia di scatenare polemiche furiose da parte dei religiosi che non si sentono dei millantatori, per non parlare dei milioni di persone che pregano quotidianamente o si fidano più del Papa che della scienza medica.

– *Chiederci di esporre cartelli che avvertano il pubblico che ciò che diciamo non è scientifico è contrario alla nostra fede!* – protesta, con l'adrenalina che le cola dal naso, Penelope Pitstop, portavoce della Chiesa Anglicana Riformata e Accettata. – *Così si trasmette ai fedeli l'idea falsa che non crediamo in quello che diciamo! La religione usa un linguaggio simbolico. Ricevo lettere da filosofi, scrittori, professori universitari, tutti affascinati dalla religione. La religione funziona!* – Dice al "Times" un sacerdote cattolico, Peter Paper, sorbendo un moscatello frizzante pigiato da grappoli abortiti: – *Regolamentare una simile materia è come pretendere di poter imporre regole a Dio.* –

Il modo in cui verrà fatta rispettare la nuova normativa, peraltro, non è ancora chiaro. Commenta l'avvocato Heinz Felfe, dello studio legale David, Foster, Wallace & Gromit di Londra: – *Le nuove direttive spingono verso la criminalizzazione di azioni che in passato sfuggivano a una censura legale. Non è colpa della religione se dietro questa pratica antica, nata agli albori dell'umanità, sono fiorite tutta una serie di attività che hanno più a che fare col plagio a fini di lucro che con la fede. E poi chi l'ha detto che c'è verità solo nel positivismo? Mettiamolo alla scienza il cartello che può essere una truffa, la scienza che asservita al tecnologico e all'economico sta distruggendo il pianeta. O tutti o nessuno.* – Di parere diverso Alma Roodedraat, la scienziata olandese che da sempre si batte contro i raggiri a base di irrazionale: – *Un cartello per avvertire che le religioni non sono una cosa seria? Mi sembra giusto. La verità è che gli interessi economici in gioco sono enormi. A New York, qualche mese fa, la Chiesa cattolica ha costretto una galleria d'arte a chiudere una mostra in cui era esposto un Gesù di cioccolata. L'arcivescovo di New York ha spiegato:* – È oltraggioso fare Gesù con del cibo! – *E le ostie allora? I cattolici in tutto il mondo mangiano ostie. Cos'è, la Chiesa vuole il monopolio degli snack?* –

[86] Secondo i Vangeli apocrifi, Cristo non portò la croce sul Golgota. La fece portare sul naso a una foca ammaestrata.

[87] Marco, Matteo, Luca e Giovanni non sono gli autori dei Vangeli. E i teologi concordano sul fatto che Maria e Giuseppe non abbiano mai fatto sesso, anche se sono divisi sul fatto che questo includa o meno il sesso orale.

[88] La religione è come *Baywatch*: se fai attenzione alla trama, perdi interesse.

[89] Altro caso significativo dell'andazzo: *Artefiera* a Bologna, gennaio 2009. Viene sequestrato dalle autorità l'*Autoritratto* di Federico Solmi. L'opera raffigura Solmi nelle vesti di un Papa crocifisso con la tiara in testa e un enorme fallo in bella mostra. Il procuratore Piro definisce il crocifisso di Solmi "una bestemmia". Ignora evidentemente il preciso riferimento iconologico di Solmi: nelle cattedrali medievali, i crocifissi esibiscono spesso un fallo eretto come simbolo della divinità generatrice di vita.

Un mese dopo, con tre opere vietate ai minori, Solmi ha ricevuto a New York il prestigioso premio Guggenheim.

Chi si vuole occupare di arte, e la satira non fa eccezione, deve essere competente. È il minimo. (Vale anche per i critici televisivi.) Nell'arte, l'unica censura ammissibile è lo sbadiglio.

Come ho inventato il Pd

L'estate scorsa, mentre curiosavo in soffitta, scovai in uno scatolone un po' di vecchia democrazia. (Era l'estate che scovai un po' di vecchia democrazia in uno scatolone, mentre curiosavo in soffitta.) Non so da quanto tempo fosse lì, e chi ce l'avesse messa, e perché; ma la tirai fuori dallo scatolone, pur con una certa apprensione (temevo fosse una piccola pantegana). Poco dopo, mordicchiando un bastoncino di misvak, mi trovai a riflettere su quanto fosse buffa la democrazia (non più buffa di tanti lettori di "Libero") e su quanto poca ce ne sia nel mondo (altrove, chi può dirlo?). E a quel punto pensai (penso parecchio): – Chissà che non sia possibile creare una sorta di democrazia finta, ovvero un surrogato che soddisfi gli appassionati del genere, ma non causi tanti pro-

blemi come una democrazia vera. – Ed è così, cari amici, che ho inventato il Pd.

Come si sa (sempre che lo sappiate) la democrazia vera è un composto formato da potere costituito, potere costituente, idrogeno, ossigeno e qualche agente sbiancante. (L'Italia è piena di agenti sbiancanti; e non tutti sono direttori del Tg1.) Creare una democrazia che funzioni non è facile, dato che la faccenda non dipende solo dalla qualità dei cappotti a una prima della Scala. Una vera democrazia si forma col tempo, grazie al passaggio di conflitti attraverso sacche di resistenza che non possono essere governate tramite una mediazione. Vale a dire che questi conflitti (A) passando attraverso queste sacche di resistenza (C) creano una condizione atmosferica nota come "volontà popolare" (VP, se questo può aiutarvi). Ciò, a sua volta, crea una certa quantità di scelte politiche (termine tecnico che significa "scelte politiche") e il risultato è quella che chiamiamo "democrazia", o, più spesso, quella che chiamiamo "questo c**** di democrazia".

Allo scopo di capire come mettere insieme una democrazia finta, era necessario che ripercorressi mentalmente le qualità della democrazia vera per come la conosciamo. Quali sono le funzioni caratteristiche della democrazia? Be', innanzitutto, quella di bloccare il traffico. Ogni surrogato ideale della democrazia deve essere di una natura tale da poter essere applicato alle strade di una città in modo da congestionarvi ogni movimento veicolare per almeno due giorni. – *Questo,* – ho pensato, – *richiede una distribuzione.* – La nostra nuova democrazia dovrà essere distribuita facilmente e rapidamente a tutte le parti della nazione. Ciò renderà necessari dei camion, e i camion imporranno l'impiego di camionisti. Ora, se la temperatura è torrida (e a che serve la democrazia se il clima non è torrido abbastanza da renderla fastidiosa?) questi camionisti (B) avranno bisogno di canottiere. Per cui le canottiere sono la prima cosa che dobbiamo procurarci come equipaggiamento. Prendo un pezzo di carta e scrivo "Canottiere". Fin qui, tutto bene.

Poi, una delle funzioni principali della democrazia vera è di alimentare il dissenso civile. Questa era tosta. Come creare qualcosa che alimenti l'opposizione sociale nei cittadini senza procurar loro l'inconveniente di dover sospendere le proprie attività per unirsi – che so – a manifestazioni di piazza? Perché nessun surrogato della democrazia potrebbe essere popolare se richiedesse un qualche impegno da parte della gente. La gente vuole tutti i vantaggi di una cosa. Oh, sì! Ma non vuole avere guai per procurarsela. Oh, no! Niente guai! Se deve esibire dissenso civile, vuole poterlo fare senza doversi recare apposta da qualche parte (dopo una certa ora non ci sono più autobus che ti riportino indietro). Per cui è evidente che, dovendo imitare questa funzione della democrazia, diventa necessario assoldare dei giovani che si rechino appositamente da qualche parte a esibire dissenso civile al posto della gente che ha altro da fare. Questo richiederà dei motorini. Scrivo "motorini" sotto "canottiere". Di bene in meglio. Quanto all'ordine pubblico, non c'è motivo di preoccuparsi: le autorità sono sempre più in allerta e di conseguenza il rischio di essere presi resta più o meno lo stesso. (Questa rileggetela pure con calma.)

Risolto il problema della distribuzione, il passo seguente era decidere di quale altro orpello dovesse fregiarsi la nostra finta democrazia affinché le venisse riservato un posticino nel cuore immacolato dei milioni di italiani sparsi a casaccio nel Paese. Qualcuno suggerì "la possibilità di cambiamento" e in mezzo secondo si levarono grida euforiche da tutti gli angoli della sala conferenze (perché eravamo in conferenza, a questo punto): – *Cambiamento! Cambiamento! La nostra democrazia deve avere la possibilità di cambiamento!* – Fu stabilito che il posto migliore per simulare la possibilità di cambiamento era davanti alla tv. Chi non ricorda di aver cercato il telecomando per liberarsi di Vespa una volta per tutte e mettere al suo posto qualunque altra cosa purché non lui? (L'uomo sembra sempre in onda, il che lo rende praticamente insopportabile.) Questa possibilità di cambiamento è forse la più difficile da imitare, fra le funzioni della vera democrazia, e se fossimo riusciti a escogitare un prodotto che ne avesse dato a tutti l'illusione, allora saremmo potuti salire in piedi sul tavolo a urlare "Eureka!" dimenandoci.

Il modo in cui, per il nostro prodotto, arrivammo al nome Pd, richiederebbe un'epopea a sé. Penso che mi piacerebbe scriverla. (Non lo so, magari no.) Per ora basti ricordare che un'antica consuetudine proibisce di chiamare un manufatto con nomi propri di persona. Sembra che porti sfortuna, o un editoriale di Piroso. Perciò decidemmo che dovevamo creare una sigla che suonasse come la sigla di un vero partito democratico, pur senza averne la tradizione: ad esempio, Pd. Pd! Salimmo subito in piedi sul tavolo a urlare "Eureka!" dimenandoci. E non un Eureka! normale, ma un Eureka! al sapore di Nancy Brilli. (Sto solo scherzando. Non datemi retta.)

Restava da architettare la confezione del prodotto, fattore essenziale di ogni proposta commerciale: fossimo riusciti a escogitare un contenitore diverso dalla solita scatola vuota, infatti, bingo! Scartata la proposta iniziale (un albero con le tette) approdammo rapidamente alla soluzione definitiva. Impacchettare un po' di finta democrazia in un loft è macchinoso, ma se ce la fai, alla fine provi uno strano e selvaggio senso di soddisfazione che odora di napalm.

Stiamo lavorando alla questione del leader. Senza leader, un partito è un corso di risotto. Mi hanno parlato di un uomo dai poteri ipnotici di nome Eddy Pastello che ha messo in trance un suo amico e questi adesso non riesce più a staccare il pollice dal naso. Ho chiesto di chi sia il naso a cui è rimasto attaccato il pollice, se è quello dell'amico o è quello di Eddy Pastello. Lì per lì nessuno dei presenti ha saputo rispondermi (la stanza era vuota). Nel caso Eddy Pastello fosse libero e disponibile, ingaggiamo lui senz'altro. Prima però dovrà cambiare nome.

νίψον ἀνομήματα μὴ μόναν ὄψιν*

Quando Silvio nacque a Tirana, sua madre, che aveva diciott'anni e si chiamava Ramona, mondò il neonato con acqua di lavanda, lo impanò nel borotalco e lo nascose per un anno e mezzo dentro un tappeto in soffitta. Venne trasferita nel manicomio locale e sottoposta a terapia elettrochoc con un accendigas piezoelettrico. Il padre della creatura, che di mestiere faceva il trapezista in un circo,[1] un mese prima era morto in un frontale aereo contro la donna cannone. (La stessa donna cannone cui Van Gogh, anni prima, aveva regalato un orecchio. Che aveva trovato per strada.)

(L'orecchio le salvò la vita.)

[1] Era un circo povero. Come attrazione avevano l'Uomo Barbuto. E un solo leone, cui il domatore legava la coda alla gabbia prima di entrare.

Con Stalin distratto dalla collettivizzazione dell'Ucraina, la madre di Silvio ottenne un permesso per emigrare. All'Ufficio permessi aveva incontrato un certo Flambar, il classico tipo strano del piano di sopra. In un modo che le fece capire che se avessero fatto sesso, poi non ci sarebbe stato più nulla di paragonabile, lui le offrì il massimo della felicità, il matrimonio, e lei lo sposò.

Salparono per l'Italia che, i quali, nessuno di loro parlava italiano. Flambar però sfoggiava un francese ammirevole, del genere che puoi imparare solo in un bordello. Si stabilirono a Milano, zona Navigli, e Flambar prese a lavorare come camionista. Trasportava scatolette di tonno su e giù per l'Europa. Non le scaricava mai, le portava solo su e giù. Il guadagno veniva dalle fatture false: accà nisciuno è ffesso. Nel frattempo Ramona restava a casa a fare la sarta. Usava il ditale con abilità. È questo il segreto. Un ditale ti protegge dagli spilli. Uno spillo ti punge, entra nel dito, ti arriva al cervello, muori.

Quando Flambar era in giro per l'Europa, la sera apriva una scatoletta di tonno e la metteva sul cuscino accanto a sé per non sentire la mancanza di Ramona. Di solito funzionava. Sul finestrino del camion invece c'era una foto della sua attrice preferita, Gina Lollobrigida, il cui nome gli ricordava il rumore che fa un bastone lungo una cancellata ma la somiglianza terminava qui.

Una domenica, Ramona venne inclusa in un pilone dell'Autostrada del sole dopo un equivoco fra Flambar e la mafia. Quando le autorità arrivarono a prendersi il piccolo, la vicina di casa, la signora Palma, disse: – *Possiamo tenercelo noi. Silvio è uno di famiglia.* – Ma le autorità fecero no con la testa e Silvio fu schiaffato in orfanotrofio: un periodo ossessivo, dato che i precettori lo tenevano lontano dalle forme convesse e dalle immagini color rosa. Tre anni dopo, Flambar tornò a prenderlo "per portarlo con sé a Tirana". (Mercato clandestino di organi di bambini.) Durante il viaggio, Silvio parcheggiò spesso la tigre nello scompartimento del treno (*parcheggiare la tigre = vomitare*, in uno slang tutto mio che però piace assai agli adolescenti di oggi, delle gran teste di cazzo, ci siamo passati tutti). Arrivati a Durazzo, Flambar lo affidò a una megera e Silvio, per la prima volta in vita sua, fu abbracciato da qualcuno che gli faceva sentire le tette. Piansero entrambi, le lacrime non finivano più.

Silvio era ancora minorenne, ma l'Albania era già in mano alla mafia e così trovò subito lavoro in un ristorante. (*Trovare subito lavoro in un ristorante = pedoporno-*

grafia, nello slang tutto mio eccetera eccetera.) Quando ebbe risparmiato abbastanza lek, Silvio comprò al mercato nero un manuale Cia intitolato *Libro verde* (così chiamato perché non era verde affatto) (era a pois fucsia) le cui lezioni adattò per rilassare la mente e visualizzare cose oscure. A un certo punto decise di comprare alcune emittenti tv e diventare capo di un impero televisivo. Cinquanta anni dopo aver lasciato Milano, vi ritornava. Un pomeriggio capitò sui Navigli. Trovò la signora Palma, ormai cieca, che cercava di infilarsi un pettine in bocca, seduta in cortile sopra un mucchio di torba. (L'orba nella torba.) – *Sono già stato qui,* – ricordò Silvio. – *Tanto tempo fa.* – Nel momento in cui udì la sua voce, la donna ebbe un sussulto. – *Silvio è tornato!* – esclamò. Ed esplose in mille pinguini.

Il figlio della signora Palma gli raccontò che la madre parlava sempre di lui: anni e anni di rimorso per esserselo lasciato portare via dalle autorità. Silvio formò un teepee con le dita a segnalare cordialità interrazziale e lo fissò negli occhi. Disse: – *Sono stato qui solo una o due volte, tanti anni fa. Abitavo in centro. Non avevo mai visto sua madre prima di oggi pomeriggio.* –

MORALE: Lo spirito si nutre di quiete (monti, luna), le passioni sono mitigate dal movimento (acqua, viaggio), l'Italia è un paese fascista.

* Traduzione dell'antico palindromo: *Bisogna lavare i propri errori, non solo il viso.* Di questo racconto esistono due versioni: una per parricidi balbuzienti e una per bambini che sanno il francese imparato nei bordelli. Aut. min. conc.

Zombies
a Montecitorio

Raccontare storie di zombies è un piacere tipicamente umano che ha radici antichissime, fra le cui motivazioni profonde la principale è forse riconducibile al bisogno ancestrale di domare la natura ostile, e una non secondaria a quello misterioso di possederla. La definizione di "zombie" è però varia quanto la pletora degli esperti; e ai giudizi vanno aggiunti i pregiudizi, di ogni genere ed epoca, inclusa la nostra: ci sono popoli semiselvaggi che considerano i morti viventi creature sacre, e in certi momenti dell'anno li celebrano con festeggiamenti in tutto e per tutto simili alle nostre feste in onore della divinità, apparecchiando are inghirlandate; ma c'è anche il noto preconcetto per cui uno zombie sarebbe un'entità pericolosa, e l'occuparsene un passatempo da evitare, concesso tutt'al più agli scrittori di racconti dell'orrore; in altre parole, una fantasia, quando non la manifestazione di un convincimento paranoico: una di quelle assurdità che fioriscono fra le rocce carsiche della debolezza mentale. L'uomo divorato da una tale passione diviene un pericoloso avventuriero, la meccanica della civiltà ne risulta minacciata, lo scandalo dev'essere impedito: a questo si limita, purtroppo, la capacità di analisi, in una società eminentemente utilitaristica.

Con tutto ciò, non è affatto vero che oggi solo l'arte e l'architettura permettano alle larve dell'ambiguità di

145

corrodere la carcassa semantica dell'immaginario. Chi lo sostiene dimentica l'inequivocabile: la babysitter quindicenne che prova piacere nel narrare a un bambino storie di zombies, deliziata di calpestare il prato fresco e delicatamente profumato dell'innocenza. Sarebbe insensato rimproverarle l'entusiasmo per ciò che forse non le è neppure chiaro. E non si neghi l'ammirazione che una audacia così impavida merita anche là dove magari sbaglia. Nessuno, peraltro, sta tenendo un punteggio.

Quello dell'agenzia immobiliare diede due colpetti alla giacca stazzonata, gli strinse la mano e indicò il palazzo con un cenno del mento. Il rudere pareva ben conservato, anche se coperto in buona parte dai tralci lussureggianti di una vegetazione che gli esperimenti nella ionosfera avevano reso psicotica.

Filippo si accese un sigaro fresco. – *Lo compro.* –

L'agente corrugò la fronte. – *Ma... non vuole darci un'occhiata dentro, prima?* –

– *Non è necessario. Lo farò demolire.* –

Lo sconcerto dell'agente gli diede una certa soddisfazione.

La tata gli aveva turbato l'infanzia, raccontandogli la leggenda dei morti viventi a Montecitorio. Lo psicologo, anni dopo, avrebbe ricondotto a quel primo raccapriccio la decisione dell'acquisto.

– *Be', allora ok, dottor Berlusconi,* – chiuse l'agente. – *In settimana le farò avere le carte da firmare.* –

Filippo Berlusconi incaricò della trasformazione l'archistar Polifemo Mercier. Il vecchio palazzo di Montecitorio sarebbe diventato il più grande centro commerciale del mondo: identico a quello di Dubai, e sospeso su un geyser. Al posto dell'obelisco, un gigantesco bronzo di Cristo Redentore, con in testa una corona di spine elettrificata per tenere alla larga i piccioni.

– *E le vestigia liberty?* – chiese l'archistar.

Potevano fottersi. FB considerava stupido rimpian-

gere il passato. – *È come rimpiangere le troie prima del-*
la scoperta della penicillina. –

Aperti i cantieri, le scocciature non tardarono a mate-
rializzarsi e un pomeriggio presero la forma di una giornalista ficcanaso in cerca di ficcanasature da ficcanasare.

La stronza, una creatura snella dentro un caftano a
stampa floreale, dai cui spacchetti laterali uscivano gambe perfette e lunghissime che terminavano con eleganza
dentro le preziose ramosità di sandaletti dorati, sfoggiava un'abbronzatura biscottata che rendeva ancor più
luminosi i capelli spiga di grano tagliati alla maschietta.

Era elegante come l'erba quando si piega al vento.

– *Ancora non li ha visti?* – chiese a Filippo mentre il
maggiordomo serviva il pranzo. FB capì subito che quella intendeva "gli *zombies*".

– *Non ci crederei neanche io, al posto suo,* – aggiun-
se la tumistufi, – *se non fosse per un paio di cosette!* –

– *Sentiamo,* – sorrise Filippo con un'indulgenza ple-
naria.

Quella enumerò alcune circostanze, fra cui il verbale
di un processo in cui un pm, secoli addietro, ricostruiva
nel dettaglio il primo assalto degli *zombies* a Montecitorio. Inoltre: Filippo sapeva di essere l'ennesimo proprietario dell'immobile, quelli precedenti essendo tutti morti
in modo orribile?

– *Cosa potrebbe mai capitarmi?* –

– *Ha ragione, le chiedo scusa. Le interesserebbe leggere il verbale del pm? È secretato alla custodia imperiale e ho un'amica che ci lavora,* – concluse la buciona,
spalancando gli occhioni di loto.

– *Dessert?* – domandò il maggiordomo.

– *Buona idea,* – sorrise lei. – *Cosa mi propone?* –

– *Fragole saltate al vino servite con un bicchierino di
Porto.* –

– *Mi dispiace, non bevo alcolici. Per me solo fragole.* –

– *D'accordo, signora. Il Porto a parte non glielo porto.* –

Il Porto a parte non glielo porto! Un'arguzia stupefacente, per uno che solo l'anno prima era stato promosso da idiota a ragazzo dell'ascensore, pensò FB.

La giornalista se ne andò convinta di aver fatto colpo: fosse stato davvero così, Filippo le avrebbe dato il numero di cellulare a cui rispondeva.

Dopo averla congedata, salì agli appartamenti del secondo piano.

Si stese sul letto con un sospirone.

La solitudine non gli dispiaceva, in fondo. Anzi: percorrere i corridoi deserti del palazzo – il transatlantico, il corridoio dei questori, il salone dei busti – gli dava un certo conforto.

Il soffitto era decorato da un affresco che raffigurava una mucca e a giudicare dalla bravura dell'artista era molto probabilmente un autoritratto.

Il sonno arrivò dolcemente.

Si svegliò di soprassalto.

In piedi, accanto al letto, c'era una *silhouette* femminile.

Non riusciva a distinguerne il volto, ma ne sentiva il respiro.

Una lucertola di freddo gli percorse rapidissima la schiena. – *Chi è?* –

– *Tu devi essere il nuovo proprietario,* – lo apostrofò quella Belfagor con tono spavaldo.

Si chinò su di lui perché la vedesse in faccia.

Dio santo!

Nel petto di Filippo il cuore prese a dibattersi come un fringuello in gabbia, un fringuello che dava testate contro le tempie e la gola, un fringuello che volava all'indietro perché non gli importava dov'era diretto, gli importava solo dov'era stato.

Era una *zombie*.

Si trattava certo di uno scherzo. E piuttosto di cattivo gusto: qualcuno si stava divertendo alle sue spalle mostrandogli foto porno di scimmie. Altre spiegazioni non c'erano. D'altra parte, come essere certi che non fosse uno scherzo? Continuava a guardarla. L'uomo, su certe cose, è diffidente per natura. Di' a un uomo che ci sono più di trecento miliardi di stelle nel cielo e quello ti crede. Di' allo stesso uomo che la vernice sulla panchina è fresca e lui vorrà toccare con un dito. Ah, in che modo tenace la nostra mente rigetta ciò che teme essere vero!

No, non era uno scherzo. Un uomo deve accettare l'evidenza dei suoi occhi, e quando i suoi occhi e le sue orecchie concordano, non può esserci dubbio: si deve credere a ciò che si è visto e udito.

Cos'era, allora? Che voleva da lui quella – quella presenza?

Un pensiero lo tormentava, rosicchiando i bordi della sua psiche come un sorcio ammalato.

Era forse in pericolo?

Sì, se lei lo avesse ucciso.

Eppure non riusciva a distogliere lo sguardo da quella figura provocante. La sua bellezza prorompente era al tempo stesso spaventosa. Il suo corpo esterno era meraviglioso. Quello interno, chi poteva dirlo?

Decise di mentire.

– *Il nuovo proprietario? Io? Ah ah ah. No, sono solo l'arredatore.* – Il rintocco di una pendola lo fece sobbalzare.

Ritrovò la compostezza e continuò la messinscena prendendole la mano per avvicinarla alle labbra. – *Mais je suis très heureux de vous voir! Permette? Mercier. Polifemo Mercier. Con chi ho il piacere?* –

Stava facendo troppo lo scemo, per uno che era in procinto di morire, e tutto perché la vagina di lei emetteva un raggio traente cui era impossibile resistere. *Uiiiiiiiiiiiiiiiiiii!*

C'è posto per una sola ossessione, nella vita di un uomo, e quella donna stava per diventarlo. Qualcosa di vago, eppure percepibile come una nebbia, si addensò intorno a loro e li avviluppò fra i suoi viticci. Non erano più un essere umano e una *zombie*, adesso, ma due composti chimici che attendevano solo un reagente catalitico che li portasse alla combustione.

Come obbedendo alle armonie di una orchestra invisibile e cubana, e con un'aria infantile che rendeva la sua nudità indelebile, lentamente la *zombie* prese ad ancheggiare il corpo flessuoso, carezzandosi i seni enormi, comprimendoli l'un contro l'altro, inarcando la schiena, leccandosi le labbra.

Poi finse di abbassarsi uno slip inesistente, si voltò di spalle e alzò le braccia, lasciando che le tette enormi sporgessero lateralmente dal busto, ballonzolando.

Quindi di colpo si piegò, i capelli quasi a toccare terra, e portate le mani sul culo ne allargò la fessa, mostrando a Filippo l'albicocca delle grandi labbra.

Si girò dunque verso di lui, si ciucciò il medio e lo usò per vellicarsi, fissandolo dritto negli occhi.

– *Mi chiamo Nilde. Nilde Iotti,* – disse: cinque sassi gettati in uno stagno limaccioso che incresparono la pelle di Filippo dalla testa ai piedi. Quegli occhi vuoti parevano inghiottirlo. E Filippo desiderava esserlo.

Si alzò dal letto e le si avvicinò, conscio dell'azzardo, un cieco sull'orlo di un crepaccio.

Lei, sostanza senza tempo come il chiardiluna, fece allora qualcosa che lui non avrebbe più dimenticato. Fu appena una lieve pressione sul polso, un tocco rapido e gentile.

Un attimo dopo, con la tenerezza che nessuno *zombie* dovrebbe avere, lo abbracciò e gli diede un bacio.

Lui spostò il portafoglio nella tasca davanti.

Il mattino seguente era sparita, né lui riusciva a ricordare molto di quanto era successo. La pelle scorticata, era come se avesse lottato tutta la notte contro una gabbia di coguari. Ed era una sensazione meravigliosa!

Uscì per una passeggiata nel parco. I raggi di sole, sverginate le ombrose navate dei baobab, macchiavano di luce il vecchio sentiero di pietra su cui risuonavano i suoi mocassini, nel silenzio di una pace irreale. L'aria fresca gli riempiva i polmoni di felicità. Si sentiva sano come un pony sotto un cielo agrario. I suoi occhi stavano danzando, le sue orecchie cantavano. Alzò lo sguardo verso la finestra della notte attica. – *Oh, sì*, – pensò tutto soddisfatto, – *la vita è bella e le cose non potrebbero andarmi meglio.* –

Quella sera, lo *zombie* della lotti non si fece vedere e la delusione di Filippo fu cocente assai.

Rigiratosi nel letto senza riuscire a prendere sonno, il mattino dopo fece qualche domanda agli operai che stavano attrezzando il *demolition party*. L'avevano vista?

Si strinsero nelle spalle.

Ma trascorsa una settimana, come in un sogno gioioso, Nilde riapparve.

– *Dov'eri finita? Ti ho cercata dappertutto!* –

I suoi fianchi erano infoiati ed eccitanti. – *Mi hai cercata dappertutto? E perché mai una come me dovrebbe incuriosire uno come te?* – Si avvicinò per baciarlo. – *Sono qui, adesso.* –

Si sfilò il négligé, spinse Filippo sul letto, soffiò sulla candela e gli fu addosso quasi prima che la stanza piombasse nel buio.

Nilde ritornò la notte seguente e quella dopo e quella dopo ancora. Filippo ne adorò ogni istante. La *zombie* faceva sesso con la passione di una forza rivoluzionaria appoggiata dal Kgb. Il suono di un bacio non sarà fragoroso come quello di un cannone, ma la sua eco dura molto di più.

– *Perché non ti sei mai sposato, Polifemo?* –
– *Tu mi vorresti?* –
– *Io cosa c'entro?* –
– *È quello che mi dicono tutte.* –

Nilde scomparve di nuovo, senza spiegazioni. Filippo ricominciò a fare domande in giro, ma non andò più avanti della volta precedente. Da dove veniva? Dove spariva? Il sonno era impossibile durante la sua assenza e, cribbio, si sentiva solo.

Si afflosciò sulla poltrona come un bue che non ce l'ha fatta a diventare il dio Api. Doveva assolutamente ritrovare quella donna per una serie di ragioni tutte fisiche.

D'un tratto si ricordò della stronza. Certe informazioni, che gli erano parse così sciocche durante l'intervista, potevano avere in realtà una qualche importanza, dopo gli ultimi accadimenti.

Quella si insospettì subito. – *Cos'è successo?* –

Con una certa urgenza nella voce, Filippo la pregò di non fare troppe domande. C'entrava una donna misteriosa, le avrebbe spiegato meglio a tu per tu. Poteva procurargli intanto il verbale secretato?

Lei capì al volo. Gli disse che avrebbe attivato senz'altro la sua amica alla custodia imperiale.

– *Perfetto*, – la ringraziò Filippo. – *E adesso riattacchi, o sarà occupato quando la richiamerò.* –

A palazzo Chigi, nel frattempo, si era insediato lo staff di Polifemo Mercier. Piccolo, il sorriso diffidente, la pelle dura come carne argentina seccata al sole, Mercier vestiva con la trasandatezza del *trendsetter* che non ha bisogno di dimostrare niente a nessuno, figuriamoci agli altri.

C'è chi cammina muovendo le braccia lateralmente e chi cammina muovendole trasversalmente: Mercier camminava tenendole ferme lungo il corpo, i passetti rapidi, le spalle spinte avanti e indietro con isteria, il bacino immobile, quasi separato dal busto.

Coordinava i suoi assistenti col piglio sicuro del direttore d'orchestra. – *Tu qui, tu là; tu su, tu giù.* –

Al vizio della cocaina erano invece da imputare i suoi scatti d'ira ciclopici; i suoi pianti, tanto improvvisi quanto ingiustificati; e la favella alluvionale. Difficile descrivere, quando t'incantonava, la noia delle sue spiegazioni sull'architettura neo-decostruttivista, che era di volta in volta critica costante di se stessa, resa plastica delle contraddizioni del linguaggio, uso espressivo della struttura, dissoluzione dei vincoli di verità, esplorazione degli interstizi situati fra le opposizioni metafisiche delle coppie forma/funzione, utile/bello, struttura/decorazione e bla bla bla.

– *Sì, sì, tanto pago io,* – pensava Filippo.

Quando Nilde tornò, nei suoi occhi brillava qualche stella interiore. Come la vide, Filippo eseguì dentro di sé dei saltelli battendo le manine.

– *Chi è quel tuo amico caruccio?* – chiese lei senza preamboli, mentre gli accarezzava la michetta nei boxer.

– *Un amico caruccio? Ne ho uno? Non ne ho nessuno. Quale amico caruccio?* –

– *Ma sì, il nevrastenico con le pupille da girino,* – rise lei.

Intendeva Polifemo.

– *Ah, quello! È Filippo Berlusconi.* –

Dònnnggg! Di nuovo quella pendola del cazzo che lo faceva sobbalzare ogni volta.

– *Non dico che non sia un tipo interessante,* – le concesse. – *I suoi insegnanti di liceo probabilmente lo consideravano uno dei giovani con le maggiori probabilità di essere trovato morto in un motel per asfissia autoerotica. Ed è famosissimo, quindi chi se ne frega se passa il tempo a guardare con libidine lo scarico della lavatrice. Ma devi toglierelo dalla testa, tesorino,* – le disse picchiettandole quattro volte la fronte con un dito. – *Tu-hai-già-me.* –

La risata della Iotti esplose dentro di lui come bollicine di champagne.

– Non essere sciocco. Lo so che ho già te. Ma lui fa il difficile. Questo mi incuriosisce. Tu – tu sei troppo voglioso. E geloso! –

– Io, voglioso! – sbottò Filippo. *– Cribbio, sta' a vedere che 'sti graffi sulla schiena l'altra notte me li sono fatti da solo! –*

Sulla gelosia però ci aveva preso. D'altra parte, chi non è un po' geloso? Anche Zeus lo era e, stando alla mitologia, una volta fece sesso con un cigno, cosa che è proibita nei paesi cattolici.

Nilde gli sollevò la camicia per scoprirgli il dorso. *– Il mio povero bambino, –* diceva, sbaciucchiandogli le cicatrici ancora acerbe.

Poi gli diede un morso – forte e profondo e doloroso.

L'indomani Filippo sarebbe partito per Milano, beghe legali. Voleva andare con lui? le chiese più tardi.

Lei scosse i capelli. *– Non posso spiegarti, adesso... –*

Gli si distese addosso, nuda. *– Dimmi che mi ami, Polifemo! Dimmi che mi amerai per sempre. Non c'è neppure bisogno che tu lo pensi per davvero, sai? Basta che tu me lo dica. –*

La luna si specchiava dentro ciascuna delle sue lacrime. E in ogni lacrima c'era una larva di moscone. Era mai esistita donna più bella? *– Non ho mai amato nessuno così, prima di te, Polifemo. Devi credermi. –* Lo divorava di baci.

– È innamorata di me, – pensò Filippo. *– Non solo è bella, è anche intelligente. –* Trascorse l'ora seguente a leccarle la georgia o'keefe, succhiandone il nettare *comme une éponge.*

Alle prime luci dell'alba, la sentì sgusciare via e chiudere la porta con tatto. *–Ti amo, Nilde, –* sussurrò nel sonno.

Nella biblioteca, resa radiosa dal mezzodì, Polifemo si aggirava arruffato come un galletto sull'aia. Voleva dire qualcosa a Filippo, ma si tratteneva.

Filippo indicò il proprio braccio destro. – *Può parlare, Mercier. È il mio braccio destro.* –

Mercier aveva finito la pazienza: – *Va bene, dottore, siamo in Italia e uno scherzo è uno scherzo, ma quando è troppo è troppo.* –

– *Prego?* –

– *Detesto che mi si prenda per il culo. Chi è quella donna?* – Tremava dalla rabbia.

– *Quale donna?* –

– *Quale donna. Quella che stamattina si è intrufolata nel mio letto!* –

Era furibondo. Gliela descrisse. Era Nilde.

Filippo esitò. – *C-cos'è successo?* – La domanda doveva fargliela; la risposta non era sicuro di volerla sapere.

– *Ma cosa vuole che sia successo? Niente. Crede che mi faccia irretire dalla prima troiona che mi si infila nel letto? Ho dei princìpi. Ah! E ha avuto la faccia tosta di dirmi che facevo il difficile. Insomma, chi è?* –

Le cose stavano così, dunque! Uscita da Montecitorio, la vagina ancora umida della lingua di Filippo, la *zombie* si era intrufolata sotto le coltri francesi, sperando in un piccolo supplemento.

Che schifo, piccineria, voltastomaco quello che Nilde gli aveva fatto. Filippo stava morendo dentro. Aveva perso tutto.

– *Mi dispiace, Mercier. Quella donna non so chi sia. Pare che nessuno la conosca.* –

In aereo, di ritorno da Milano, un bambino non faceva che fissare Filippo. Cos'è, non aveva mai visto una hostess fare un pompino?

Mentre le labbra di lei lo portavano all'orgasmo, pensava a sua moglie. Lo accusava di aver abusato della figlia e gliel'aveva portata via. Se fosse stata pubblicata da qualche giornale, la notizia avrebbe suscitato un clamore notevole, ma nessuno ne aveva parlato: i vantaggi di un colosso multimediale, quando ne possiedi uno. L'avvocato, quella mattina, si era detto fiducioso. Lo attendeva in ogni caso un processo.

La sua fantasia elaborava necrologi ideali: *"Dopo tante sofferenze affrontate sempre con disperazione, infastidita da una fede debole subito perduta, è finalmente mancata all'odio dei suoi parenti Carla P., madre degenere e moglie già dimenticata. La deridono con pernacchie il marito e la figlia".*

Arrivò al gusto sulla parola pernacchie.

Dieci minuti dopo, la hostess gli portava uno scotch e la copia del mensile con la sua intervista. L'aveva già letta?

No, e ne era curioso.

L'articolo era pieno di verve: per niente banale, misurato, intelligente.

Filippo scoprì che il nome completo della stronza era Paolina Ferrido Dolcedrago. Le telefonò per ringraziarla. E per invitarla a cena.

L'idea del sushi era stata della giornalista. Filippo non era mai a suo agio, in un giapponese. Provava a mangiare con le bacchette, scatenava incendi.

Le raccontò tutta la storia: senza vergogna, né amarezza, né punteggiatura.

Paolina gli fece leggere il verbale del famoso processo. Filippo ebbe una vertigine. Capì di essere in pericolo. Meglio non passare quella notte a Montecitorio.

– *Ti andrebbe di venire da me?* – disse lei con *nonchalanche* mentre arrivava un cameriere con l'estintore.

Filippo si svegliò che il sole era alto. La notte era stata movimentata. Sul più bello Paolina gli aveva vomitato addosso: prima di coricarsi, si era bevuta dell'essenza di rose scambiandola per una tisana. Vomito alle rose. La stanza adesso profumava come una serra.

Lei aprì gli occhi e si trovò ancora abbracciata a lui.

Passarono a letto i due giorni seguenti.

FB arrivò a chiederle perché non fosse ancora sposata.

Lei rispose che non aveva ancora incontrato un uomo che valesse l'acquisto di un nuovo frigorifero.

Quando Filippo tornò a Montecitorio, nuvoloni cobalto si stavano addensando all'orizzonte. Il palazzo abbagliava contro il cielo scuro, nelle ombre dei suoi marmi cremosi risuonavano gli arancioni, i verdi e i lilla delle venature. Tuoni soffocati rullavano in lontananza la loro marcia di morte. Sembravano i borborigmi di un graffiacane affamato.

Montecitorio era deserto, Mercier introvabile.

Uno strano terrore lo assalì. Sentiva ovunque la presenza di Nilde.

– *Ci credi agli* zombies, *adesso?* – chiese a se stesso.

Come avrebbe potuto immaginarsela, una faccenda simile? L'unico evento soprannaturale cui aveva mai assistito era uno zio che resuscitava con delle gocce di acqua e sale le mosche uccise dall'insetticida.

Il temporale arrivò, furioso, con raffiche di burrasca che erano il lamento di prigionieri torturati. Filippo corse di sopra a coprire gli specchi con carta da pacchi perché non voleva entrare per sbaglio in un'altra dimensione.

Udì l'urlo di Mercier.

Si precipitò fuori della stanza. Mercier stava barcollando in sommo alle scale, gli occhi rovesciati. Allungò la mano verso Filippo e gli collassò fra le braccia.

– *Mercier!* –

– *Lei... è stata lei.* – Il suo corpo pareva attraversato da correnti epilettiche.

Gli si aggrappò alle clavicole. – *Me la tenga lontana, Filippo! Non me la faccia avvicinare di nuovo.* – Balbettava come un prete arrestato in un club per scambisti.

Filippo lo strattonò. – *Mercier! La smetta di fare l'idiota,* – gli disse attraverso i denti serrati. – *Che è accaduto?* –

– *Quella donna... È venuta nel mio letto... E poi... Ci ucciderà tutti! Mi porti via da qui. Mi porti via da qui!* –

Lo aiutò a sollevarsi. – *D'accordo. Il tempo di fare le valigie e... –*

– *No, adesso, subito!* – urlò, strizzandogli il pacco. – *Lei è di sopra! E sa chi siamo!* –

Tutto l'essere di Filippo gli urlava di scappare, di correre via da quel posto senza voltarsi indietro.

Raggiunsero l'androne scendendo le scale due gradoni alla volta.

Di colpo, le luci si spensero.

I cancelli dell'inferno si erano aperti e la dea Kalì, moglie di Shiva il distruttore, stava setacciando l'oscurità in cerca di preda.

– *Sta arrivando! Non abbiamo scampo!* – gridò Mercier proiettando la lingua. – *Moriremo tuttiiiiiiiiiiiiiiiiiii! –*

– *Calma! È solo un normale, buio, agghiacciante androne,* – disse Filippo. Diede un calcio al muro. La luce tornò.

– *Tranquillo, da bravo. –*

Mercier aveva raggiunto la consistenza di un budino di gelatina al ribes.

– *Di cosa ha paura, Mercier? Siamo in due, siamo più forti! –*

– *Non ho paura! –*

– *No? Dovrebbe. È una* zombie *assassina. –*

– *Aaargh! Sto per vomitare. –*

– *È indispensabile per diventare soci. Ho l'auto fuori. Andiamo. –*

Il giardino, sinistro e livido, era un labirinto di torrenti turbinosi, le foglie trascinate via dall'acqua come carcasse di bestiame appestato. Dopo pochi passi i due fuggiaschi erano già fradici di quella pioggia putrida che sembrava si rovesciasse dalle fogne dell'abisso.

Una saetta spezzò la sommità dell'obelisco, che cadde frantumandosi davanti a loro.

Una sensazione di orrore indescrivibile si impossessò delle viscere di FB.

Non dubitò neppure per un istante che fosse stata Nilde a scatenare il fulmine contro l'obelisco. E l'istinto gli diceva che, se avessero provato ad attraversare il parco, la sua ira avrebbe di nuovo sbarrato loro la strada, stavolta in modo più violento.

Cercò di imporsi un po' di lucidità. Era di Milano, aveva fatto la Bocconi, era un individuo pragmatico e razionale, credeva alle sedute spiritiche solo se l'ectoplasma pagava in contanti: gli *zombies* non esistevano.

Eppure, Nilde c'era! Sfruttando il peso dell'acqua e del vento, la tempesta della sua passione stava devastando tutto come nella scena madre alla fine del *Peer Gynt*.

Sentirono un rumore raccapricciante di vetri infranti: era la vecchia serra poco distante, che aveva ceduto di schianto sotto i tronconi della colonna di Marco Aurelio.

Non c'era tempo da perdere. Finiti i fulmini, c'era il rischio che quella passasse alle torte in faccia.

Corse dentro il palazzo e Mercier, che s'era distratto, subito lo seguì, sgommando come un cartone animato.

Il portone si chiuse dietro di loro: da solo, e con una determinazione che a FB fece accapponare la pelle.

– *Prenoti tre loculi al cimitero,* – disse a Mercier.

– *Tre loculi? Siamo in due.* –

– *Vicino a me non voglio nessuno.* –

FB riconobbe il profumo di lei. La paura impantanò le sue gambe in una melassa vischiosa alla base delle scale. Era – era bloccato!

Finalmente liberò un urlo: – *Nilde! Nilde Iotti! Dove sei?* –

Gli parve di sentire una risata soffocata.

Tornò all'uscita, ma il portone non si apriva, per quanto lo forzasse: Nilde l'aveva sbarrato. Provò ancora ad aprirlo con un ultimo sforzo e Mercier applaudì perché non aveva mai visto un prolasso rettale in diretta.

FB si guardò accanto. C'era lui stesso. Era fuori di sé.

– *Nilde, lasciaci andare. Ti prego! Lasciaci andare.* –

Di nuovo una risata: stavolta più rancorosa, quasi trionfante.

Una sensazione di disastro imminente gli strozzava la gola con una morsa di terrore, il panico originato non dalla sequenza di fatti orribili, ma dalla incapacità di comprenderli, uno sgomento cupo quale nessun mortale potrebbe sopportare a lungo se non a prezzo della propria salute mentale.

Infatti Mercier, sfinito dall'ansia, si accasciò dicendo blblblbl.

– *Nilde*, – supplicò FB. – *Ascoltami, ti prego.* –

Sul principio non ci fu risposta.

Poi, al di sopra del frastuono del temporale, FB udì una nenia atroce, la cantilena orripilante di una vedova nera che, stretta la tela attorno al compagno, si stava accingendo con felicità al pranzetto. – *La solitudine si deve fuggir, si deve fuggir, sol fra compagne si può gioir lallà, sol fra compagne si può gioir.* –

Il temporale infieriva contro Montecitorio come una madre depressa in preda a un raptus infanticida.

C'era una sola cosa da fare: abbandonare Mercier al suo destino e salire i gradoni.

Era spaventato, ma Nilde doveva essere affrontata sul suo terreno.

Entrò in camera e si distese sul letto.

BRAAAAAAAAAK! Una tromba d'aria poderosa trascinò a terra palazzo Chigi; e la porta della camera si aprì.

– *Ciao, Nilde*, – disse lui con voce stentorea, uno dei tanti aggettivi di cui conosceva il significato.

Lei indossava un tailleur Oleg Cassini e i suoi occhi vuoti emettevano lampi. – *Cosa c'è, non ti senti bene, Polifemo? Se è questo il tuo nome.* –

– *Sto benissimo*, – temporeggiò lui. – *Divento sempre cadaverico in questo periodo dell'anno.* –

– *Hai mai visto in faccia la morte?* –
– *No, è un sacco di tempo che non mangio sui treni.* –
Per tutta risposta, la *zombie* eseguì uno spogliarello francese talmente sexy che avrebbe resuscitato un senatore morto.

In quell'istante, Flaminio Piccoli entrò in camera brancolando le braccia.

Ma lo spogliarello era talmente sexy che avrebbe stroncato un senatore resuscitato.

Flaminio Piccoli venne stroncato subito da un infarto.

Oh, la natura è la vera, grande bugiarda. Filippo si ricordò di un documentario. L'orchidea australiana mima talmente bene l'odore e l'aspetto della vespa femmina che le vespe maschio si accoppiano col fiore, eiaculando senza ritegno nel labello, incapaci di resistere.

– *Nilde è la mia orchidea,* – pensò Filippo.

Non aveva più paura, adesso. Al contrario, più guardava il suo corpo, liscio e compatto come un formaggino, più sentiva crescere in sé di nuovo la voglia, in un misto abominevole di disgusto e di lussuria.

Si sollevò sui gomiti.

Il vento gridò e qualcosa colpì il tetto con un accollo che fece tremare il palazzo.

– *Filippo, perché sei qui?* –
Si sentì smascherato.

– *Perché ti amo.* –
Dònnnnggg!
Pendola del cazzo.

Lei trattenne le lacrime. – *Non pensi che io sia una donna stupida?* – La sua voce lo stava fissando.

– *Non mi piacciono le donne stupide.* –
Bravo, le donne adorano 'ste stronzate.

Lei gli prese la mano e la poggiò sul seno, eccitando in lui pulsioni inesprimibili che potevano essere riassunte da qualunque coniugazione del verbo sborrare.

– *Non avere paura, signor Berlusconi,* – sussurrò Nilde.

– *Non ho paura.* –
– *Quanto ti sbagli. Abbiamo tutti paura.* –

Scesero la scala mano nella mano. La loro solennità era esilarante come la parodia di una tragedia interpretata da cani ammaestrati.

Mercier era sempre lì svenuto sul pianerottolo, una metafora della caducità dell'amore. La sua testa era reclinata in modo che a ogni espirazione gli si gonfiava il taschino della camicia.

– *Tu sei sempre stato troppo voglioso. Lui invece faceva il difficile,* – disse lei, con un tono distante. Il temporale turbinava macerie nell'aria, attraendo in un vortice la terra al cielo. La voce di Nilde era triste come le foto di una gita a Piombino. – *Dimmi ancora quello che provi per me, Filippo.* –

– *Ti amo, Nilde. Ti amerò per sempre.* –

Vabbe', lo diceva ogni volta che vedeva un bella figa.

Lei chiuse gli occhi con un sospiro malinconico. – *Worte sind der Seele Bild.* –

– *Prego?* –

– *Le parole sono l'immagine dell'anima. Goethe.* –

Gli diede una carezza che sapeva di ombra. Si diresse verso il portone d'ingresso. – *Vieni qui,* – gli ordinò.

La raggiunse.

– *Aprilo!* –

Filippo tirò il portone: si dischiuse con facilità. La grandine lo colpì in faccia come riso lanciato ai matrimoni. Perse quasi l'equilibrio.

La distruzione che vide all'esterno lo disorientò.

Alle sue spalle, la voce di Nilde si soffuse di una malinconia infinita.

– *Addio, Filippo!* –

Il portone gli si serrò alle spalle con un tonfo, separandoli per sempre.

– *Nilde! Fammi entrare!* – gridò. – *Nilde! Nildeee!* –

Corse intorno al palazzo in cerca di una breccia.

Un cumulo di macerie ostruiva il passaggio indicato da un archivolto. Cominciò a raspare fra i calcinacci, incurante delle unghie che si spezzavano sanguinando.

Una corrente d'aria proveniente dall'interno gli confermò che c'era un varco. Si infilò nel pertugio come una biscia e rovinò da un'altezza di due metri dentro una stanzetta buia piena di polvere. Avanzò a tentoni.

Da qualche parte gocciolava dell'acqua, c'era odore di muffa, alcune travi sbarravano una porta.

FB provò a spostarne una.

Il soffitto gli franò addosso. Si ritrovò sotto un quintale di detriti sui quali non poteva esercitare la minima leva, intrappolato, sepolto vivo. La sua respirazione si affrettò, la polvere lo soffocava. Quando lo sfinimento divenne più insopportabile di sua moglie, perse i sensi.

Tornò in sé che era tutto finito. Sulla testa aveva un bernoccolo grosso come la sua testa. Dentro la testa, qualcuno stava dirigendo un coro di Händel eseguito da maniscalchi su un'incudine. Paolina gli era accanto.

– *Cos'è successo?* –

– *Sei svenuto.* –

– *Esatto.* –

Dalla barella gettò un'occhiata alle rovine di Montecitorio, che gli albori del nuovo giorno indoravano come un tempio maya. – *Dio mio!* – bisbigliò. Il palazzo era in macerie, coperto da rampicanti: pareva abbandonato da secoli.

Il parco era un acquitrino bituminoso, il portone spalancato in un grido muto.

– *Nessuna traccia di Mercier,* – disse Paolina.

Nel verbale, la polizia accreditò l'ipotesi della morte accidentale per annegamento, essendo verosimile che Mercier si fosse avventurato nella bufera e, perso l'orientamento, fosse finito nel Tevere, che era esondato.

Paolina restò sempre convinta che Filippo fosse l'unico a sapere cos'era davvero capitato a Mercier.

– *Buongiorno, dottor Berlusconi. Come andiamo oggi?* –

– *Benissimo, professore, grazie. E lei?* –

– *Ecco il termometro.* –

163

– In bocca? –
– Sì. Deluso? –

Da allora, Filippo continua a riflettere su quell'antico proverbio che dice: "Il paradiso di uno è l'inferno di un altro". C'è tanta verità in quel detto. Il paradiso è un recinto, e accettarne il limite è una rinuncia; ma questo limite, quando è misura dell'amore, apre a possibilità sconfinate, e diventa redenzione, consolazione, trasfigurazione.

– Dottor Berlusconi, fra due giorni la dimettiamo. –
– Grazie, professore. –
– Chiamo l'infermiera per il clistere. –
– Io non pago per i suoi clisteri! –
– Offro io. –

Primo assalto degli *zombies*, qualche secolo prima
Dalla requisitoria del pm (Cust.Imp., fascicolo 310/4589):
– In base a questi elementi possiamo determinare l'orario di ingresso degli *zombies*: lo sfondamento della cancellata anti-sommossa sulla piazza può essere collocato alle 23:59:17, un orario compatibile con ciò che riferiscono i principali testimoni, cioè che l'irruzione avveniva intorno a mezzanotte. Quanto passa dallo sfondamento della cancellata all'apertura della prima anta del portone centrale? 58 secondi. L'ingresso in Montecitorio vede sicuramente l'apertura del portone centrale, osservabile dai filmati ripresi da un testimone che si era nascosto sul tetto del palazzo di fronte. Mostra l'ingresso del primo *zombie*: ha distintamente le fattezze dell'ex presidente della Repubblica Sandro Pertini. Nell'apertura del portone, lo *zombie* ha la necessità di scavalcare una panchina, posta tra il portone e la porta antipanico dietro di esso. Molti dei sopravvissuti hanno descritto quanto è avvenuto appena entrati gli *zombies*, prendiamo come esempio il gruppo degli uscieri che era nell'atrio: hanno riferito del posizionamento di questa panchina e di poltroncine contro il portone nel momento in cui si era avu-

ta contezza dell'arrivo degli *zombies*. Lo sfondamento del portone è preceduto da un'altra attività posta in essere dagli *zombies*, ovvero la rottura di alcuni vetri delle finestre al piano terra. Non sembra avere alcun significato, apparentemente, ma invece ce l'ha, dato che le finestre avevano delle sbarre: il significato è quello di preannunciare qualcosa che sta per succedere. Si rompono i vetri come segno manifesto di aggressività e come tale viene interpretato da molti testimoni che stavano all'interno. Cosa succede poi? La barricata viene superata, panchina e poltroncine vengono spostate, sulla rottura di vetri e sul timore che questa incute depongono diversi testimoni sentiti, il terrore si diffonde nella sala stampa, perché il rumore e le urla fanno presagire il resto. Alcuni deputati sono alla buvette e non si accorgono di nulla, altri prendono la via delle scale e salgono al primo piano dove si rifugiano nei saloni. Quando il cristallo del portone antipanico va in frantumi – abbiamo una immagine in zoom – si contano una quarantina di *zombies* e possiamo osservare le fattezze di alcuni di essi. La luce che proviene dall'interno è una luce che consente una visibilità ampia. Il primo che fa ingresso lo abbiamo visto prima, è lo *zombie* di Pertini. Dietro di lui sono riconoscibili gli *zombies* di De Gasperi, di Berlinguer, di Leone, di Pajetta, di Bisaglia, di Craxi, di Pietro Longo, di Malagodi, di Fanfani, di Rumor, di Nilde Iotti, di Tina Anselmi, di Donat Cattin. Alle loro spalle incalza una moltitudine di *zombies*, saranno un migliaio. Le uscite laterali e quelle su piazza del Parlamento sono prese d'assalto, Montecitorio è circondato. L'ingresso dalla porta anti-panico avviene circa cinquanta secondi dopo lo sfondamento del portone principale. Gli uscieri sono una dozzina e si trovano nell'atrio, insieme ad alcuni giornalisti e a quattro carabinieri. In sala stampa ci sono una decina di giornalisti: non se ne salverà nessuno. Altre persone che si trovavano al primo piano, un centinaio fra funzionari, addetti e segretarie, udito il trambusto si nascondono nell'anticamera e nei saloni: salone della Lupa, sala gialla, biblioteca del presidente, salone della Regina. Un gruppo di dieci, che verrà massacrato dalla furia degli *zombies*, si trova nel corridoio dei busti. Altri fuggono ai piani superiori o addirittura verso l'esterno: due sono bloccati dagli *zombies* sul pianerottolo che è in cima alla seconda rampa di scale mentre tentano di uscire da una finestra, vengono scarnificati e buttati di sotto. Intanto, nell'aula, i deputati decidono di barricarsi, attendere gli *zombies*, fronteggiarli. Grave errore, come vedremo. Fuori, un deputato si nasconde in un ripostiglio, altri tre nella toilette dell'anticamera dei ministri, altri cercano rifugio nel corridoio semicircolare. Chi si trova nel Transatlantico è travolto subito. Cinque o sei bussano disperatamente alle porte dell'aula, che però restano chiuse; tre deputati perdono il controllo degli sfinteri, se la fanno addosso. Arrivano gli *zombies*. Una deputata viene sollevata e sbattuta più volte contro il muro: le rompono le braccia e le costole contro gli spigoli degli archi. Gli altri presenti vengono gettati nel cortile attraverso i vetri delle porte-finestre. Uno *zombie* abbranca un giovane deputato e lo usa come ariete per sfondare una porta dell'aula. I deputati barricati dentro soccombono poco dopo, seviziati, sbranati, disossati. Le descrizioni di questi *zombies* e i filmati inducono a ritenere che fossero certamente *zombies* di politici deceduti. La circostanza è confermata dalle riprese a circuito chiuso che mostrano i brandelli di un deputato contesi dalle fauci di Saragat e di Piccoli. Gli *zombies* che entrano per primi si dirigono subito verso il palco della presidenza, lanciano addosso al governo la mobilia delle barricate, poi si accaniscono. Lo *zombie* di Alcide De Gasperi squarta letteralmente Silvio Berlusconi, lo dilania, lo sventra, lo macella. Altri *zombies* si spargono per l'emiciclo e prendono ad azzannare. Altri ancora sciamano da sopra, dagli ingressi per i visitatori. In pochi istanti tutta l'aula rigurgita di *zombies*: è una carneficina. Usciamo dall'aula. Alcuni consiglieri caposervizio sono arrivati ai piani più alti. Si nascondono nelle stanze delle commissioni parlamentari e nella sala del Mappamondo. In cinque tentano di arrivare al terrazzo dell'altana. Chi riesce, non si sa come, a uscire dall'edificio, viene raggiunto e linciato. Singole testimonianze sono molto dettagliate e riferiscono di violenze estreme contro persone già dissanguate. Un superstite racconta: "*Dopo l'uccisione di due colleghe, mi si è avvicinato uno* zombie *che sembrava Craxi, io ero nascosto nella sala del Mappamondo e in quel momento perdevo sangue e le braccia erano gonfie, e quello ha cominciato a percuotermi come un tamburo, grufolando in modo orrendo, io potevo solo tentare di riparare la nuca, mi ha colpito sulla schiena e sui fianchi*". Questo superstite è il segretario generale della Camera, ha riportato lesioni gravi: trauma cranico, ferita lacerocontusa occipitale, frattura del terzo distale dell'ulna, frattura del secondo distale perone destro, frattura scafoide, ferite lacerocontuse su braccia e gambe, contusione epatica, lacerazione splenica, fratture costali multiple. La degenza è durata sei mesi. Ha documentato il tutto con foto e anche lui, con i medici, è rimasto stupito di una cicatrice che si è ritrovato sotto l'ascella, un segno circolare come una bruciatura a forma di morso. Abbiamo un compendio di lesioni gravi che non si ferma qua. Viene riferito costantemente l'urlare disumano e libidico degli *zombies* mentre procedono alle scarnificazioni. L'insulto più costante è quello di "*bastardi*", mentre alcuni riportano frasi come "*nessuno sa che siete qui, vi ammazzeremo tutti*". Gli *zombies* che salgono al primo piano devastano anticamere e saloni facendo strage. Un testimone racconta: "*Non c'era da fuggire, è stato l'arbitrio più totale. Gli* zombies *hanno attaccato con violenza la prima persona nel corridoio dei busti, poi la seconda, poi venivano verso di me, sbranavano tutti uno dopo l'altro. Guardavo la situazione e pensavo: devo sopravvivere. Vedevo azzannare arti di gente inerme, ho visto squarci da tutte le parti, sangue ovunque. Una ragazza non era più cosciente, cercò di alzarsi lentamente e due* zombies *la pestarono fino a farla crollare; la sua testa colpì una colonna, aveva gli occhi spalancati, ma rovesciati, il suo corpo era scosso da spasmi involontari, però quelli continuavano a prenderla a calci, lei non reagiva, ho pensato che fosse morta. Poi vengono ver-*

so di me, c'era il busto di Mazzini, lo prendo, glielo scaglio addosso e mi butto di sotto, nel cortile. Finisco su una palma, mi spezzo un braccio, ma sono vivo". Le sevizie continuano sulle scale quando le persone vengono trascinate giù al piano terra. I racconti delle vittime superstiti sono terrificanti, sono stati resi in maniera assolutamente genuina in sede dibattimentale, sono stati analizzati tutti gli aspetti del loro racconto. Nei piani superiori al primo si erano rifugiati altri addetti. Una di loro dice: "Gli zombies *erano molto aggressivi, sembrava che ci odiassero, ne ho visto uno con la faccia di Zaccagnini mangiare il naso a una collega, poi è venuto verso di me e mi ha accarezzato come a dire poverina o qualcosa del genere. Fu più sconvolgente quella carezza di tutto il resto. Non so ancora perché sono viva"*.

In tre anni di inchiesta, non è stato possibile ottenere dalle autorità una lista completa degli *zombies* che hanno partecipato all'irruzione. I tentativi di individuazione non hanno incontrato facilità, anzi palesi difficoltà, se non comportamenti di ostruzione. È straordinario ad esempio che lo *zombie* di Bisaglia non sia presente in questi elenchi, anche se è ben visibile nei filmati.

www.
luttazzi.it

L'Orco
(19 marzo 2008)

Dalla premessa che l'embrione è vita umana, Giuliano Ferrara inferisce che l'aborto è omicidio e quindi va sospeso in tutto il mondo. A nulla vale ricordargli che l'aborto è moralmente giustificato quando in gioco c'è la salute della madre o l'embrione è gravemente malato; e che comunque spetta alla madre decidere: l'Orco si dice d'accordo con la 194, ma insiste (ci sono le elezioni) con gli effetti truculenti di cui è maestro. (Per persuadere il lettore che la guerra in Iraq era giusta non esitò a pubblicare sul suo "Foglio" quattro pagine a colori di foto di ostaggi decapitati dai terroristi di Al Qaeda, anche se Saddam e l'Iraq non c'entravano nulla con Al Qaeda, e i terroristi che tagliavano teste erano la conseguenza di quella guerra.)

Grand Guignol retorico:
dice che le donne non sono assassine (e intanto lo implica);
accosta la pena di morte all'aborto (un *déjà-vu* che ha

169

una sua ironia tragica: all'Onu, questa strumentalizza-zione fu usata da sei Stati per opporsi alla moratoria della pena di morte. Erano Egitto, Libia, Iran, Sudan, Usa e Vaticano!);

si augura di avere la sindrome di Klinefelter (e chiede a sua moglie di pregare affinché gli esami clinici lo confermino, una richiesta che è tutta una poetica);

invoca che tale sindrome sia cancellata dalla lista delle malattie che giustificano l'aborto (non c'è mai stata nessuna lista del genere);

vuole seppellire i feti abortiti (che però non sono persone, e infatti la Chiesa non battezza feti);

affigge in tutt'Italia manifesti con la scritta "Abortisce per un reality" (notizia falsa);

si atteggia a convertito (ma un convertito senza carità è solo un inquisitore che sorveglia e punisce);

fa una similitudine impropria fra libertà delle donne e demografia coatta in Cina (in realtà questa è contro quella);

si supera col paragone osceno fra aborto e Shoah.

Insomma una provocazione continua, un incessante rinnovare dolori, un insistente marchiare con infamia. Poi si offende se lo contestano ai comizi, che sono il suo piccolo teatro dell'atroce. (L'obbrobrio come anatomia politica: frugare nel corpo delle donne, disarticolarlo, ricomporlo, è al contempo un rituale di supplizio e una tecnica di potere.)

Infine trabocca: – *Sulle porte delle cliniche abortiste dovrebbe esserci lo slogan "Abort macht frei" così come all'ingresso di Auschwitz c'era scritto "Arbeit macht frei".* –

E qui un lettore gli dà del fesso: aborto in tedesco si dice *abtreibung*. "*Abort macht frei*" significa "La latrina rende liberi".

Lo ritrovo dove l'avevo lasciato.

Materiali

Pachidermico, all'Orco non resta che librarsi in capriole logiche. Pur contenendo errori madornali, i suoi ragionamenti sbalordiscono perché gli astanti, distratti dalle prodezze, non si accorgono dei fili trasparenti che gli permettono il trucco.

Spesso la capriola assume la foggia del *sorite*, l'argomento fallace che sfrutta la vaghezza di un'espressione. L'esempio classico è quello del termine "mucchio" (*soros*, in greco). Mille chicchi di grano sono un mucchio. Allora, anche 999 chicchi lo sono. Allora, anche 998. Se proseguiamo in questa direzione, però, si arriva alla conclusione che zero chicchi di grano sono un mucchio, il che è un paradosso. Non appena si definisce la parola "mucchio" in modo preciso, il paradosso cade. L'anno scorso, in un memorabile articolo di "Panorama" che ho incorniciato e appeso in salotto per l'ilarità del mio pappagallo, l'Orco difese Renato Farina, giornalista al soldo dei servizi segreti, tramite una concatenazione di premesse condizionali che di sfumatura in sfumatura giungevano alla conclusione secondo cui ogni reporter è una spia autorizzata che origlia. Basta interpretare la parola "giornalista" in modo preciso perché la conclusione dell'Orco risulti fasulla. (E infatti Farina è stato condannato.)

Del *sorite* si abusa nei dibattiti etici. Se un neonato è una persona, allora lo è anche un giorno prima di nascere. E il giorno prima di quello. E il giorno prima ancora. Continuando, si arriva alla conclusione che uno zigote è una persona: andrebbero rapidamente riscritte teologia e giurisprudenza. Il ragionamento può seguire la direzione opposta: se uno zigote non è una persona, allora non lo è neppure il giorno dopo. E neppure il giorno dopo quello. E così via, fino a concludere che un neonato non è una persona! È ciò che succede quando l'implicazione di un argomento ricava la sua plausibilità iniziale dalla vaghezza di una espressione. La legge allora

171

accantona il *sorite* e sulla base di nozioni mediche stabilisce regole per l'interruzione di gravidanza entro i primi novanta giorni (embrione) o dopo (feto).

Un'altra capriola cui l'Orco ricorre di frequente è l'*impersonazione*. Un suo articolo di qualche anno fa, che cominciava con la frase "*Se fossi il Papa direi questo*", ne è il modello. Oggi parla di aborto facendosi donna incinta ("*C'è un bambino nella mia pancia.*") o malato Klinefelter. Che relazione c'è fra l'Orco e il Papa, o la donna incinta, o il malato Klinefelter? Nessuna. In questo modo però l'Orco può millantare un'autorità che non possiede, di cui sfrutta gli effetti di persuasione psicologica (*falso argomento d'autorità*).

Meno frequenti le altre piroette. Reclamare una moratoria Onu dell'aborto è un non senso, ma crea un *argomento ad baculum* se ci si appella al prestigio Onu per far accettare una conclusione. I paragoni con la Cina o la Shoah sono *errori di inferenza* che creano analogie (o generalizzazioni) improprie, strumentalizzando. Sostenere infine che l'autodeterminazione della donna non può affermarsi contro il bambino è ovvio, ma è capzioso ribadirlo come se la legge già non lo impedisse. Questa tattica funziona però come *argomento ad populum*, l'appello ai valori. (Per completezza: le foto dei decapitati per giustificare la guerra in Iraq costituivano una fallacia induttiva del tipo *falsa causa*, potenziata dall'effetto splatter.)

Curiosità finale, ovvero il mondo è piccolo
Antonio Campo Dall'Orto, il direttore di La7 che sospese *Decameron* (conferendo definitivamente al mio personaggio una nota drammatica che le donne trovano irresistibile) ha firmato per la moratoria.

La natura cannibale del capitalismo

(22 aprile 2009)

Perché mai lo Stato dovrebbe aiutare con soldi pubblici le banche private che hanno speculato sulla pelle dei clienti? Le banche vogliono essere salvate a prescindere. Che ne è della favola del "libero mercato", che i capitalisti raccontano sempre per nascondere il proprio cannibalismo? I capitalisti, come si vede, sono i primi a non crederci. Il paradosso beffardo è che, quando le banche al tracollo accedono al salvataggio di Stato, in pratica sono i cittadini truffati a tenere a galla i truffatori.

E se un Presidente (Obama) prospetta la conversione dei prestiti pubblici alle banche in azioni ordinarie (lo Stato diventerebbe così, giustamente, azionista delle banche che risana) i cannibali rintanati a Wall Street puniscono l'idea con un tonfo in Borsa (ieri).

Vi risulta che qualcuno dei responsabili della speculazione, in Italia o all'estero, abbia chiesto pubblicamente scusa, oppure abbia dichiarato di voler cambiare il suo comportamento in futuro? Vi risultano dimissioni o cambi ai vertici? Svezzati a superbonus che premiavano il comportamento più irresponsabile, i cannibali non conoscono altro galateo che questo. Non è stato fatto nulla perché banche e agenzie di rating dimostrassero di essere tornate credibili, eppure hanno tutte ricominciato a diffondere i propri *report* con consigli sull'acquisto e la vendita di titoli come se niente fosse.[1]

Può una democrazia coesistere con l'etica amorale delle *élites* corporative? si chiedeva C. Wright Mills nel suo *The Power Elite*, cinquant'anni fa. La domanda è ancora attuale. Nell'immediato, occorre la certezza che quando i banchieri precipitano nel burrone non ci trascinino con loro. I sistemi bancari nazionalizzati hanno il merito storico di aver promosso decenni di espansione economica virtuosa. Le banche private, invece? Lasciatemici pensare per un secondo. No.[2]

Le banche salvate con soldi pubblici vanno nazionalizzate.[3] Altra possibilità: farle adottare da Madonna.

Note

[1] Fra l'altro, le agenzie vengono pagate dalle stesse banche di cui esaminano i conti: di questo conflitto di interessi, che è all'origine di tante storture, nessuno si preoccupa.

[2] Non mi riferisco certo alla nazionalizzazione del comunismo sovietico. Anche se le recenti nazionalizzazioni parziali in Svezia e in Giappone (1990) e quelle in Francia e in Messico (1980) hanno mostrato come le banche possano essere risanate (purtroppo ne è sempre seguita una riprivatizzazione con riconsegna ai precedenti incapaci, sarebbe ingenuo dimenticarlo); intendo riferirmi piuttosto all'esempio più democratico dato dalla Francia nel 1945. La nazionalizzazione bancaria comportò la creazione di una Commissione di controllo. E di un Consiglio Nazionale del Credito, di cui facevano parte esperti finanziari (provenienti dalle banche e dalla Borsa), rappresentanti dei sindacati e rappresentanti di varie aree economiche (cooperazione, agricoltura, artigianato, commercio estero, trasporti marittimi, camera di commercio). Il Consiglio Nazionale era presieduto da un ministro, il governatore della Banca centrale ne era vicepresidente. Governo, banche nazionalizzate e industria lavorarono insieme per realizzare il piano Monnet di ricostruzione e sviluppo (470 miliardi di franchi). Le banche nazionalizzate servirono in particolare a finanziare altre strutture nazionalizzate: l'azienda elettrica e quella del gas. Negli anni ottanta, le riforme dello stato socialdemocratico vennero abbandonate con l'adozione delle riforme neo-conservatrici che hanno portato al disastro attuale. Il fine della nazionalizzazione dovrebbe essere un controllo più democratico dell'economia. L'obbiettivo immediato è evitare che lo Stato usi i soldi di chi paga le tasse per salvare le banche lasciandole proseguire nella loro gestione allegra e irresponsabile. Andavano fatte fallire, dite? Sono d'accordo.

³ Il principio andrebbe applicato anche a tutte le aziende private come la Fiat che sono state mantenute in vita artificialmente nel corso degli anni con i soldi dello stato alla faccia del liberismo.

Letture consigliate:

1. Rafael La Porta, Florencio Lopez-de-Silanes, Andrei Shleifer, *Government Ownership of Banks*, "The Journal of Finance", vol. 57, No. 1 (Feb. 2002), pp. 265-301.
2. Margaret G. Myers, *The Nationalization of Banks in France*, "Political Science Quarterly", Vol. 64, No. 2 (June, 1949), pp. 189-210.
3. Steve Lohr, *From Japan's Slump in 1990s, Lessons for U.S.*, "The New York Times", February 9, 2008.
4. Carter Dougherty, *Stopping a Financial Crisis, the Swedish Way*, "The New York Times", September 23, 2008.
5. Sylvia Maxfield, *The International Political Economy of Bank Nationalization: Mexico in Comparative Perspective*, "Latin American Research Review", Vol. 27, No. 1 (1992), pp. 75-103.
6. Rudolf Hilferding, *Finance Capital: A Study of the Latest Phase of Capitalist Development*, Routledge & Kegan Paul, London 1981, p. 234.

GGM (Giornalismo geneticamente modificato)

(11 maggio 2009)

Prima puntata di *Decameron* (La7, 3 novembre 2007), sketch satirico *Dialoghi platonici* tutto dedicato allo scandalo dei preti pedofili. Sullo sfondo del Partenone, Gorgia chiede agli amici: – *I preti che molestano bambini vanno all'inferno?* – E Menone: – *No, Gorgia, vanno solo in un'altra parrocchia.* –

Il giorno dopo, tutti i critici tv (tranne quelli del "manifesto" e dell'"Unità") a darmi addosso: la mia non era satira, ma solo una caterva di insulti e di cattivo gusto.[1] Come osavo dileggiare in quel modo il clero, si indignò in un editoriale *ad hoc* il direttore del tg di La7.

Ieri, Letterman apre il suo monologo con questa battuta: "*A Miami un prete cattolico è stato visto mentre baciava una ragazza sulla spiaggia e ora rischia la sconsacrazione. Se avesse baciato un chierichetto, l'avrebbero semplicemente trasferito*".

Libera satira in libero Stato.

[1] L'etologo **Konrad Lorenz** definì mobbing il comportamento di alcune specie animali che assalgono in gruppo un proprio simile per allontanarlo dal branco. I sociologi **Heinemann** e **Leimann**, che applicarono per primi questa categoria al comportamento umano, avrebbero di che divertirsi, analizzando le reazioni di certa stampa/tv alla chiusura forzata e illegittima di *Decameron*. Nel giro di un paio di giorni il branco si è coalizzato per darmi addosso con tutto l'arsenale a disposizione, finendo per sostituire il tema vero e grave (la censura) con altri, i più vari e pretestuosi: quello dell'insulto e della volgarità (La7, Aldo Grasso/"Corriere della Sera", "il Giornale", "Libero", "la Repubblica", *Domenica in, Buona domenica*, Tg2, Comazzi/"la Stampa"); quello dell'inefficacia ("*Luttazzi non fa ridere.*" Lo ha affermato Gianni Boncompagni, la scarpa sfonda che dice alla conchiglia se vuole sentire il mare); quello dell'etica (La7, Daria Bignardi) e quello diffamatorio (un pupillo di Ferrara sul suo blog, subito amplificato da *Repubblica.it*, Tg1, *Glob*/RaiTre, "Libero", Berselli/"espresso"),

Complimenti a tutti. A buon rendere.

Nel 1975, **John Updike** elencò in un saggio alcune regole cui un critico dovrebbe attenersi per evitare la negligenza e il pressapochismo:

a. Cerca di capire cosa l'autore desidera fare, invece di accusarlo di non aver raggiunto ciò che non si è prefisso.
b. Riporta brani dell'opera in modo che il lettore della critica possa formarsene una impressione personale.
c. Se l'opera è giudicata insufficiente, cita un esempio riuscito dello stesso tipo, da lavori dell'autore o di altri. Cerca di capire l'errore. Sei sicuro che sia dell'autore e non il tuo?

Un bravo critico ti fa riflettere sulle scelte dell'autore, ti rende curioso dell'opera, ti incoraggia a fartene un'opinione personale. Soprattutto, un bravo critico si guadagna l'autorevolezza corroborando le proprie tesi con esempi. Qualora la sua tesi non reggesse all'esempio, il critico si dimostrerebbe un incapace. Per questo il critico paraculo non fa esempi. Se citassero una mia battuta che secondo loro non fa ridere, la risata del lettore li sputtanerebbe all'istante.

post scriptum
Il critico tv dell'"espresso" Edmondo Berselli, che nel dicembre 2007 pontificava su *Decameron* come se ne fosse in grado, ovviamente maciullandolo, questa settimana ha chiuso la sua rubrica con la battuta seguente: *Aspettiamo la prossima serie sulla guardia di finanza. Si potrebbe intitolarla "Ho sposato il Visco". Al primo adulterio, allargare le braccia: – Era solo una piccola evasione. – Viscale, s'intende.*

Ho riso così tanto che ho fatto fatica a inghiottire i barbiturici.

Due strabismi
(20 aprile 2009)

Michele Serra, nel commentare la censura subita da Vauro in Rai, scrive su "Repubblica": *"Essere censurati è per metà un sopruso subito, per metà un errore commesso".*

Ah, no, scusate: Serra scrisse quella frase quando censurarono *me*, all'epoca di *Decameron*, in uno speciale di quattro pagine sul "cattivo gusto". Lo riconoscete? È il classico argomento di destra che giustifica lo stupro. (*"La colpa è anche della donna che indossa la minigonna."*)

Oggi, invece, Serra scrive sulla censura a Vauro: *"Da quando il cattivo gusto è oggetto di censura? (...) E quelli che apprezzano la ruvida intelligenza di Vauro dovrebbero forse ingoiare il boccone della censura nel nome di una informazione corretta? Ma corretta da chi? (...) Un paese che chiede la testa di Santoro è un paese già pronto per l'informazione di regime".*
E per lo strabismo di Serra.

Altro caso esilarante segnalato dall'ottico: quello di **Giovanni Valentini.** Su "Repubblica" adesso scrive: *"Non sarà la censura del Regime Televisivo a imporre il pensiero unico dominante a tutti gli italiani"*; ma il 1° maggio 2001 Valentini definiva *Satyricon "incrocio perverso fra informazione e intrattenimento"* e dichiarava che *"non ha torto chi reclama contro le trasmissioni di satira in cui, tra una battuta e l'altra, si celebrano processi politici in assenza dell'imputato o dei suoi difensori"*.

Ah ah ah, così è davvero troppo facile. È come permettere la caccia in uno zoo.

GGM: deontologia
(20 novembre 2009)

Ad Aprilia esistono quattro impianti industriali (due farmaceutici, uno di vernici e uno di pesticidi) che, secondo la "legge Seveso", sono a "rischio di incidente rilevante". In tanti, da tempo, cercavano il modo di rendere l'aria ancora più irrespirabile e la zona ancor più pericolosa. Tutti battuti sul tempo dall'ingegner De Benedetti, grande sponsor del Pd, che con la sua Sorgenia costruirà proprio qui, grazie a una autorizzazione concessa nel 2006 dal ministro Bersani (Pd), una maxicentrale elettrica turbogas da 750 megawatt: produrrà energia bruciando metano. La massima ricaduta degli inquinanti sarà nel raggio di cinque chilometri, densamente abitati. Poco importa che i cittadini di Aprilia protestino con manifestazioni, cortei e presìdi, sgomberati a forza: "la Repubblica" (De Benedetti) non ne parla. Ovvero, per dirla con "Repubblica", "Berlusconi attacca il Pd".

GGM: Iraq Group
(31 dicembre 2007)

È ufficiale: dal 2008, il "New York Times" avrà fra i suoi columnist **Bill Kristol**. Kristol fondò con **Robert Kagan** l'aberrante *Progetto per il nuovo secolo americano* ed è, fra i neo-con vicini a Bush, uno dei più spudorati sostenitori della guerra in Iraq. In questi anni, con discorsi, interviste e articoli, ha continuamente mentito agli americani e al mondo, spacciando propaganda guerrafondaia come notizie vere: bugie come fossero fatti. Scrisse sulle motivazioni, i costi, la pianificazione e le conseguenze della guerra in Iraq un cumulo di menzogne che lo rendono del tutto inattendibile sia come commentatore politico che come giornalista semplice.[1]

Insieme a **Rove**, **Ledeen**, **Perle** e altri della combriccola **Iraq group** (in Italia i loro interventi vengono spesso citati e/o pubblicati dal "Foglio" e da "Panorama", e Kagan è stato intervistato due settimane fa da Ferrara a *Otto e mezzo* su La7, mentre l'ottava puntata di *Decameron* avrebbe parlato di tutto questo e del ruolo avuto da **Carlo Rossella**, quando era direttore di "Panorama", nella consegna all'ambasciata Usa del falso dossier sullo *yellowcake* Niger/Iraq che fu il pretesto con cui Bush scatenò la guerra nel marzo 2003).[2]

Kristol aderisce alla filosofia neofascista (elitismo, elogio del super-uomo, esoterismo, guerra perpetua) di **Leo Strauss**, che raccomanda l'uso della bugia politica per ottenere i propri scopi: invece di informare i cittadini, si tratta di imbrogliarli, abusando della propria posizione di potere. Kristol ha scritto: "*Uno dei principali insegnamenti di Strauss è che tutte le politiche sono limitate e che nessuna si basa realmente sulla verità. (...) I movimenti politici sono sempre pieni di partigiani combattenti per le proprie opinioni. Ma ciò è assai diverso dalla "verità". Tale "verità" non è sicuramente accessibile se non per un minuto gruppo di iniziati*". Urca!

Sull'Iraq, non una delle "previsioni" di Kristol, Wolfowitz, Bolton, Cheney & Co. si è avverata. Hanno creato loro la paura da cui sostenevano di proteggere il mondo. Risultato: *"il peggior disastro nella storia della politica estera americana"*. (Fonte: "NY Times".) L'Iraq adesso è meno unito di quanto non lo fosse durante l'impero ottomano.[3] Ma quelli continuano indefessi. In dieci anni, la guerra in Iraq e Afghanistan costerà agli Usa 2400 miliardi di dollari. 2400 miliardi di dollari! È più di quello che guadagnavo a La7 in un mese.

Kristol dirige "The Weekly Standard", un periodico conservatore finanziato da Rupert Murdoch (Sky, Myspace), è un opinionista di Fox News (sempre Murdoch) ed è a favore della guerra contro l'Iran: ha già detto, come disse degli iracheni, che gli iraniani accoglieranno i soldati Usa come liberatori!

Molti lettori stanno cancellando il proprio abbonamento al "NYTimes" e all'"Herald Tribune" in segno di protesta: la credibilità dei due giornali è compromessa dalla modifica genetica Kristol. Altri hanno già cancellato l'abbonamento a "Newsweek", dopo che il settimanale ha assunto come opinionista il famigerato Karl Rove, e si sono abbonati al "Time" perché ha licenziato Kristol.

Nel dare la notizia, il "Corriere della Sera" resta sul generico circa i trascorsi di Kristol e riporta l'opinione di Andrew Rosenthal del "NY Times" che difende la scelta del suo giornale così: *"Commette un grosso errore chi non vuole ascoltare il parere del suo avversario ideologico"*. Ehi! Da quando le bugie sono "un parere"?[4]

Note

[1] Lo stesso dicasi per i propagandisti di guerra italiani Ferrara, Rocca & Rossella. Meno male che esistono: se non fosse per loro, in Italia scarseggerebbero le intelligenze al servizio del peggio.

[2] Le competenze di Rossella spaziano dalla propaganda di guerra (resterà nella storia il numero di "Panorama" "Avanti, marines!", da cui prese le distanze l'intera redazione del settimanale!) al *gossip* revisionista. Celebre la sua uscita durante il Noemigate: – *Non userei la parola "minorenne" a vanvera. È un termine vecchio. Semmai, direi che la ragazza di cui si sparla aveva meno di diciott'anni.* – ("Corriere della Sera", 26 maggio 2009) La verità è che Rossella è uomo di mondo e sa che il sesso con anziani è l'ultima moda fra le ragazzine.
– *Aaaaah! Sono venuto o mi sono rotto un'anca?* –

[3] Baghdad è un ottimo posto per andarci in vacanza. Portatevi il vostro hotel.

[4] Da quando il giornalismo è stato geneticamente modificato a uso e consumo dei propagandisti di guerra. Tanto valeva richiamare in servizio Judith Miller.

post scriptum
Il GGM è stato utilissimo a nascondere in questi anni la complicità dei governi europei nei rapimenti Cia di persone sospette, poi torturate a Guantanamo o nelle prigioni di Egitto e Marocco. Secondo un rapporto del Parlamento europeo (14/2/07) dal 2001 al 2005 sono stati 1245 gli scali, in aeroporti europei, di aerei Cia coinvolti in queste sparizioni forzate di semplici sospettati. Sono coinvolti il governo inglese, svedese, austriaco, tedesco. In Italia, il Tribunale di Milano ha avviato un procedimento giudiziario contro sei funzionari dei nostri servizi segreti e ventisei agenti Cia che avrebbero organizzato il rapimento dell'imam Abu Omar a Milano. Il SISMI di Pollari & Pompa aveva arruolato il ciellino Renato Farina per una missione di disinformazione ai danni di magistrati e giornalisti che si stavano occupando del caso. Scoperto l'agente Betulla, intervenne subito a giustificarlo, sulle pagine di "Panorama", l'ex informatore Cia Giuliano Ferrara: una difesa così convincente che Farina/Betulla è stato radiato dall'Ordine dei giornalisti.

La modifica genetica definitiva verrà col ddl Alfano (ex ddl Mastella) che mira a vietare la pubblicazione delle notizie sui procedimenti giudiziari.

Basta. Voglio solo andare a casa a masturbarmi su *Desperate housewives.*

Il fascismo del vicino è sempre più nero

(11 ottobre 2008)

Leggo con un misto di irritazione e di irritazione le frasi furbissime con cui il direttore di "Famiglia Cristiana" don Antonio Sciortino, in uno scritto pubblicato da "Micromega", mimetizza le proprie responsabilità (e quella della Chiesa) in merito alla deriva reazionaria del nostro Paese. Denunciare le tendenze fascistoidi del governo Berlusconi senza ricordare che in campagna elettorale se ne era sostenuto l'avvento prodigioso (contro l'alleanza di Veltroni con Pannella)[1] è un insulto all'intelligenza dei lettori, dei quali si dà per scontata la labilità mnemonica, e per persa l'energia di giudizio. Costretto poi a tracannare il ricino di insulti che i media berlusconidi riservano sempre a chi fa le pulci al capoccia, don Sciortino, gli occhioni sbalorditi di chi ha vissuto finora in chissà quale iperuranio, invoca veemente il diritto all'opinione diversa, alla critica, al diritto di replica. Senti senti. Nel 2001, lo stesso don Sciortino disse: – *Ben venga la sospensione di* Satyricon. – Era questo il modo con cui, all'epoca, don Sciortino contribuiva a "stimolare il dialogo", ad "aumentare il tasso di democrazia di opinione nel Paese", a togliere "il coprifuoco alle idee", a evitare il rischio di "scivolare verso una forma oligarchica e autoritaria". Cose che succedono, quando si scambia per giornalismo la Propaganda Fide. Nel frattempo, è il 2008: un po' tardi, per accorgersi che la bibbia di Berlusconi ha solo sette comandamenti.

[1] Com'è finita poi con Pannella? Si sono messi d'accordo. Veltroni l'ha incontrato e gli ha detto: – *Facciamo così: io non ti ho visto e tu non m'hai visto. Ok?* –

Scalfari e le elezioni

(24 aprile 2008)

Sull'"espresso" di questa settimana, Eugenio Scalfari scrive che molti amici gli domandano: – *Come mai non avevi percepito ciò che sarebbe accaduto? Tu sei un giornalista e vivi in mezzo a giornali che hanno redazioni e inviati in tutta Italia. I vostri contatti sono dunque imperfetti? Va bene sognare, ma la realtà l'avete persa di vista?* – Scalfari ammette di non aver previsto il terremoto che ha abbattuto la Sinistra arcobaleno e portato in alto la Lega, tutto preso com'era dal tifare apertamente per Veltroni. (Gli era già successo nel 1983: Scalfari tifò apertamente per De Mita e la Dc subì la sconfitta più pesante della sua storia. Il Psi andò al governo.)

Scalfari aggiunge che nessun editorialista aveva avuto sentore dello tsunami. Esempio ironico:

"*Il governo attuale vive di piccolo cabotaggio e compromessi, c'è addirittura continuità con Berlusconi riguardo a temi fondamentali come la guerra. Prodi ha ridotto la vicenda di Vicenza a un 'problema amministrativo'. E Mastella sta mettendo paletti ai magistrati. L'elettorato puoi fregarlo una volta, non due. Le prossime elezioni saranno un bagno di sangue*". (Intervista a Luttazzi, "la Stampa", 13 giugno 2007)[1]

È questa capacità di analisi che mi rende orgoglioso, quasi quanto l'adozione della bimba di Chernobyl che tengo nell'armadio.

---

[1] 2007: pessima annata per i vini. Ma ottima per i tappi.

Il cosa e il come

(11 settembre 2007)

Su Beppe Grillo ho tutta una serie di riserve che riguardano il cosa e il come. Spunti per una riflessione, niente di più: Grillo è ormai un tesoro nazionale come (fatevi da soli il paragone: è la "democrazia dal basso") e a caval donato non si guarda in bocca. Certo non mi auguro che finisca come Benigni, a declamare Dante in braccio a Mastella. (Il Benigni di vent'anni fa si sarebbe fatto prendere in braccio da Mastella solo per pisciargli addosso. E una volta l'ha fatto! Bei tempi.)

Avvertenza ai figli di buona donna
I figli di buona donna che allignano nei bassifondi della repubblica mediatica saranno tentati di strumentalizzare questo post ("LUTTAZZI CONTRO GRILLO") per dare addosso in modo becero a Grillo, come hanno già fatto inventandosi il suo insulto a Marco Biagi durante il V-day. L'alternativa è che me ne stia zitto per evitare l'ennesimo circo: ma dovete ammettere che il tema è troppo interessante; e tacere sarebbe, in fondo, come subire il ricatto dei figli di buona donna. Se questa precauzione non dovesse bastare, vorrà dire che chi ne approfitterà finirà dritto dritto in uno speciale elenco dei bastardi che mi stanno sulle palle. (Sul quaderno apposito ho già scritto "Volume 1".)

Il cosa
In soldoni, la proposta di legge per cui Grillo ha raccolto trecentomila firme al primo V-day mi sembra che faccia acqua da tutte le parti.

Primo, perché un parlamentare con più di due legislature è una persona la cui esperienza può fare del bene al Paese. Pensiamo a gente del calibro di Berlinguer o di Pertini (talenti che non ci sono più, ma questo è un problema che non risolvi con una legge, ci vorrebbe il

voodoo). Grillo li manderebbe a casa dopo due let
ture, in automatico, perché *"i politici sono nostri dipendenti"*. Le accuse di populismo che gli vengono rivolte
sono qui fondatissime, specie quando le rigetta usando
non argomenti che entrino nel merito, ma lo sfottò, che
è sempre reazionario. (*"Gli intellettuali con il cuore a sinistra e il portafoglio a destra hanno evocato il qualun-
quismo, il populismo, la demagogia, uno con la barba ha
anche citato, lui può farlo, Aristofane, per spiegare il V-
day."* Non è *"uno con la barba"*: è il sindaco di Venezia
Massimo Cacciari, filosofo, che ha espresso civilmente il
suo parere contrario, argomentando.)

Due, perché chi è condannato in primo e secondo grado non lo è ancora in modo definitivo. In Italia i gradi di giudizio sono tre. Il problema da risolvere è la lentezza della
giustizia. I magistrati devono avere più mezzi, tutto qui.
("Tutto qui" è ovviamente l'*understatement* del secolo.)

C, perché poter esprimere la preferenza per il candidato ha dei pro e dei contro che si bilanciano (come capita nel modo attuale). In passato, ad esempio, poter
esprimere la preferenza non ha impedito ai partiti di far
eleggere chi volevano (collegi preferenziali eccetera). Né
ha impedito alla gente di scegliere, col voto di preferenza, degli autentici filibustieri. L'illusione alimentata da Grillo è che una legge possa risolvere la pochezza umana.
Questa è demagogia.

Il come
Non è solo il cosa. È soprattutto il COME. Un esempio: dato che Di Pietro ha aderito alla sua iniziativa, Grillo ha detto: – *Di Pietro è uno per bene.* – Brrrr. Quindi chi
non la pensa come Grillo non lo è? Populismo.

L'anno scorso, a Padova, gli "amici di Grillo" avevano
riempito il palazzetto (dove avrei fatto il mio monologo)
con volantini WANTED che mostravano la foto dei politici condannati. Li ho fatti togliere spiegandone la dema-

gogia: gli amici di Grillo puri e buoni contro i nemici cattivi. Quando arriva Django?

Lenny Bruce sosteneva, a ragione, che chi fa satira non è migliore dei suoi bersagli. Se parli alla pancia, certo che riempi le piazze, ma non è "democrazia dal basso": è *flash-mobbing*.[1]

Ambiguità
Grillo si guarda bene dallo sciogliere la sua ambiguità di fondo: che non è quella di fare politica (satira e teatro sono politici da sempre, anche se oggi c'è bisogno di scomodare Luciano Canfora per ricordarcelo) (– *Canforaaa!* –), ma quella di ergersi a leader di un movimento politico volendo continuare a fare satira. È un passo che Dario Fo non ha mai fatto. La satira è contro il potere. Contro ogni potere, anche quello della satira. La logica del potere è il numero. Uno smette di fare satira quando si fa forte del numero di chi lo segue. Grillo il problema manco se lo pone.[2] La demagogia è così naïf. Lo sa bene Bossi, che ieri gli ha pure dato dell'esagerato: perché una cosa sono i fucili, una cosa ben diversa è il vaffanculo.

Se uno ha un progetto (le idee) e una struttura (i *meetup*) è già a capo di un partito. Nulla di male, ma non è più satira. Il leader politico dice ai seguaci cosa devono fare. L'artista satirico lascia il suo pubblico libero di decidere sul da farsi. Scusate, ma c'è tutta la differenza di questo mondo.

Scegli, Beppe! Magari nascesse ufficialmente il tuo partito! I tuoi spettacoli diventerebbero a tutti gli effetti dei comizi politici e nessuno dei tuoi fan dovrebbe più pagare il biglietto d'ingresso. Ooooops![3]

– *I partiti sono il cancro della democrazia,* – dice Grillo, servendosi di una cavolata demagogica che era già classica all'epoca di Guglielmo Giannini. Come quell'altra, secondo cui *"in Italia nulla è cambiato dall'8 settembre del 1943"*. Buonasera.

Adesso Grillo esalta la democrazia di Internet con la stessa foga con cui dieci anni fa sul palco spaccava un computer con una mazza per opporsi alla nuova schiavitù moderna inventata da Gates: la gente applaudiva estasiata allora, così come applaude estasiata ora. **Si applaude l'enfasi**.

Il marketing di Grillo ha successo perché individua un bisogno profondo: quello dell'agire collettivo. Senza la dimensione collettiva, negata oggi dallo Stato e dal mercato, l'individuo resta indifeso, perde i suoi diritti, non può più essere rappresentato, viene manipolato. È questo il grido disperato che nessuno ascolta. La soluzione ai problemi sociali, economici e culturali del nostro Paese può essere solo collettiva. A quel punto diventerebbe semplice, anche per Grillo, dire: – *Non sono il vostro leader. Pensate col vostro cervello. Siate voi il cambiamento che volete vedere nel mondo.* – [4]

Note

[1] Grillo e Di Pietro sono entrambi clienti della **Casaleggio Associati**, agenzia di marketing web che si ispira all'attività del Bivings Group.
(cfr. http://www.bivingsreport.com/2006/the-internets-role-in-political-campaigns)
Quella che Grillo spaccia per "democrazia dal basso" in realtà è una campagna di manipolazione dell'opinione pubblica che segue strategie di **guerrilla advertising**: *teasing* (il blog, le inserzioni a pagamento sui quotidiani); *guerrilla* (meet-up, V-day); *consolidating* (liste civiche col bollino blu, Movimento di liberazione nazionale).
(cfr. http://www.casaleggio.it/thefutureofpolitics/)

[2] Il populismo è cercare consensi usando luoghi comuni di facile presa. Quando la folla si raduna in piazza per un motivo diverso dall'arte, chi sale sul palco è lì a cercare un consenso in vista di un obiettivo: raccogliere firme (V-day, piazza Navona). Diventa una attività partitica: l'oratore si fa leader di una massa, si fa forte della forza (partitica) che il numero gli dà. (Grillo: "*Il V-day è servito a contarci.*") Più facile raggiungere l'obiettivo se si usano luoghi comuni: questo il rischio, che poi in effetti si è verificato. Grillo ha fatto firmare proposte balenghe usando argomenti facili (con le proposte del *V-day 2*, fra l'altro, quotidiani indipendenti come "il manifesto" fi-

per chiudere e restano in edicola solo i quotidiani dei grossi grup-
iali. Chi glielo ha spiegato quel giorno alla gente in piazza? Non ⌐⌐⌐⌐o Grillo: lui voleva far firmare più gente possibile. E con lui tutti in coro: "*Vaffanculo!*" Al "manifesto"?!?)

Va inoltre considerato che il pubblico stesso è colpevole del populismo dell'oratore, quando lo accetta e lo sollecita con le ovazioni. Psicologia della folla: c'è un piacere nel demandare a un leader la responsabilità delle scelte. Regressione all'infanzia.

Non si deve confondere questo atteggiamento con quello dell'artista e del suo pubblico. Ogni artista vuole raggiungere il pubblico più ampio possibile, ma non per dirgli cosa fare: solo per comunicare la sua arte. Come la piazza favorisce il populismo, il teatro favorisce l'arte: la trasformazione personale, promossa nel pubblico dall'arte, viene lasciata libera. Il populismo plagia il pubblico, l'arte lo rispetta.

[3] Quattro mesi dopo questo post, nel gennaio 2008, sono nate dai *meet-up* le **liste civiche col bollino blu** di Beppe Grillo. In buona sostanza, Grillo alimenta la politica dei *meet-up* tramite monologhi cui assistono, a pagamento, i membri dei *meet-up*. È il cane che si ciuccia il pisello. Contenti loro.

2 giugno 2009, elezioni amministrative. Grillo: "*Prima io facevo spettacoli, e adesso faccio dei comizi, che sono leciti e consentiti dalla legge. Per depistare e farci spendere di più, dicono che se ci sono io non è un comizio, è spettacolo. Ah ah ah ah. È spettacolo e allora devi spendere molto di più, devi avere i vigili del fuoco, la sicurezza. Allora devo fare comizi che non siano spettacoli. Quindi devo vietare alla gente di ridere o di ridere di nascosto. È pazzesco*".

Pazzesco? No: sono gli effetti paradossali dell'ambiguità. Ce n'è uno più esiziale: il satirico Grillo, sia in spettacolo che in comizio, si guarda bene dal fare satira sulle sue liste civiche o sul proprio programma elettorale. Inevitabile: la satira esprime un punto di vista; e se è vero che ogni punto di vista è opinabile, non per questo è necessariamente pregiudiziale; ma lo diventa se fai attivismo partitico. Il satirico che fa attività di partito non è più credibile come satirico.

[4] Al V-day di Bologna, la lista dei parlamentari condannati viene proiettata sui maxi-schermi usando il sistema operativo Windows XP (evidente anche nel logo dello *start* in basso a sinistra sui maxi-schermi), lo stesso sistema operativo che Grillo, più avanti nella serata, sputtanerà allo scopo di esaltare i software liberi. Basta poco per perdersi in un bicchier d'acqua.

Mentana
a Elm Street

(5 giugno 2009)

La satira è nobile perché il suo bersaglio (il potere e le sue declinazioni oppressive) merita di essere attaccato. È questo principio a rendere disgustoso e fascistoide, invece, il ridicolo a scopo di tortura (le foto di Abu Ghraib); il dileggio verso chi ha subìto un torto (le foto di Veronica Lario a seno nudo pubblicate da "Libero"); e lo sfottò continuo contro chi osa opporsi all'illegalità berlusconiana (gli editoriali di Renato Farina su "Panorama" prima che venisse scoperta la sua attività spionistica per conto del Sismi; i corsivi di Marcenaro sul "Foglio"; gli attacchi del "Giornale"; i fondi di Feltri; lo scherno di Ghedini contro la Bonino ad *Annozero*).

Il potere usa il ridicolo, il dileggio e lo sfottò per aumentare il conformismo generale. È una tecnica di oppressione. Nelle sue memorie (*The Sunflower*, 1970) **Simon Wiesenthal** racconta degli ebrei impiccati dai nazisti nella piazza di Lemberg. "*Un buontempone… attaccò a ogni corpo un pezzo di carta con su scritto 'carne kosher'*" dopodiché, per giorni, i cittadini di Lemberg risero dei prigionieri dei campi di concentramento che i nazisti portavano a lavorare in città perché *"vedevano in quegli ebrei altra carne kosher a passeggio"*.

Il dileggio invita la massa a prendere le distanze dalla vittima e a partecipare del divertimento sadico del violento.

Shakespeare attribuisce ai suoi cattivi (Iago, Shylock) questo humour crudele proprio per definire la loro immoralità: uno stratagemma narrativo che ritroviamo nel Joker di Batman, nelle gag da incubo di Freddy Krueger e nella comicità assassina di Hannibal Lecter. Il potere è sovraumano in quanto disumano. Ti illude che, unendoti a lui, diventerai predatore: ecco spiegati i sondaggi sulla popolarità del premier. E tu, non ridi alle sue barzellette?

Un disagio del genere ha finalmente aperto gli occhi a Mentana. Conosco la sensazione. È come sniffare wasabi.

Da quando ho aperto sul mio blog una Palestra di satira (www.luttazzi.it) questa riflessione sul dileggio fascistoide si è approfondita grazie al contributo di molti. Ogni giorno arrivano in Palestra circa duemila battute satiriche sull'attualità. Scelgo solo quelle che mi fanno ridere. Fra quelle scartate, alcune partecipano del clima fascistoide imperante. Si tratta di battute in cui si deride una vittima: se ne banalizza la tragedia vera, schierandosi coi carnefici. Esempi:

Venduto il costume originale di Superman. In omaggio una sedia a rotelle e una macchina per respirare.

Tumore seno: una vittima ogni 45'. A rischio i campionati di calcio femminile.

Qualcuno ha obiettato: "*E allora la tua battuta sul feto abortito che sa di pollo crudo?*". Come se l'argomento fosse il buon gusto. L'umorismo è sospensione del sentimento e può arrivare fino al grottesco più cinico; ma se sei cinico a spese di una vittima e ne prendi in giro la sofferenza, fai umorismo fascistoide, cioè eserciti una violenza. La battuta del feto abortito, invece, prende in giro me e l'idea che io, per esprimere quel giudizio, ne abbia assaggiato uno.

Mattia ha elaborato una variazione non fascistoide della battuta sul tumore al seno: "*Sempre più vittime per il tumore al seno. Per ovviare ai tagli sulla ricerca, sospeso il rimpatrio delle immigrate clandestine*". (Mattia Manica)

Lo stesso accadrebbe (si tratterebbe cioè di satira, non di violenza) se a fare la battuta sul tumore al seno fosse una donna colpita da tumore al seno. Mai sottovalutare il valore del contesto: **Richard Pryor** può fare tutte le battute che vuole sui "niggers"; le stesse battute in bocca a **Woody Allen** diventerebbero razziste.

A questo proposito, va ricordato che la deontologia

del comico consiste nel proporre solo battute che lo facciano ridere. È proprio il criterio della "risata del comico" a far sì che egli possa essere giudicato per quello che è. Se fai battute razziste perché ti divertono le battute razziste, sei un razzista.

Il punto non è se una battuta fa ridere o meno. Si ride infatti per il meccanismo comico e l'abilità consiste nell'imparare la tecnica migliore per scatenare il riflesso della risata; ma se questa abilità ti serve a veicolare un'idea razzista, sei un razzista.

Ecco un esempio di comicità nazista trovata da Ska: http://www.czeta.it/wp-content/uploads/2008/11/annefrank.jpg

Il meccanismo di questa gag, nell'immediato, potrebbe farti ridere (per riflesso); se però poi ti compiaci della tua risata, e non te ne vergogni, sei un nazista. È il riso di scherno su una vittima vera, non ipotetica, della cui tragedia vera ci si fa beffa.

Giorgio e Matteo mi scrivono di una scena dei *Griffin* nella quale Peter mangia patatine in modo molto rumoroso nel rifugio di Anna Frank mentre soldati nazisti si trovano a portata d'orecchio: http://www.youtube.com/watch?v=RTBDpyVyET8

Giorgio: *"Una battuta anche sacrilega su certi orrori può rendere ovvio l'orrore che resta reale anche quando il tabù viene infranto. Non è ragionevole supporre che certe battute rinforzino il senso critico del pubblico e lo responsabilizzino?"*.

Quell'esempio dei *Griffin* calza a pennello. È proprio il tipo di banalizzazione della violenza sulla vittima (comicità fascistoide) cui mi riferivo. Tv e Internet la stanno diffondendo nel mondo da diversi decenni attraverso la spensieratezza apparentemente innocua dei cartoon Usa, non a caso mentre quel governo si rendeva responsabile di massacri reali e criminali, stampa propagandistica appresso.

Questo tipo di comicità è insidiosa: funziona infatti per tutta una serie di motivi sociologici e culturali che ne inducono l'esigenza. Cresce l'ansia sul tuo futuro, minacce vere incombono, i problemi sembrano irrisolvibili, e tu senti il bisogno di una fuga nella deresponsabilizzazione e nella forza muscolare che l'idea fascistoide può fornirti a buon mercato: *"Ti lamenti che non hai più diritti e che abbiamo ridotto la tua vita uno schifo? Guarda, c'è gente che sta ancora peggio di te: a loro abbiamo tolto anche lo status di esseri umani"*.

Occorre fare attenzione perché la regressione culturale è già oltre il livello di guardia, specie qua in Italia. Se uno ride di quella gag dei *Griffin*, deve porsi una domanda: fino a che punto la mia scala di valori, in questi anni, senza che neanche me ne accorgessi, si è corrotta?

"Una battuta anche sacrilega su certi orrori può insomma rendere ovvio l'orrore che resta reale anche quando il tabù viene infranto," scrive Giorgio.

No. L'analisi dev'essere meno approssimativa: la violenza sulla vittima non è un tabù che si può infrangere come niente fosse. Ne va della democrazia. E della civiltà. Infatti è comicità fascistoide. C'è un solo caso in cui si verifica quello che Giorgio auspica. Ne parlo in *Bollito misto con mostarda*. È il caso della "risata verde" dei cabaret di Berlino degli anni trenta. Gli artisti si ribellavano alla violenza nazista esagerando la provocazione dell'orrore. *"Su Hitler non mi viene in mente nulla"* di Karl Kraus è un capolavoro di satira perché oppone orrore a orrore. È satira, però, perché Karl Kraus sa come si fa e perché sappiamo chi è Karl Kraus. La stessa frase detta da Himmler o da Borghezio sarebbe una boutade nazista. (Valore del **contesto** e della **tecnica**.)

Nell'intrattenimento passano sempre più spesso contenuti fascistoidi perché "funzionano" e funzionano per tutta una serie di motivi bio-politici (là dove la politica si intreccia al biologico e al senso morale) che rendono appetibile la fuga nel disumano che il fascismo e il leghismo offrono.

È un attimo caderci, se non si sta attenti. Paolo ad esempio mi ricorda il caso recente del comico **Michael Richards**, il Kramer di Seinfeld:

http://www.youtube.com/watch?v =amjUNF_R_PY
L'attenzione deve essere collettiva. È uno dei sensi della Palestra. Fino a ieri nessuno si poneva il problema. Da oggi, almeno qualche migliaio di persone in Italia sanno che il problema c'è. È un inizio.

Matteo replica: "*So distinguere il bene dal male e non faccio dei* Griffin *il mio stile di vita, ma una volta a settimana mi piace ridere disumanamente. Ciò non fa di me un essere disumano. (...) Il contesto, come dici tu, conta molto: si tratta di un cartone animato. Americano. Del 2009. La tragedia dell'Olocausto è di anni fa e trovo la libertà di riderne, nei limiti (contesti), una cosa positiva. Mi pare di averlo sentito da te 'Se non trovi niente che ti offenda, non vivi in una società libera'*".

Caro Matteo, una società libera ammette tutte le idee, anche le più trasgressive, ma non può ammettere l'idea violenta (quella fascista o nazista o stalinista). L'idea violenta è già stata giudicata dalla storia. È un'idea che, quando va al potere, cancella i diritti umani e la democrazia. La trasgressione culturale dei tabù e dei pregiudizi ("ciò che ti offende in una società libera") è legittima, ma non puoi paragonarla a un'idea violenta quale lo scherno della vittima. È un equivoco tragico, AGGRAVATO dal fatto di venir banalizzato da un cartone animato: una superficialità che non solo tu, ma nessuno può permettersi, soprattutto in tempi reazionari come questi.

Scrive R.G.: "*La scena dei* Griffin *non è scherno della vittima. Credo che lo scopo fosse quello di mostrare fino a che punto Peter sia incapace di trattenersi dal continuare a mangiare patatine, mettendolo nella situazione in cui l'importanza di fare silenzio è la più grande che lo sceneggiatore sia riuscito ad immaginare. Quindi l'oggetto della presa in giro è Peter, non gli ebrei*".

No. Lo sceneggiatore usa l'Olocausto per far ridere sulla fame di patatine di un cartoon. È una banalizzazione nazista. La violenza non può essere eufemizzata. Anna Frank è una martire realmente esistita della persecuzione razzista nazista. Quella gag dei *Griffin* è una bestemmia: mette in scena per burla l'atto di violenza vera su una vittima vera. Tutte le variabili legate al contesto, in questo caso, non valgono. È una catarsi comica blasfema. Non si può, MAI. Se la fai, sei dalla parte dei nazisti: non c'è modo di usare una vittima compiacendosene, e uscirne puliti.

Silvius nota: *"La gag di Peter poteva essere riproposta in qualsiasi altra situazione. Si ride di rimando e paradossalmente senza neanche accorgersi del contesto. Questo è subdolo. Personalmente ho sempre mostrato parecchie critiche sulla struttura comica dei* Griffin, *critiche che sono state qualche tempo fa esposte in due puntate di* South Park".

Giusto. Quella gag dei *Griffin* è blasfema non perché può venire fraintesa (come può capitare per altre gag) ma sempre. È blasfemo che l'autore non si renda conto che NON SI PUÒ usare Anna Frank per un anticlimax comico. Addirittura in un cartone animato. Dopodiché, il meccanismo comico funziona e tu ridi. (La risata è un riflesso: scatta per il meccanismo, non per il contenuto come tutti credono ingenuamente. Il contenuto contribuisce alla salienza della battuta, ma da solo non ti fa ridere. Infatti quando un giornalista fa la parafrasi di una battuta o descrive una gag, la risata non scatta.) Ma se subito dopo aver riso non te ne vergogni, la banalizzazione blasfema ha avuto il suo effetto. Hai riso da nazista senza sentirtene in colpa.

Un altro esempio fascistoide, sempre dai *Griffin*, lo ricorda Francesco: il figlio Stewie sta seviziando in garage un bulletto che gli aveva rubato la bicicletta. Entra la madre Lois.

Lois: Che sta succedendo qui?
Stewie: Stiamo giocando... alla famiglia...
Lois: Ma quel bambino è legato!
Stewie: Ehm... è... la famiglia di Roman Polanski.

Marco suggerisce, per contro, un esempio tratto da *Get Your War On* di **David Rees**:
http://mnftiu.cc/blog/images/war.002.gif

Questa striscia è satira pura alla Karl Kraus. Risata verde. Non schernisce le vittime. Oppone all'orrore della violenza l'orrore delle conseguenze di quella violenza.

Qualunque battuta, su qualunque argomento cui uno è sensibile, provocherà disapprovazione e non riso. Il caso dello humour cinico o noir lo dimostra; ma, ripeto, non è questo il punto. Il punto è: se rido della violenza su una vittima reale; se mi compiaccio dello scherno su di lei; se la battuta si pone dalla parte del carnefice; la gag e la risata sono fascistoidi. E lo sono anche quando banalizzano l'atto del carnefice (scena dei *Griffin*). Appropriato anche l'esempio di Mario: "il Male", durante il rapimento di Aldo Moro, pubblicò la foto inviata dalle Brigate Rosse con sotto la scritta "Scusate, di solito vesto Marzotto". Sfottò fascistoide.

Duccio allora mi chiede con quali meccanismi si stabilisca da quale parte una battuta stia. Trae un esempio dal mio *Adenoidi*, l'intervista di Marzullo a Hitler:

MARZULLO*: Mi tolga una curiosità, dottor Hitler, farebbe mai all'amore con una ragazza ebrea malata di Aids?*

HITLER: *Solo dopo averla cremata.*

Come si stabilisce da che parte sta la battuta? Nello stesso modo in cui è evidente che la battuta di Kraus è contro il nazismo e non a favore: quando la battuta si assume il carico del dolore, invece di banalizzarlo. La satira ha gli strumenti semantici per farlo. E lo fa.

Quello scambio è satira alla Kraus: attacca sia Hitler che Marzullo opponendo all'orrore del primo l'orrore più grande di quella domanda orribile, con effetto artistico di grottesco. (Sul grottesco, rimando a *Lepidezze postribolari*, pp. 330-333)

Il valore del contesto

Entuan fa un altro esempio: nei giorni in cui Arafat lottava tra la vita e la morte, Letterman disse la battuta seguente: "*Notizie dal mondo: Yasser Arafat aggrappato alla morte*".Questa è satira o ha connotati fascistoidi?

195

Quella battuta di Letterman rivela il valore del contesto, in questo caso ideologico. Per chi considera Arafat uno che lottava per la liberazione della Palestina (buona parte dell'Europa e il mondo arabo), la battuta si pone dalla parte dello scherno ed è fascistoide. Per chi considera Arafat un terrorista (Letterman, Bush) la battuta attacca un bersaglio meritevole. Una battuta satirica rivela il tuo mondo di valori e ti giudica di fronte alla storia. Quella fotogag su Anna Frank è legittima, per un nazista. Quando si fa satira, l'ideologico è un contesto fondamentale.

Altro esempio di contesto: quello temporale. Angelo propone questo esempio, relativo a una notizia vera: "Usa. Aereo si schianta su cimitero: 100.000 morti". Questa battuta, inopportuna se detta nei giorni della tragedia, a distanza di tempo diventa generica e si decanta in humour nero. Per questo motivo Lenny Bruce diceva:"La comicità è uguale a tragedia + tempo."

La regola di Bruce andrebbe integrata con la variabile "spazio", che è analoga a quella "tempo". **Comicità = tragedia + spazio/tempo.** A *Tabloid* feci una battuta su un disastro aereo alle isole Comore appena quattro giorni dopo il fatto. Il riferimento "isole Comore" lo spostava molto più in là nello "spazio/tempo", rendendola accettabile

Faiv chiede perciò spiegazioni: "*La comicità è uguale a tragedia + tempo. Allora un semplice lasso di tempo distingue humour nero da battuta fascistoide?*"

No. "Tragedia + tempo" riguarda i temi nella loro genericità. Oggi, per esempio, puoi far ridere sul nazismo in senso generico o sulla tragedia dell'11 settembre. Quando però il comico americano **Gilbert Gottfried** fece in tv una battuta sull'11 settembre UNA SETTIMANA DOPO il fatto, la reazione del pubblico fu giustamente di angoscia e disgusto. Qualcuno fra i presenti urlò: "Troppo presto!".

Capitò anche a Lenny Bruce quando, subito dopo l'assassinio di Kennedy, in un nightclub di New York commentò il fatto con la battuta "Vaughn Meader è fottuto!" Meader era un comico che aveva riscosso grande successo con l'imitazione di John Kennedy. Bruce trasgredì alla regola "tragedia + tempo": una regola relativa, non assoluta, che dipende dalla sensibilità del comico e del pubblico. Adesso, dopo tanto tempo, quella battuta non si capisce neppure, se non spieghi chi era Vaughn Meader. È passato troppo tempo. Fra il troppo presto e il troppo tardi si situa la sensibilità dell'artista satirico. Con vari effetti di risata verde come corollario.

Mel Brooks, su riferimenti generici al nazismo, è riuscito a farci su un musical! (trent'anni dopo la fine del nazismo = tragedia + tempo.) Perché non ha messo in scena Anna Frank? Perché diventava un dileggio della vittima: la regola "tragedia + tempo" non vale MAI quando si strumentalizza una vittima REALE (Anna Frank). Qui non c'è tempo o contesto o variabile interpretativa che tengano: resterà SEMPRE una gag fascistoide. L'errore è trattare come "elemento del repertorio culturale" (cui si applica la regola di Bruce) una tragedia personale specifica (cui non si applica la regola di Bruce). In quella gag dei *Griffin*, la presa di distanza dal carnefice non c'è. L'autore ha preso l'episodio vero della vita di Anna Frank e lo ha usato come anticlimax. Roba da matti.

Va notato come, dopo l'Oscar al film di Benigni, la comunità intellettuale ebraica di New York abbia deplorato la catarsi bizzarra di quel film e la strumentalizzazione dell'Olocausto, usato solo come sfondo drammatico per la narrazione. Strumentalizzazione che invece è del tutto assente in un film sull'Olocausto dai toni comici perfetti e struggenti, *Train de vie*. Dopo la guerra, non a caso, **Chaplin** dichiarò che se avesse saputo dei campi di concentramento, non avrebbe girato *Il grande dittatore*. (Questo argomento fa crollare il castello sulla comicità edificato di recente dal filosofo **Slavoj Žižek**.) La tragedia non puoi affrontarla col comico, ma solo col grottesco.

Letto questo post, finalmente qualcuno (Lory86) apprezza la vera differenza fra quella mia battuta su Ferrara nella vasca da bagno (satira grottesca) e il monologo di **Bill Hicks** (Limbaugh nella vasca da bagno) cui si riferiva. Hicks schernisce Limbaugh usando in senso negativo l'epiteto "gay". La sua è una gag fascistoide.

Molte battute di Hicks lo sono: lasciandosi trasportare dal gusto per la provocazione, non sempre Hicks riesce a giustificare in modo satirico le enormità. Il risultato è che spesso cerca di far ridere a spese delle vittime. Altro esempio di Hicks, il pezzo sui due ragazzi morti suicidi perché fan di un gruppo metal. (*"Prima di tutto, riflettete un attimo, sono morti due fan dei XXX – non ricordo il nome della band – ... due benzinai di meno, sicuramente non abbiamo perso la cura per il cancro."*) Qui Hicks si compiace della morte di due ragazzi. È fascistoide. Sarebbe lo stesso se uno scrivesse questa battuta: *"Il comico Bill Hicks è morto. Un comico in meno. Be', non è che abbiamo perso la cura per il cancro"*.

Altri scoprono l'acqua calda e mi fanno gli esempi delle battute finto-razziste di Sarah Silverman e Andy Kaufman. Il loro procedimento ironico, però, è evidente: non si schierano coi razzisti. Rilancio allora con un caso molto più ambiguo (scivoloni frequenti): quello di **Borat** (Sacha Baron Cohen). Cohen vorrebbe servirsi dello stesso stratagemma di Kaufman (incarnare la stupidità razzista, ironia), ma lo fa in candid camera con persone reali, che se lo meritino (razzisti) o no (femministe). Infatti *Borat*, negli Usa, è stato adorato dal pubblico di destra. Pericolosissima eterogenesi dei fini! Che non dipende dalla variabilità delle interpretazioni possibili, ma da una *défaillance* nella tecnica satirica. Le polemiche sul nuovo film, *Bruno*, non mi hanno sorpreso.

In molti mi hanno chiesto se, in Rai, quella a **Vauro** fu censura giusta, visto che era passato poco tempo dalla tragedia abruzzese. Non facciamo confusione: il bersaglio della vignetta di Vauro non erano le vittime, ma il governo Berlusconi. Era satira. La propaganda berlusconiana allora ha montato ad arte il caso, strumentalizzando contro Vauro il dolore della tragedia per tappargli la bocca. L'operazione squallida è la loro.

Altri desiderano che spieghi il mio racconto su Moro. Si tratta di satira grottesca che non si schiera coi carnefici, ma con la vittima. E non evoca la risata spensierata, ma la riflessione amara. Il grottesco ("risata verde") è l'unico genere artistico in grado di esprimere il dolore per una tragedia. Occorre competenza anche da parte del pubblico (e dei critici). Il gusto comico uno deve educarlo.

Altri, infine, citano la mia frase "*La satira informa deforma e fa quel cazzo che le pare*" intendendola come un lasciapassare per ogni nefandezza. Al contrario, quella frase indica una assunzione di responsabilità: la tua satira è, innanzitutto, un giudizio su di te.

Pesci
selvatici
e le melodie
delle
foreste andaluse

Pesci selvatici e le melodie delle foreste andaluse penso sia un titolo migliore di *Domande e risposte da interviste recenti*, ma potrei sbagliarmi. ("*Ma potrei sbagliarmi*": non sarebbe bello se ogni discorso del Papa terminasse così?)

Ho mandato una copia di queste interviste recenti ai pensionati che hanno perso tutto nel crac Parmalat e quei pensionati adesso dicono: – *Almeno ho una copia di queste interviste recenti.* –

Se invece siete giovani, ma non volete ancora lasciare il Paese, buona fortuna con le grandi opportunità educative che il Mercato vi offre, per esempio imparare quanti flaconcini di coca riuscite a infilarvi su per il culo.

A tutti, un romantico anno nuovo!

Cosa pensi del ruolo che i satiristi hanno assunto oggi in Italia? Del fatto che siete diventati "punti di riferimento" (politico) per la gente? La ritieni una situazione inevitabile data la contingenza storico-politica? Come vivi questa grande attribuzione di responsabilità da parte della gente? Come ti poni rispetto al fatto che molta parte del tuo pubblico ti vede più come un punto di riferimento politico che non come un artista satirico?

La nostra credibilità ce la siamo conquistata: abbiamo detto certe cose in tv fregandocene delle conseguenze negative, quando restare in tv facendo i paraculi sarebbe stato molto più vantaggioso. Essere un artista satirico ed essere un punto di riferimento politico è inevitabile in generale, e non c'è affatto contraddizione fra le due cose. La responsabilità non me la dà la gente, me la dà la mia arte. Fa parte di questa responsabilità non strumentalizzare il pubblico e il suo consenso. Quanto ai politici italiani, hanno mentito ripetutamente e spudoratamente, hanno mostrato di difendere all'unisono gli interessi della propria casta, hanno rivelato la loro mediocrità diffusa. C'è chi si è rotto le scatole, di questo andazzo. E ci hai fatto caso? In Italia, ogni volta che scoppia uno scandalo, tutti lo sapevano già da tempo. Che razza di Paese!

L'8 luglio di quest'anno, in piazza Navona a Roma si è tenuto il "no Cav Day". Qui hanno dato espressione del loro pensiero anche alcuni comici attraverso la satira. Per esempio erano presenti Grillo e la Guzzanti. Perché tu non c'eri?

Perché la piazza favorisce il populismo. (Populismo = dare al pubblico quello che vuole e non quello che serve, sfruttando luoghi comuni a effetto.) Non mi piace ingenerare equivoci: è il mio modo di rispettare il pubblico. La satira dev'essere contro il potere. Anche contro quello della satira. A teatro, le intenzioni dell'artista sono limpide. In piazza, in una manifestazione partitica, no. Guai al pubblico che si mette a guardare ai satirici come a cavalieri senza macchia e senza paura, e guai ai satirici che finiscono per crederci.

Si passa senza soluzione di continuità (per citare solo due esempi) dalle imitazioni del Bagaglino ai comizi in piazza di Beppe Grillo. In mezzo, modulazioni di queste tipologie. Per quale motivo è accaduto tutto ciò? È una trasformazione solo italiana o un fenomeno globale?

La satira pare scomparsa perché non è più ammessa in tv nella forma libera che le è propria. In questo modo le tolgono impatto. È un fenomeno solo italiano, che rende il nostro Paese una provincia asfittica e poco democratica. La satira in tv fa picchi di ascolto, ma non la si vuole. Quindi il problema è politico. Il punto è il controllo delle idee. Loro vogliono poter censurare quelle che non condividono. Ma così non è più satira.

Le profezie di Guy Debord a proposito della Società dello spettacolo si avverano sotto i nostri occhi: il governo si occupa della "percezione" delle cose da parte dei cittadini più che della sostanza materiale, dei bisogni, dei fatti. L'invenzione dell'"emergenza sicurezza" è un caso lampante. Come pensi ci si debba muovere in questo scenario?

Come suggeriva Debord: con pratiche di vita alternative.

C'è necessariamente contraddizione tra satira e impegno civile/politico attivo?

La satira è politica, dato che esprime una critica dell'esistente. E nasce politica: Aristofane attaccava il demagogo Cleone e il partito dei democratici, che volevano la guerra. Chi dice che la satira non deve fare politica vuole solo censurare la satira. La satira esprime un punto di vista, quindi è faziosa. Uno può fare benissimo satira e candidarsi al Senato: in America, lo ha fatto Al Franken. Ed è stato eletto. Una volta intrapresa la carriera politica, però, ha giustamente abbandonato gli spettacoli satirici.

Del panorama satirico tedesco mi ha colpito il fatto che molti cabarettisti che fanno satira politica ritengono che la satira non possa essere più che *gehobene Unterhaltung*, intrattenimento di livello. I cabarettisti tedeschi sono tendenzialmente scettici circa la possibilità di poter incidere con la propria satira sulla realtà; molti di loro concepiscono il mezzo televisivo essenzialmente come moltiplicatore, come strumento pubblicitario per attrarre la gente a teatro. Il divario rispetto alla situazione italiana, in particolare per quanto riguarda il valore e il potere che nel nostro Paese alla satira è attribuito (nel bene e nel male) è incolmabile.

Il loro scetticismo ha forse un'origine storica: Karl Kraus non ha fermato Hitler; ma, anche così, la loro è una visione molto angusta della potenza satirica. I suoi effetti sono culturali e si riverberano sulle generazioni a venire. Ma devi avere dentro una rabbia vera, sennò fai solo del "colore" sull'attualità: non dai fastidio a nessuno, anzi sei perfetto per il marketing.

L'ottima salute (in quanto a causticità e aggressività) di cui gode la satira in Italia non può prescindere dal collasso sociopolitico del Paese? La satira deve in altre parole tendere al suo annullamento? Una società sana non ha bisogno di satira?

La satira esisterà finché esisterà l'umanità, con tutte le sue contraddizioni. La "società sana" è un'utopia nazista.

Qual è l'obiettivo del tuo "fare satira"? Difendere/rafforzare la democrazia? Affinare lo spirito critico della gente?

L'obiettivo della satira è esprimere un punto di vista in modo divertente. Divertente per chi la fa. Se il pubblico ride, tanto meglio, ma non è un criterio per giudicare la bontà della satira dato che ogni risata dell'autore contiene una piccola verità umana, e a volte la verità fa male: non tutti sono disposti a riderne. Il pericolo per chi fa satira è ritenere che sei sul palco a dire la verità: questo abbaglio ti trasforma in un predicatore, in un leader di masse, in una persona di potere. L'arte ti abbandona.

Credi che la satira abbia anche una funzione di valvola di sfogo o di conforto? O al contrario contribuisce ad aumentare il disagio?

La satira nasce dalla rabbia, ma non è mai consolatoria. Induce alla conversione e all'azione. Il disagio che aumenta è solo quello dei parrucconi. Il grottesco satirico è il genere che mi sembra più adeguato a esprimere le ambiguità del Potere, il suo legame con la morte. La satira, come insegnava Bachtin, distrugge ciò che è vecchio in funzione della generazione del nuovo: è la festa di una comunità che vive. Non a caso il teatro è il luogo perfetto per la satira, e così la televisione, che è un'agorà telematica. Ed è per questo che in televisione la impediscono, perché non vogliono che si celebri alcuna vittoria sui parrucconi e sulla morte che essi rappresentano. Quello che dà fastidio è proprio il pubblico che ti segue. In realtà vorrebbero parlare soltanto loro. E questo, semplicemente, non è giusto.

Il linguaggio della satira è espressivo al punto che può infastidire chi lo ascolta. Ciò, a volte, crea un effetto di rigetto su una determinata fascia di pubbli-

co. La gente, quindi, deve essere preparata per poter comprendere la satira?

La satira è un gusto. Il gusto per la libertà di pensiero. In Italia siamo regrediti al punto che la gente dev'essere preparata alla libertà di pensiero? Certo, secoli di Vaticano non aiutano. E comunque la satira mica può piacere a tutti: i suoi bersagli, ad esempio, non ridono. Lo scandalo della satira non è nei termini indecenti, ma nel fatto che la sua libertà espressiva corrode i nostri pregiudizi. I pregiudizi rassicurano. La satira no. La censura è anche questo: impedisce al pubblico di evolvere nei suoi gusti comici. Così, quando il pubblico incontra la novità, non riesce ad apprezzarla. Capita lo stesso ai critici televisivi: quando hanno scritto di *Decameron*, è stata evidente la loro incompetenza. Non riuscivano a collocarne l'impatto, per cui ne hanno parlato in termini di "insulto"; ma se tu parli della satira in termini di insulto, vuol dire che il tuo *sense of humour* è ancora fermo al Giurassico. A quel punto il mio lavoro di satirico diviene immane: non posso farmi carico dell'evoluzione del gusto comico di un'intera nazione! Ma ci provo lo stesso. Vanno aggiunti al gruppo dei censori i direttori di teatro e gli assessori alla cultura che per motivi politici privano il pubblico locale del tuo spettacolo. Lo scorso anno, a Parma, il mio monologo è stato spostato in una frazione distante venti chilometri (quindi teatro più piccolo e danno economico per me) perché a Parma c'erano le elezioni amministrative! È un sopruso, ma l'organizzatore ha dovuto obbedire, dato che collabora col comune per altre manifestazioni culturali. Per un artista, l'oblio dovuto alla censura è un danno non indifferente: la popolarità che ti eri costruito con la tua arte, a poco a poco si spegne. Promoter, organizzatori e pubblico non sentono più parlare di te: vieni dimenticato. E questo per aver espresso le tue opinioni su fatti veri. È ancora una democrazia?

Come mai secondo te, da un po' di anni in Italia le informazioni si hanno più dai comici che non nei telegiornali e sui giornali?

Questo è un luogo comune. Ci sono tanti giornalisti formidabili che onorano la propria professione. Vediamo però di continuo giornali e telegiornali fare propaganda: edulcorano o cassano o mistificano le notizie. La satira, nel commentare i fatti, li ricorda. E così il grosso pubblico, che non legge i giornali, apprende le notizie dalla satira! Ma la satira è uno stormo di piccioni. Da qui l'attenzione.

Quale credi sia il potere della satira? La satira può "cambiare il mondo"?

La satira è innanzitutto arte: in quanto tale, agisce sulla Storia offrendo all'umanità uno sguardo rinnovato sul mondo; per questo, fin dai tempi di Aristofane, la satira è contro il potere, di cui riesce ad annullare la natura mortifera mantenendo viva nel nostro immaginario quella sana oscillazione fra sacro e profano che chiamiamo dubbio. L'effetto concreto della satira è quello della liberazione dell'individuo dai pregiudizi inculcati in lui dai marketing politici, culturali, economici, religiosi. Il potere si accorge che questo va contro i suoi interessi e ti tappa la bocca. La satira dà fastidio perché esprime un giudizio sui fatti, addossando responsabilità. È sempre stato così ed è un ottimo motivo per continuare a farla. Dove è possibile. (Il mio sottoscala.)

Negli Usa hanno eletto Obama e i media magnificano l'evento, come se i guasti del passato fossero definitivamente alle spalle e ci attendesse una rinascita generale. Come minimo occidentale. Forse addirittura planetaria. Ti associ anche tu all'euforia generale?

L'euforia generale è dovuta soprattutto al cambiamento che Obama ha promesso. A settembre ero a New York da Letterman il pomeriggio che ha intervistato Obama. Ero in prima fila, Obama era a cinque metri da me. Dopo la sua prima risposta il pubblico era già in visibilio: Obama non dice nulla di diverso da quello che i democratici Usa hanno sempre detto, ma sa dirlo in maniera avvincente. E con meno ambiguità rispetto a una Hillary.

È ancora presto per giudicare. Le questioni cruciali, come si sa, saranno la politica estera (ritiro dall'Iraq e dall'Afghanistan, rilancio della diplomazia e delle relazioni internazionali) e la politica economica (new deal, fine della speculazione finanziaria, energie rinnovabili). Non ci resta che aspettare.*

* Otto mesi dopo, *The new beginning*, discorso storico di Obama al Cairo: gli Usa non sono in guerra con l'Islam; stanno con Israele, ma basta colonie; i palestinesi hanno diritto a uno Stato; sì al nucleare pacifico in Iran; tolleranza fra popoli e culture diversi.

Adesso un passo indietro. Torniamo al famigerato "editto bulgaro". Biagi ha fatto in tempo a rientrare in Rai, Santoro ha recuperato stabilmente il suo spazio; com'è che tu sei ancora fuori?

Perché sono un cane sciolto. L'Italia è divisa in clan che si spartiscono il potere. Se non appartieni a nessuno di essi, ti fanno fuori in due secondi.

I dirigenti Rai, nominati dalla politica, devono rendere conto alla politica. Per cui non possono permettersi la satira, che per definizione è libera e può rovinare l'immagine edulcorata che i politici vogliono dare di sé. In questo modo, i dirigenti compiacciono i loro padroni, ma impongono il proprio servilismo agli abbonati Rai. Risultato: una pappa predigerita che non ammette la satira, che pure ha dimostrato sempre di fare ascolti enormi. Questo meccanismo avvantaggia, fra l'altro, la concorrenza Mediaset. È un gioco truccato. Nel resto del mondo, i programmi di satira sono quelli più seguiti dal pubblico compreso fra i diciotto e i quarantanove anni, il target più ambito dai pubblicitari. Solo in Italia non è possibile farne. È un vero peccato. La satira è arte, intrattenimento e critica. Con la censura alla satira imbavagliano le opinioni non omologate. In questo modo, la tv diventa l'anestetico perfetto.

Comunque, non è detto che la satira resti bandita per sempre. Dipende molto dal pubblico: se continuerà a scrivere alla Rai con l'affetto che mi ha dimostrato finora, non ho speranza.

Ti sei pentito di niente?
Vedo che la sua scala di valori è sottosopra. Devono pentirsi i censori, non chi viene censurato!

Di nuovo il presente. L'unico aspetto positivo della crisi in cui stiamo sprofondando è che ha messo in luce, come non mai, i vizi e le contraddizioni del capitalismo, specialmente di quello finanziario. La tua impressione quale è?
Il capitalismo troverà il modo di proseguire nello sfruttamento. È il suo mestiere. Fra qualche decina d'anni, però, la crisi ambientale romperà il giocattolo: quello capitalistico è un modello insostenibile.

Si sta avviando un vero ripensamento dello schema nevrotico "nasci produci consuma crepa", oppure c'è solo il rammarico per non poter continuare a inebriarsi con lo shopping, eventualmente con la carta di credito e i pagamenti "in comode rate"?
La decrescita è una necessità. A poco a poco diventerà un sapere di tutti.

Che aspettative hai da parte del tuo pubblico, e come sono cambiate, se sono cambiate, nel corso del tempo?
Scrivo e recito cose che fanno ridere me. Quando il pubblico si rivolge a te come a un guru senza macchia, o come a un leader che è lì a indicarti la verità e la via, sbaglia e gli va detto. In questo Paese, i demagoghi attecchiscono troppo facilmente, coi risultati che vediamo e da cui la storia del secolo scorso pare non averci immunizzato. Il mio punto di riferimento è Lenny Bruce. Diceva: "*Io faccio parte della corruzione che metto alla berlina*". Un atteggiamento molto più sincero. Piero Gelli si chiede dove siano oggi i Campanile, i Flaiano, i Gadda. Sono in libreria.

Lenny Bruce è uno dei tuoi personaggi di riferimento.

Lenny Bruce ha rinnovato il genere del monologo satirico, che negli Usa ha una lunga tradizione. Bruce diceva sempre: "*La realtà è ciò che è, non ciò che dovrebbe essere*". Nello scarto fra le due cose si situa la risata satirica. Prendete ad esempio la campagna pubblicitaria del Partito democratico. Era perfetta. Mancava solo il prodotto.

Con *Barracuda* sei stato il primo a portare nella televisione italiana il talk show sul modello di David Letterman. Poi in tanti hanno provato a copiare quel programma, attenuando i contenuti o trasformando l'intervista in salotto televisivo. C'è ancora spazio per la televisione intelligente?

La televisione è tutta intelligente. Ma c'è una intelligenza al servizio della libertà artistica, e una (preponderante) al servizio del potere. Negli Usa, i media controllano il potere, da noi è il contrario. Ecco perché non c'è più spazio per chi è libero. Essere liberi significa non essere ricattabili. In Italia, che è una rete di clan, essere liberi è un difetto per il sistema e così il senso della dignità personale è in vendita al miglior offerente. In questo momento c'è la fila per vendersi. Fine del pudore. Dove non c'è più pudore, c'è solo potere. Film consigliato: *Salò* di Pasolini.

Fabrizio Cicchitto in un'intervista rilasciata al "Giornale" del 17 marzo 2001 dichiarò: "*La trasmissione* Satyricon *è un'autentica operazione politica pensata e montata da due settori che costituiscono un pezzo (non tutta) della sinistra post-comunista. [...] il loro modo di combattere è appunto quello della criminalizzazione dell'avversario per via mediatica-giudiziaria*". Quasi tutta la destra era d'accordo sul fatto che tu, Marco Travaglio e l'allora direttore di RaiDue Carlo Freccero aveste tentato di sabotare la campagna elettorale, proprio attraverso la presenta-

**zione del contenuto del libro e proponendo la famo-
sa intervista a Paolo Borsellino. Cosa puoi dire in proposito?**

Che è una balla. Lessi quel libro e invitai l'autore, tutto qui. Autore che, non va dimenticato, all'epoca nessuno conosceva. Per la prima volta introdussi in Rai il tema tabù "Berlusconi", che il giornalismo tv non osava affrontare. Parlammo dei fatti emersi nel processo a Mar-
cello Dell'Utri. Quattro anni dopo quell'intervista, Marcel-
lo Dell'Utri è stato condannato in primo grado a nove anni di carcere per concorso esterno in associazione mafiosa. Insieme con Berlusconi, mi fecero causa per "diffamazione" anche Mediaset, Fininvest e Forza Italia per
un totale di 41 miliardi. Ho vinto tutti i processi: quell'intervista non diffamava nessuno. Informava in modo corretto. Sono libertà che non ti perdonano, come si è visto.
Quanto a Cicchitto, era iscritto alla P2 di Gelli, una for-
mazione eversiva. Dovrebbe avere il pudore di vergo-
gnarsene in eterno e tacere per sempre. Se un giornalista racconta i misfatti di Berlusconi, la colpa deve rica-
dere su Berlusconi, non sul giornalista. Per inciso: aven-
do sostenuto la tesi del complotto, Bruno Vespa è stato
querelato per diffamazione dall'ex presidente Rai Zac-
caria e ha perso la causa.

**Durante le vicende sull'editto bulgaro, nonostan-
te tu fossi stato uno dei tre nominati, non ti sei esposto molto. Le testate riportano davvero solo tue rare
dichiarazioni. Per quale motivo decidesti di sottrarti
alla stampa?**

I fatti erano evidenti, non c'era bisogno di aggiungere altro. Né mi abbasso a replicare alle fetecchie. Tutti
hanno visto il loro gioco sporco: prima ti tolgono di mezzo con la censura, poi ti intimano di non fare la vittima. E
chi ha detto niente? Bastardi.

**In *Decameron*, il tuo programma andato in onda
su La7 lo scorso anno, prima che decidessero di chiu-
derlo con una scusa, sei stato tra i pochissimi a par-**

lare senza eufemismi ipocriti o omissioni delle violenze della polizia al G8 di Genova. E fosti il primo a farci su della satira, nel 2001. Anche in quel caso, la verità è stata estromessa dai grandi media, è trapelata solo grazie all'insistenza di chi ha lavorato per far sapere a tutti quello che era successo. È solo un'eccezione o un caso emblematico che allude alla possibilità che i media indipendenti riescano a costruire senso comune, anche nel silenzio dei grandi media?

E lo sketch *Missione di pace* denunciava l'ipocrisia guerrafondaia del neonato Pd. Da *Satyricon* in poi tutto quello che faccio riceve un'attenzione particolare, spesso malintenzionata, che dopo *Decameron* ha assunto le forme della rimozione e del pestaggio. La libertà della satira dà fastidio perché ricorda al pubblico come sarebbe bello se fosse sempre così. Hanno chiuso *Decameron*? Questo mi incoraggia a fare di peggio.

Il festival TTV di Riccione ti ha dato il suo premio tv per *Decameron*. Che cosa significa per te, visto che in tv è durato poco?

Decameron sarebbe durato di più, se non l'avessero soffocato di notte con un cuscino. Il significato del premio è questo: la satira è più forte dei cuscini. Ma resta il pericolo che i nuovi comici si autocensurino per evitare grane. Prendi Gesù. Trentatré anni a raccontar parabole. Non sapeva neanche una barzelletta? L'hanno fatto fuori comunque.

Secondo Dario Fo, il programma sarebbe stato chiuso invece per i contenuti a proposito della puntata numero 6 sull'enciclica in preparazione da parte di Benedetto XVI. Ci puoi dire qualcosa a riguardo?

Ho registrato il monologo sull'enciclica venerdì pomeriggio, come sempre alla presenza di funzionari di La7. La sera stessa, a mezzanotte e quattro minuti, il direttore Campo Dall'Orto mi invia un sms per dirmi che sospendeva il programma per via della battuta su Ferrara nella puntata precedente (già replicata tre volte). Sabato mattina alle 7 sono in auto per recarmi al montaggio della sesta puntata e leggo l'sms. "Repubblica" e "Corriere" avevano già una pagina dedicata alla notizia. Ho lanciato in aria un anatema candomblé e adesso La7 è spacciata.

Come ti spieghi questa tempestività, da una parte della censura e dall'altra nel dare la notizia ai media prima di avere una tua replica a riguardo?
Me lo spiego col fatto che il sistema funziona.

Di cosa parla il tour *Decameron*?
Temi scabrosi, argomenti polemici e risate feroci: un antidoto alla comicità tranquilla che la tv commerciale e la Rai hanno ormai imposto agli italiani come modello, la comicità che ha lo scopo di rassicurare e intontire con i suoi parossismi prevedibilissimi. Tutta merda che mi sono già mangiato da un pezzo.

Berlusconi ora gioca a fare il cavaliere evocando immagini di padri costituenti che duellavano verbalmente con eleganza di fioretto. Cerca, si dice, di rifarsi l'immagine per un futuro al Quirinale. Ma perché gli italiani credono alle sue bugie? La nostra malattia è una memoria straordinariamente corta?
Le scienze cognitive hanno scoperto che gli elettori non votano i programmi elettorali, ma una visione del mondo. Quella di Berlusconi è molto ben definita: il padre autoritario. Il Pd non ne ha nessuna, si sposta al centro. E così perde. La destra non ha bisogno di spostarsi al centro per vincere le elezioni. È un problema di *framing*. Da trent'anni, coi suoi media, Berlusconi sta promuovendo il suo modello. La paura del terrorismo e quella per l'extracomunitario, così come la strumentalizzazione dei temi etici, servono a rinforzare il modello del padre autoritario. Il Pd deve ancora cominciare a elaborare il proprio, che dovrebbe essere alternativo. Nel frattempo va a rimorchio della terminologia della destra.

Quando il Pd parla di "sgravi fiscali", ad esempio, rinforza il modello della destra, che usa quella terminologia perché considera le tasse un peso. Nel modello alternativo (che il Pd neanche sta immaginando) le tasse sono una protezione per il futuro dei nostri figli. Se tagli le tasse, i diritti tuoi e dei tuoi figli (sanità, scuola, pensione) diventano servizi a pagamento. Non c'è più giustizia sociale. Effetto domino: col taglio delle tasse, di fatto la destra decurta i fondi per i programmi sociali che si prendono cura della gente. Lo stesso dicasi delle privatizzazioni. Sono bravi quelli, o allocchi questi? Entrambe le cose. Il modello alternativo è pieno di idee migliori, ma il Pd le ha abbandonate: adesso è eccitante come un catalogo di sementi.

Il tipo di cultura politica incarnata da Berlusconi è ormai diffuso e pervasivo. Che immagine ne hai? Come ci si difende?

Berlusconi è quel momento della natura nel quale la merce diventa consapevole di se stessa. Come ci si difende? Frequentando persone che non si siano lasciate corrompere dai soldi e dalle prebende che il berlusconismo elargisce con dovizia ai servi. Un esempio su mille: alla notizia del mio rientro in tv su La7, il "Corriere della Sera" si produsse in un piccolo capolavoro di dileggio. La giornalista Maria Volpe scrisse che "*a Luttazzi in questi anni il ruolo di vittima è piaciuto anche parecchio*". Non mi è piaciuto per niente, invece. Non piacerebbe a nessuno subire un danno enorme – umano, professionale ed economico – per aver raccontato fatti veri relativi a quel galantuomo di Berlusconi. Al maccartismo berlusconiano, che è una censura di tipo ideologico, si è aggiunto poi lo sberleffo dei servi, prontissimi a minimizzare la portata del sopruso. Poi scopro che la Volpe ha una rubrica all'interno di *Verissimo* su Canale 5. Tutto si tiene. La satira ha a che fare con la libertà di espressione. Giuliano Ferrara ha detto in tv che io, Biagi e Santoro un bel calcione ce lo siamo meritati. Un tempo questo si chiamava fascismo. Buuuuu! Dare addosso a chi subisce un sopruso è davvero da impostori. Ce ne sono tanti, in giro. L'arte (non solo quella satirica) aiuta a formare le coscienze e a tenerle deste. Ha tempi più lunghi, ma è inesorabile.

Perché nessuno si ribella quando, poco prima delle elezioni, Dell'Utri dichiara in un'intervista che Mangano è un eroe di Stato?
Perché il *framing* elaborato da Berlusconi attraverso i suoi media è diventato ambiente. Se una cornice è forte, i fatti vengono ignorati.

Hai fiducia in Internet?
Internet venne ideato come tecnologia a scopi militari e conserva qualche vizio dell'origine. Ad esempio è un *panopticon* ancor più micidiale di quello ipotizzato da Bentham e ricordato da Foucault; più micidiale perché, con Internet, i sorvegliati sono contemporaneamente i sorveglianti. Anche per questo motivo, Internet favorisce il pensiero dietrologico: non mi stupisce il successo web di demagoghi dietrologi come Grillo. Ed è molto più evidente, adesso, una relazione già emersa con l'avvento della tv: la tecnologia elettronica condiziona il modo con cui il pensiero elabora il reale. L' Internet dei *social network* è un ipnotico potentissimo. Solo la crisi economica ha un po' risvegliato le coscienze: erano talmente intorpidite che c'è voluto il crac MONDIALE delle Borse, per risvegliarle. Internet è utile solo per le nicchie: se sei un fan di Takato Yamamoto, grazie a Internet hai tutte le info che ti servono in proposito, più l'elenco delle gallerie d'arte dove puoi acquistare i suoi lavori. Sei un appassionato di idee nuove e bizzarre? Ecco Boingboing.net. Ti piace aggirarti su spiagge nudiste con dei palloncini colorati legati al pisello? Clicca www.partitomonarchico.org

Fai spesso riferimento alle "perversioni" più varie. Come nasce questo interesse? C'è un rapporto tra perversione e satira?
In ogni perversione c'è un elemento meccanico che la rende comica. Il tutto ha a che fare con l'impulso di

morte di cui parlava Freud. La risata annulla la morte: ridi perché sei vivo.

Pensi mai alla morte?
Sì, ad esempio durante questa intervista.

Cosa, per te, è pornografico?
La vera pornografia è la violenza. Va sottolineato come, in una democrazia, quella contro la violenza (sia essa pensiero, parola, opera o omissione) sia l'unica censura davvero necessaria. Come dice padre Zanotelli, la guerra dovrebbe essere un tabù come l'incesto. Lo stesso vale per i rigurgiti xenofobi e razzisti. Prendi Borghezio. Ne ho conosciuti di razzisti, ma mai di questo voltaggio. Le idee violente sono già giudicate dalla storia. Ad esempio fascismo e nazismo: una volta al potere, cancellano la democrazia. Non possono essere riammesse nel campo argomentativo.

Il sesso nell'arte può essere una metafora potente. E nella vita, nei rapporti sociali? Per te?
Nei tuoi rapporti il sesso è una metafora? Sembra un'ottima scusa per quando non ti si rizza. (Non che mi sia mai capitato.)

Secondo te, come mai la xenofobia ha preso piede così fortemente nella società italiana?
Al capitale convengono le leggi speciali. La propaganda spinge alla xenofobia anche per questo. Al governo ci finisce così una figura di padre autoritario. La parte offensiva di tutto l'andazzo è che il padre autoritario ci tratta da bambini che devono essere accuditi, non da adulti responsabili. Temo però che alla regressione culturale del Paese corrisponda una regressione psicologica: a molti italiani non piace essere adulti responsabili. Preferiscono delegare al capo, e poi trattarlo da capro espiatorio. È una specie di piorrea spirituale. Sentitevi pur liberi di usare queste frasi per comporre una canzone di protesta.

Il quarto rapporto sulla secolarizzazione italiana, che a giorni verrà presentato dalla Cgil nuovi diritti con Critica Liberale, dice che l'Italia è sempre meno un Paese di cattolici praticanti. Eppure in questi giorni il governo parla di fare un "tagliando alla 194", si vorrebbe ripristinare il divieto di diagnosi preimpianto che le sentenze hanno detto incostituzionale e via di questo passo. Come la vedi?

La Chiesa pratica il voto di scambio: appoggia i governi se le danno qualcosa. La lista dei suoi desiderata è lunga; e fatta apposta per indurre in tentazione il politico bramoso di voti e di potere. Alla Chiesa fa gola uno Stato in cui peccati e reati coincidono: il suo modello è quindi l'Islam. La Chiesa vuole mettere becco nelle vicende dello Stato italiano? Prima deve pagare il biglietto d'ingresso: deve pagare le tasse. L'8 per mille è una cuccagna fraudolenta. È incredibile a che bassezze si arriva, per diventare i rappresentanti di Cristo in terra! La religione è una ideologia, ovvero una forma di potere. Esercita un controllo sociale. Lo fa nei modi che purtroppo conosciamo: plagiando le coscienze col catechismo e muovendo azioni di lobbying sulla politica. Gli interessi economici in gioco sono enormi. Se si considera che Cristo non ha mai fondato la Chiesa cattolica, come mistificazione è notevole.

Possiamo affermare che l'arte (e dunque anche la satira) possono contribuire a riscoprire il sacro, ovvero a dargli un significato diverso da quello strumentale delle istituzioni religiose?

I processi retorici dell'arte hanno certo un rapporto con l'ideologico, ma a un tale livello di generalità che non spiega nulla. Quindi, no.

Che ne pensi di chi, come Giovanardi o Ferrara, tira in ballo l'eugenetica quando si tratta di selezione degli embrioni per evitare la trasmissione di malattie genetiche?

L'eugenetica è una imposizione praticata da uno Stato. La scelta dei genitori riguardo alla prole si chiama senso di responsabilità. Spetta forse a Giovanardi o a Fer-

217

rara decidere sui tuoi figli? No, e se lo dici non sei certo nazista, come Giovanardi e Ferrara insinuano coi loro ragionamenti del menga.

E chi, come Roccella, ora sottosegretaria alla Salute, scrive di Ru 486 chiamandola "kill pill" o "veleno per feti"?

La destra usa i temi etici e le definizioni a effetto per rinforzare il proprio modello di potere, che è quello del padre autoritario. Legge 194 e Ru 486 sono una sfida diretta a tale modello. Il padre autoritario dice: – *Se le donne possono gestire da sé le gravidanze indesiderate, quando mai impareranno la lezione?* – Nessuno impone ai cattolici di servirsi della Ru 486 o dell'aborto.

Sei favorevole alla ricerca di nuovi tipi di energia? E nel tuo quotidiano cosa fai per salvare l'ambiente?

Evito gli sprechi. Così i miei vicini possono dissipare liberamente.

Quali sono i tuoi prossimi progetti?

Un nuovo monologo teatrale. E rileggere *Histoire d'O*, un classico che mi ha sorretto nei miei momenti più bui.

Che ne pensi del Berlusconi 4?

Quello che penso di chi l'ha votato. E di chi ha fatto una campagna elettorale disastrosa. Come ho detto in una intervista al "Financial Times", "*in the last twenty years italian tv (both Rai and Mediaset) has been giving shape to a propagandistic framing of right-wing values: God, Family, Fatherland. We are in a permanent electoral campaign grounded on fear and xenophobia. Tv is constantly promoting right-wing values and trying to shape the country's mentality both through news and entertainment. The italian Left ignores the virtues of counter-framing and that's why it has lost the elections. Left-wing values (civil rights, solidarity, peace) have been lost and must be recovered.*" Lasciamolo in inglese, così Veltroni deve farselo tradurre nel *Loft*. Il *Loft* della *Left*, il *left loft*. Negli anni, il fronte neutralista ("*Non si deve demonizzare Berlusconi*") si è esteso. Con che bei risultati, si è visto. Nel frattempo, andiamo tutti in Afghanistan, prima che lo rovinino.

Visto che nel 2001 era arrivato l'editto bulgaro, quali possibilità ci sono ora per te di tornare in tv?
Inesistenti. I politici usano la tv come vetrina per il proprio marketing. Che ci sia qualcuno a suggerire dubbi gli scoccia parecchio e non lo permetteranno più. Io però non "faccio satira" perché "voglio andare in tv". Vado in tv per fare la mia satira. Per starci dovrei cambiare seguendo i dettami del sultano? È un ricatto inaccettabile. Pazienza: passerò i prossimi anni al sud, fra gli immigrati clandestini che coltivano lampadine nel Tavoliere. Sapevi che il raccolto delle lampadine è notturno? Si vedono meglio.

Com'è stata l'infanzia di Daniele Fabbri? E la sua educazione?
Infanzia serena, piacevolissima, ricca di stimoli alla fantasia. A Santarcangelo di Romagna, negli anni sessanta, la generazione dei miei genitori sperimentava a scuola tecniche innovative di insegnamento che attingevano a piene mani dalle arti: letteratura, musica, pittura, cinema. Imparavi a nutrire il tuo spirito col meglio. A quattro anni sapevo già leggere e scrivere. Dalla prima elementare saltai alla terza. A tredici anni realizzai il mio primo cartone animato. Al ginnasio perfezionai il mio ruolo di secchione dalle battute micidiali. A diciott'anni fondai un gruppo pop new-wave: cantavo le mie canzoni e suonavo le tastiere. All'università (medicina) capii come va il mondo (baronie, raccomandazioni, coltellate alle spalle) e decisi di tornare al mio ruolo di secchione dalle battute micidiali.

Ci puoi raccontare qualcosa sui tuoi disegni?
Disegno perché mi piace farlo. Da piccolo disegnavo di continuo: volevo diventare bravo e ci sono riuscito.

Adesso è un desiderio che mi diverte lasciare inespresso per qualche mese, in modo che raggiunga un culmine. A quel punto non posso più farne a meno e trascorro una settimana intera a disegnare dalla mattina alla sera. Puro piacere infantile. Quando mi sono calmato, smetto. In attesa della ondata successiva. Che è anche il modo con cui faccio sesso.

Quanto ha influito la vita di paese, di un paese come Santarcangelo?
A Santarcangelo c'è gente arguta, dalla battuta pronta: devi essere all'altezza. C'è un aneddoto famoso. Un giorno la proprietaria del bar Centrale vede un cliente anziano con la patta aperta e gli dice: – *Frisoni, avete il morto sulla porta.* – E lui subito: – *Sarà morto, ma non di fame.* – Gente così. Per non parlare degli artisti: Raffaello Baldini, Nino Pedretti, Flavio Nicolini, Tonino Guerra, Federico Moroni, Paolo Carlini. E del festival del teatro in piazza con Dario Fo, Gaber, Bolek Polivka, Jerzy Stuhr, l'Odin. La scuola di Bornaccino. La stamperia artigiana di mio zio Alfonso Marchi. Antonioni che gira *Deserto rosso* abitando con la Vitti a Santarcangelo. Zvanòun che recita nella scena del ballo del *Gattopardo*. Vespignani. Cose mitiche. Risiedo a Roma ormai da quindici anni. Di recente, a Santarcangelo, qualcuno ha proposto in Consiglio comunale che mi venisse data la cittadinanza onoraria. La proposta è stata messa ai voti e bocciata. Ecco perché uno fa il comico.

Hai sempre pensato che saresti diventato famoso?
Non così tanto.

Qual è secondo te il compito di un uomo di cultura nel mondo di oggi?
Quello di sempre: trasmettere la propria curiosità.

È stata riportata sull'"Independent on Sunday" una ricerca fatta dall'università canadese del Western

Ontario in cui analizzando il senso dello humour in duemila gemelli inglesi e in altrettanti gemelli americani è emerso che quelli inglesi hanno una sorta di "base genetica", di attitudine innata, ma che questa risulti essere associabile a problemi di depressione e ansia, forse semplicemente perché il porsi più quesiti e l'essere più acuti pone davanti alla cruda realtà, tu cosa ne pensi?

L'umorista non è depresso, è malinconico, come ogni artista. Perché è sensibile alla bellezza, e sa che questa bellezza finirà.

Pensi che ritornerai in tv?

È ovvio. La tv non è un hobby: è il mio lavoro e c'è un pubblico numeroso che stravede per me (e io per loro). Il maccartismo è immorale e illegale. Sono sempre in agguato. Come c'è una breccia, mi ci infilo. Ne avete bisogno, direi. Guarda i talk show in onda: tutto uno stendere tappetini. Programmi consolatori, per una popolazione anziana. La risposta a questa pappina è stata *Decameron*, che era dieci volte più feroce di *Satyricon*. Il prossimo sarà dieci volte più feroce di *Decameron*. Non so quando sarà, ma ne sentirete parlare.

Ultim'ora

(*applausi fragorosi, DL rientra in scena per il bis*)

Grazie. La penso come voi.

Uuuuh, sono esausto. Essere sexy è così stancante...

Sono contento che vi siate divertiti. E pensare che stasera credevo di non arrivare in tempo. Mi si è rotta l'auto a noleggio, ho dovuto fare l'autostop. Vent'anni che non facevo l'autostop. La prima macchina che si ferma, un altro po' mi menano. Avevo sbagliato dito.

Poi però sono arrivato così in anticipo che prima di cominciare il monologo ho avuto il tempo di farmi una ceretta.

Al pube.

(*risate*) Cosa posso dire? È un dono.

Volevo concludere questa serata con le ultime notizie. Ma prima desidero ringraziare tutti quelli che hanno guardato *Decameron* in tv. Punte del 16% di *share*! Un successo paragonabile solo al bombardamento di Dresda. Migliaia le *e-mail* di congratulazioni arrivate in redazione. Talmente tante che non so davvero dove ho trovato il tempo di scriverle.
C'è chi mi ha scritto: – *Sei un genio!* – Oh, non vi sfugge niente!

E adesso, le notizie dell'ultim'ora:

Musica. Le ceneri di Kurt Cobain ritrovate nel naso di Keith Richards.

Napoli. Berlusconi è soddisfatto: la discarica di Chiaiano è perfetta per le carte del processo Mills.

Completato il monumento che commemora la caduta del Muro di Berlino. Il monumento è un muro alto tre metri e lungo trenta chilometri che taglia in due Berlino.

Bush: *– Crimini di guerra? Stavo solo dando ordini. –*

Il monito di Napolitano elimina definitivamente le morti sul lavoro.

Ghedini: *– Berlusconi vuole a tutti i costi l'immunità perché non gli serve. –*

Il terremoto a Creta causato dalla scala Richter.

Iran. Nuova provocazione di Ahmadinejad: *"L'Olocausto? Sono morte più persone in Formula 1!"*.

Musica. Il pianista Lang Lang adora il cous cous.

L'"Osservatore Romano": *"Immorali gli insetti ermafroditi"*. (E bastaaaa! Siete pedanti. Lasciate in pace almeno gli insetti!)

Europei di calcio. La Romania pareggia, poi torna nel Cpt.

Economia. I timori di una stagflazione spingono molti a cercare sul vocabolario la parola stagflazione.

Il governo modifica le regole d'ingaggio in Afghanistan. Il Pd attacca: *– Ok. –*

Le aragoste non provano dolore quando vengono immerse nell'acqua bollente, solo un senso di tradimento.

Credo che il mio navigatore satellitare sia difettoso. Mi sa che fa interferenza con la radio, perché l'altro giorno seguivo le indicazioni del Gps e sono finito dentro una canzone di Mango.

Bondi. Pigiatelo e scommetto che gli esce Calvè dalle orecchie.

Strage di Gaza. Siamo sicuri che Sharon sia ancora in coma?

Tossicodipendenti accusati di fare ciclismo.

Veltroni paragona l'Iraq a Rosy Bindi.

Risolto il mistero della *Venere di Milo*: lo scultore non era capace di fare le braccia.

Bambino di tre anni muore dopo l'autopsia.

Scoperte lumache con la sindrome di Down. Sono simpaticissime.

Mai visto nessuno scivolare su una buccia di banana nella vita reale.

Inventare il fuoco non è stato difficile. Difficile è stato proteggere il copyright.

Petrolieri in sciopero contro il rincaro dei barili di legno.

L'Iraq verrà diviso in tre Stati. Ciascuno avrà la propria guerra civile.

Usa, approvata la "pillola del giorno dopo" per l'uomo.

Lobby del tabacco: – *Le sigarette aiutano a smettere di fumare.* –

Musica. Dopo i Police, anche Bob Dylan tornerà insieme per fare concerti.

Afghanistan, ossimoro ucciso da fuoco amico.*

* Spiego: l'ossimoro è una figura retorica che unisce due termini, in genere un sostantivo e un aggettivo, di significato contraddittorio. Esempio: ghiaccio bollente. Oppure, fuoco amico. A parte che qui c'è dentro anche una sineddoche, mi faceva ridere l'idea dell'ossimoro ucciso da – l'ho spiegata troppo?

Politica italiana. Questa mattina Cossiga ha dovuto masturbarsi due volte solo per far ripartire il cuore.

Sociologia. Non c'è modo di saltare al di là di una pozzanghera senza che ti venga in mente Gene Kelly.

L'ex-presidente della Commissione di vigilanza Rai Mario Landolfi, coordinatore di An in Campania, che all'epoca di *Satyricon* disse: – *Luttazzi è indegno anche della tv spazzatura* – è indagato dalla Direzione antimafia con altre diciannove persone. L'ipotesi è concorso in corruzione e truffa, aggravati dal favoreggiamento camorristico. Oh, mi dispiace.

Afghanistan. La Russa con un sorriso crepa un blindato.

Revisionismo. Dopo i libri contro i partigiani, Giampaolo Pansa sta già scrivendo il prossimo, dove dimostrerà che il cane di Hitler non sapeva che lui era Hitler.*

* Curiosità: sapete come si chiamava il cane di Hitler? Blondi. Se ai giardinetti sentite uno che chiama il suo cane Blondi, quello è un neonazista. È sempre utile saperlo.

Colombia, dopo sei anni liberati Ingrid Betancourt, tre americani e Alan Sorrenti.

Berlusconi al G8, i giapponesi gli costruiscono una scuola Diaz piena di studenti massacrati per farlo sentire come a casa.

Dalle ultime centurie di Nostradamus: "Nel 2035, Oceano Elkann sposerà Chanel Totti. La loro prima figlia avrà un nome incredibile".

Prestigiacomo, ministro dell'Ambiente: "*Devasteremo l'ambiente nel rispetto dell'ambiente*".

Contratti. I cinquemila esuberi Telecom passano in Alitalia, i cinquemila esuberi Alitalia passano in Telecom.

Cultura. Umberto Eco si rade la barba col rasoio di Occam.
(Il pubblico ride. DL: – *State bluffando. Questa però non sto a spiegarla. Compito a casa. Andate su Wikipedia: rasoio di Occam. È un argomento scientifico, riderete a casa. Nei vari condomìni si sentiranno tutte queste risate notturne. I vostri vicini verranno svegliati dalle vostre risate e si chiederanno: – Cosa c'è? Qualcosa di divertente in televisione? – No. Non c'è in televisione. È solo qui a teatro! –*)*

* E va bene, vi risparmio le ricerche. Il francescano Guglielmo d'Occam formulò, agli inizi del 1300, una regola cardine cui attenersi nei ragionamenti (il "rasoio di Occam"): "mai presupporre più del necessario". Quando c'era un temporale, mia madre mi faceva uscire di casa perché "i fulmini sono ricchi di vitamine". Non conosceva il rasoio di Occam.

Musica. È partito il nuovo tour dei Pooh. La buona notizia è che l'India ha la bomba atomica.

Ossezia. D'Alema autorizza i bombardamenti Nato. La forza dell'abitudine.

Oggi il papa pregherà per l'Ossezia col nuovo salmo "Signore, Tu non sei inventato".

Gava/Pininfarina, sostanziale parità nella gara dei necrologi.

Cronaca nera. Serial killer ricorda i vicini come gente tranquilla e insospettabile.

Politica italiana. La situazione del Pd migliora: adesso è classificata come "senza speranza".

Bangladesh. Sarebbero diecimila le vittime del ciclone che si è abbattuto sul Bangladesh qualche giorno fa, il più devastante dopo sei anni di carestia. Trecentomila abitazioni completamente distrutte, il doppio circa fortemente danneggiate. Molto più spesso di quanto si pensi, il potere della preghiera è sopravvalutato.*

* Gli aiuti esteri promessi sono di 120 milioni di dollari ma il Bangladesh chiede disperatamente altri aiuti per soccorrere le migliaia di sopravvissuti. La Commissione europea ha sbloccato solo 1 milione e mezzo di euro. Costo di un nuovo aereo F35: 110 milioni di euro. Nei prossimi cinque anni, la sola Italia ne comprerà per 4 miliardi di euro.

Berlusconi perseguitato dalla Costituzione.

Carovita, i fabbricanti di cinghie aggiungono buchi.

Alitalia, interviene Scajola, gli uccelli cancellano tutti i voli.

Borse mondiali, previsto un ribasso, poi un rialzo, poi un ribasso, poi un rialzo, poi un ribasso.

Ieri la Camera ha approvato una serie di leggi che Berlusconi deve ancora violare. È già qualcosa.

L'attacco a sorpresa all'Iran fissato per il 12 ottobre prossimo.

Al Qaeda favorevole al prestito-ponte Alitalia.

Professore di liceo freddato da un killer della 'ndrangheta con una raffica di pentametri giambici.

Batteri protestano contro i nuovi antibiotici.

Gli scettici derisero l'inventore del cervo.

A volte le generalizzazioni sono inutili.

La guerra in Iraq ha aumentato il terrorismo del 300%. Ecco un altro buon motivo per invadere l'Iran.

Gesù è divino, o solo meraviglioso?

Scoperto il segreto della Palma d'acciaio, il colpo più mortale del kung fu: se colpisci uno sul cuore, dopo cinque passi finisce nell'agenzia di Lele Mora.

Hänsel e Gretel erano nella Gioventù hitleriana.

L'Himalaya è stato scolpito nel 1711.

Degli astronomi hanno scoperto un pianeta simile alla Terra a venti anni luce da noi. Siamo salvi.

Per Amanda Knox e Raffaele Sollecito è ancora troppo presto per partecipare all'*Isola dei famosi.*

Sadomasochisti entusiasti di Tremonti.

Terminati oggi i funerali di papa Wojtyla.

Vacanze, il ministro Brunetta va a Disneyland, non lo fanno uscire.

Musica. Scoperto un altro Lang nel pianista Lang Lang, si chiamerà Lang Lang Lang. (E mangerà il cous cous cous.)

Il cane di Pavarotti ucciso per semplificare la faccenda dei vari testamenti.

Concorsi di bellezza: Miss Universo, vince di nuovo una terrestre.

La fiamma olimpica arriva a Pechino e incendia un monaco tibetano.

Petrucci, presidente Coni, sulle olimpiadi in Cina: "*Perché si chiede allo sport di sostituire la politica, quando possiamo semplicemente fregarcene dei diritti umani?*".

Olimpiadi, cerimonia d'apertura, cinquantasei bambini cinesi hanno cantato l'inno in modo incantevole, grazie all'addestramento con scariche elettriche.

Una coreografia imponente ha raccontato la storia della Cina, con lo scivolone di una ballerina a rappresentare la parentesi maoista.

Pd in coma, autorizzato lo stop all'alimentazione forzata.

Israele e Hamas si offrono di mediare fra Berlusconi e i giudici.

Pentagono: – *Nella guerra in Iraq errori di strategia.* – Ad esempio la guerra in Iraq.

Berlusconi: – *Passo tutti i sabati con gli avvocati a parlare dei miei processi!* – Ma Veronica non se la beve.

Solo il 9% degli italiani favorevole al ritorno del Terzo Reich.

Venduto all'asta nastro inedito dei Beatles. Se suonato al contrario, è un'accozzaglia di suoni senza senso.

In questi giorni fa tanto caldo perché la Terra è uscita dall'orbita e sta puntando verso il Sole, ma niente panico.

Confindustria: – *I consumi in calo non sono collegati ai salari da fame.* –

Per evitare traumi, le impronte ai bambini rom verranno prese dal duo comico i Fichi d'India.

Toccante marchetta di "Chi" sulla serenità familiare di Berlusconi. In una foto, Silvio addormenta il nipotino leggendogli una favola: la finanziaria di Tremonti.

Scajola indica Carlo Conti come possibile fonte di energia solare.

"*Gli italiani sono diventati più fannulloni*", rivela una ricerca incompleta.

Un uragano in Florida migliora un edificio di Frank Gehry.

Pacchetto sicurezza, gli extracomunitari ai semafori rimpiazzati da extracomunitari di plastica.

Economia. Benetton sconfigge la recessione chiamando *Recessione* il suo nuovo yacht di cinquanta metri.

Aperto il sarcofago di Cleopatra. Troppo tardi. Era morta.

Nessun libro di fantascienza aveva previsto Internet.

Mode estive: Berlusconi col panama bianco, La Russa col fez, Bondi col cappellino a elica.

Scajola scopre gasolio nel suo suv e lo trivella.

Sanità, sequestrate tonnellate di placebo difettosi provenienti dalla Cina.

Australia, il papa in visita in Australia scatena ovazioni fra i giovani con la trovata delle ostie-boomerang. (GAG: *lancia un'ostia, che torna indietro e lui la afferra al volo con la bocca aperta. Poi ne lancia un'altra, idem. Poi ne fa annusare una a un cane e la lancia dicendo: – Vai, Blondi! –*)

Afa, ieri faceva così caldo che Berlusconi pensava di essere già all'inferno.

Faceva così caldo che Rosy Bindi ha partecipato a una gara di T-shirt bagnate.

Faceva così caldo che Sacconi mandava affanculo operai della Findus.

Recessione, le famiglie italiane risparmiano sui beni di lusso, ad esempio il pane.

G8, Berlusconi auspica mille nuove centrali atomiche. Gli serve tutta l'energia possibile per le sue erezioni.

G8, Bush vuole emulare Reagan e dice alla Cina: "Buttate giù quel muro!".

Berlino, decapitata in un museo la statua di cera di Hitler, la Germania perde la Seconda guerra mondiale.

Una mia amica ha comprato in Cina un bellissimo servizio da tè spendendo pochissimo. – *Come mai costa così poco?* – E il cinese: – *È importato. In Italia avete extracomunitari che lavorano per niente.* –

Strage in Afghanistan, muoiono sei soldati italiani. Il Parlamento oggi li ha ricordati con un minuto di silenzio ipocrita.

Un asteroide colpirà la Terra nel 2036, probabili disturbi alle trasmissioni tv e fine del mondo.

Politica italiana. Berlusconi ha scelto i saggi per la riforma della giustizia: Alfano, Gargani, Vaccarella e Cossiga. Satana non era disponibile.

Lampedusa, bimbi morti e gettati in mare nutrimento equilibrato per i tonni, dicono i nutrizionisti.

Domani Berlusconi si farà un'altra legge *ad personam* *"perché è mercoledì"*.

Un esperto di Feng Shui chiamato a risolvere il problema palestinese.

Raggi X scoprono un Van Gogh sotto un altro Van Gogh, e un Warhol sotto un Raffaello.

Giovani italiani ottimisti e pieni di energia, rivela una ricerca basata sulla pubblicità Bacardi.

Yahoo! vende il punto esclamativo a Murdoch.

Gardaland, boom di prenotazioni per la monorotaia assassina.

Pakistan, missili Usa rendono solubile il chimico di Al Qaeda.

Iraq, donne kamikaze si fanno esplodere, vagine ovunque.

Al Qaeda annuncia la sua nuova politica di tolleranza zero.

Max Mosley invade la Polonia.

Caso Telecom, *"Non ho niente da nascondere"*, dice una fonte anonima.

Ahmadinejad rinuncia al programma nucleare in cambio di alcuni video di Christina Aguilera.

Londra, "The Times": *"Gli italiani sono i più maleducati del pianeta"*. Ci sottovalutano.

Intercettazioni, Ghedini smentisce: – *Quello sulla testa di Berlusconi non è il pelo pubico della Carfagna* – .

Furto in casa Veltroni, rubata una vasca da bagno. I ladri possono tenersi la vasca, lo shampoo e la spugna, ma Veltroni vorrebbe indietro zia Ines.

Curiosità religiose: san Francesco poteva leggere di notte alla luce della sua aureola. (*sfoglia un libro*: – *Stagflazione.* –)

Oggi conferenza stampa di Tremonti per spiegare l'economia a noi stupidi.

Il K2 si scrolla di dosso altri scocciatori.

Italia, è emergenza emergenze.

Scajola confessa: – *Ho l'atomica.* –

Veltroni: – *Grande manifestazione contro il lodo Alfano nel 2015.* –

Morta la sorella di Berlusconi. Sandro Bondi uccide la propria.

Esquilino, arrestato pusher cinese, era il ragazzo davanti al carrarmato in piazza Tienanmen.

Porto Rotondo, Berlusconi nega la scappatella con Veronica Lario.

La Russa non è ancora in vacanza. In questo periodo dell'anno, la sua pelle fa la muta.

Lo Zimbabwe stampa banconote da 100 miliardi. Un'altra delle mirabolanti idee di Tremonti.

Matera, studentessa sosteneva esami universitari per poter fare sesso.

La mafia inaugura il suo primo master in etica aziendale.

Perché Saccà ha l'alito cattivo? Non per aver baciato la mano di Berlusconi.

Scoop di "Architectural Digest": "Tutti gli edifici di Frank Gehry disegnati quando aveva sei anni".

Sydney, il papa converte un canguro.

D'Alema fonda Red, Marini fonda White, Rutelli fonda Beige.

La pace in Medio Oriente è più vicina, i palestinesi hanno finito i sassi.

Secondo gli astronomi, un gigantesco asteroide colpirà la Terra nel 2014. L'impatto avrà l'effetto di venti milioni di bombe atomiche simili a quella sganciata su Hiroshima. Le autorità militari prepareranno il mondo alla nuova vita post-impatto detonando una bomba atomica al giorno nei sette anni precedenti.

Sacha Baron Cohen sta scrivendo un nuovo film comico. Sarà la versione divertente di un film dei Vanzina.

Decreto sicurezza. Berlusconi: *"Potevo fare di quest'aula sorda e grigia un bivacco di manipoli"*.

Borsa, momento fantastico per essere presi dal panico.

Funari manda a cagare san Pietro.

"La guerra in Iran è inevitabile" dicono gli esperti. Già venduti gli spazi pubblicitari.

Dentro siamo tutti rosa.

Banche sotto accusa per i nuovi bond radioattivi.

Veltroni nostalgico per i bei tempi in cui si era ancora tutti amici.

Berlusconi: – *Se le accuse contro di me fossero vere, mi ritirerei, come ho sempre fatto.* –

Ahmhadinejad rinnova le minacce contro gli Stati Uniti e Israele, poi chiude il suo negozio di kebab e torna a casa.

In Italia ci sono seicentomila cani randagi, un terzo nei canili, due terzi sotto la finestra della mia camera da letto.

Gheddafi a Roma da Berlusconi. Il dittatore lo ha salutato dicendo: – *Ciao, Muhammar.* –

Il taglio delle tasse alle imprese favorirebbe molto le imprese del Nord, se pagassero le tasse.

L'Arabia Saudita aumenta la produzione di Ezio Greggio.

Vladimir Putin ha vinto le elezioni in Russia. Già fissata la data per le prossime elezioni truccate.

Stati Uniti. Secondo la Cia, l'Iran non sta costruendo affatto una bomba atomica, ma Bush insiste che vuol fare la guerra all'Iran perché "*l'Iran è una minaccia, è stata una minaccia e sarà sempre una minaccia*". Secondo un sondaggio, l'80% degli americani non approva il modo con cui Bush sta portando il mondo verso l'apocalisse.

Medio Oriente. Dopo il vertice di Annapolis sono cominciati subito i colloqui bilaterali per arrivare a una pace stabile fra israeliani e palestinesi entro la fine del 2008. Prima non ci si riesce perché Israele non ha abbastanza munizioni per il cessate il fuoco.

Bush ha parlato di Annapolis come di una data storica nei rapporti fra israeliani e palestinesi. Data storica se uno ignora gli accordi precedenti di Madrid, Oslo, Cairo, Parigi, Washington, Wye, Casablanca, Amman e Sharm el-Sheikh. Probabile che questi nuovi accordi faranno la stessa fine. Bush voleva recarsi a Gerusalemme il 9 gennaio ma dovrà rinunciarci: l'esercito israeliano per quella data sarà impegnato in una offensiva a Gaza.

Indonesia. Si sta tenendo a Bali la conferenza Onu sul clima, un incontro fra nomi illustri della politica mondiale e delle organizzazioni ambientaliste per discutere sul dopo-Kyoto. I diecimila partecipanti sono arrivati a Bali con aerei che hanno emesso nell'atmosfera centomila tonnellate di anidride carbonica, ovvero quanto emette in CO_2 una nazione africana. E useranno computer, i cui server sono responsabili del 4% di tutta la CO_2 prodotta da attività umana. Ma eviteranno di mettere la cravatta, per non usare condizionatori d'aria. Problema risolto.

Le risorse naturali del pianeta si stanno esaurendo. E gli ambientalisti fanno benissimo a ricordarlo di continuo: questo terrà alla larga gli alieni.

Statista con un papero nei pantaloni e il cappello pieno di fiocchi d'avena si offre di rilanciare il Pd. – *Riportatelo qua,* – dicono alla neuro.

Già su eBay le intercettazioni distrutte fra Berlusconi e Saccà.

Berlusconi: – *Riformisti e giustizialisti sovvertono la democrazia. E si tingono i capelli.* –

Bin Laden scopre la cura per il cancro.

Festival del cinema di Roma, Dario Argento va di casa in casa a spaventare di persona la gente.

Afghanistan. Soldati italiani sparano, muore una tredicenne. Berlusconi illeso.

Scoperto il senso della vita. Era su Google.

Tv. *Sex and the city* è terminato perché le attrici avevano finito tutti i buchi.

Roma, condannato farmacista stronzo. Rispondeva "*Domani!*" a chi gli chiedeva la pillola del giorno dopo.

E per finire:

Vaticano. Cambia l'*Ave Maria*: la traduzione era sbagliata. La nuova versione comincia con la frase "*Rallegrati, o Maria*" e termina con la frase "*O mare nero, mare nero, mare ne / tu eri chiara e trasparente come me.*"

Indice

Cow
Crucis

I. L'ultima cena.

II. Il bacio di Giuda.

III. Il giudizio.

IV. L'incoronazione di spine.

V. Mucca o Barabba?

VI. La flagellazione.

VII. La croce.

VIII. La Veronica.

IX. I legionari giocano a dadi.

X. La ferita al costato.

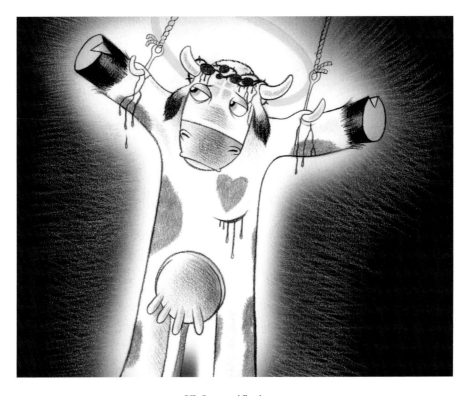

XI. La crocifissione.

XII. Perché mi hai abbandonato?

XIII. Tra i due ladroni.

XIV. La resurrezione della carne.